学前教育政策与法规

（第二版）

魏 真　华灵燕　万慧颖 主 编

图书在版编目(CIP)数据

学前教育政策与法规/魏真,华灵燕,万慧颖主编.
2版.--北京:北京大学出版社,2025.9.
(21世纪学前教育专业规划教材).--ISBN 978-7-301-36616-5
Ⅰ.G619.20;D922.16
中国国家版本馆CIP数据核字第20251ZZ915号

书　　　名	学前教育政策与法规(第二版) XUEQIAN JIAOYU ZHENGCE YU FAGUI (DI-ER BAN)
著作责任者	魏　真　华灵燕　万慧颖　主编
责任编辑	李淑方
特约编辑	王芊如
标准书号	ISBN 978-7-301-36616-5
出版发行	北京大学出版社
地　　　址	北京市海淀区成府路205号　100871
网　　　址	http://www.pup.cn　　　新浪微博:@北京大学出版社
微信公众号	通识书苑（微信号：sartspku）　科学元典（微信号：kexueyuandian）
电子邮箱	编辑部 jyzx@pup.cn　　总编室 zpup@pup.cn
电　　　话	邮购部 010-62752015　发行部 010-62750672　编辑部 010-62767857
印　刷　者	河北滦县鑫华书刊印刷厂
经　销　者	新华书店
	787毫米×1092毫米　16开本　14.75印张　320千字 2015年11月第1版 2025年9月第2版　2025年9月第1次印刷
定　　　价	49.00元

未经许可,不得以任何方式复制或抄袭本书之部分或全部内容。
版权所有,侵权必究
举报电话:010-62752024　电子邮箱: fd@pup.cn
图书如有印装质量问题,请与出版部联系,电话:010-62756370

第二版前言

"人生百年,立于幼学"。学前教育是国民教育体系的重要组成部分和人生奠基的关键一步,实现普及、普惠、安全、优质发展,已成为新时代学前教育高质量发展的内在要求。学前教育高质量发展要以日益完善的政策法规作为依托和保障。《学前教育政策与法规》第一版教材于2015年11月正式出版后,受到广大同行的认可和肯定。时日荏苒,至今已过数年。近十年是我国学前教育飞速发展的十年。党的十八大提出"办好学前教育",党的十九大要求"在幼有所育上取得新进展",党的二十大强调要"强化学前教育、特殊教育普惠发展"。政策效应助推学前教育资源总量迅速增加,全国学前教育毛入园率达到91.1%,学前教育实现了基本普及,有力保障了不断增加的适龄幼儿入园需求。随着学前教育事业的不断推进,学前教育政策法规逐渐健全,尤其是随着《中华人民共和国学前教育法》(简称《学前教育法》)的颁布与实施,新的学科视角和研究成果日益涌现,学前教育实践者的政策法规意识不断增强。为了满足社会需求及教育教学实践的需要,进一步推动学科的发展,在北京大学出版社的支持下,我们对《学前教育政策与法规》进行了修订。

修订后的《学前教育政策与法规》在延续第一版知识体系排列的基础上,体现出以下特点:

(1) 体系的思想性。"学前教育政策与法规"课程自身就蕴含丰富的课程思政元素,除了政策认知、法治观念,还包括教育情怀、儿童观与教师观、教师权利与义务、依法办园思想等。新版教材凸显了立德树人的教育理念,建立了课程思政引领下的内容体系。系统梳理我国当前的学前教育政策与法规,强调学前教育工作者在爱国守法、爱岗敬业、关爱幼儿和为人师表等方面的责任意识和底线意识,力图通过潜移默化的立德树人教育,提高读者的政策意识、法治观念,树立正确的儿童观和教师观,明晰权利义务,依法执教,形成高尚的师德师风。

(2) 内容的新颖性。21世纪以来,追求高质量学前教育已成为世界各国的共识,国际社会均将高质量学前教育视为构筑国家财富的重要标志之一。在我国,《中国教育现代化2035》明确提出了"普及有质量的学前教育"这一发展目标。本次修订体现了学前教育高质量发展要求下我国学前政策法规与时俱进的保驾护航作用。新版教材新增了近年来我国学前教育政策法规的最新变化和不断健全的内容,这给《学前教育法》作为学前教育专门法的出台,提供了更加贴近现实的案例,保证了读者学习学前教育政策法规的时效性。

(3) 结构的紧凑性。在各章内容的具体编排上,新版教材使用案例导引、主体知识、要点小结、资源链接、复习思考的结构模式,体现出学、思相结合的逻辑,遵循了学习心理的规律,更加有利于读者学习。比如新版教材将原版教材的法律责任部分整合到第八章结合实例进行分析,更易于读者理解知识的结构逻辑和实际运用知识。

(4) 内容的易懂性。为了做到"言近旨远",在文字表达上,新版删减了一些较为晦涩的内容,尽量使用通俗易懂的日常生活中常用语言。案例内容也随教材内容的更新做了大量调整,增加了近年来学前教育发展中出现的问题实例和实践探索成功实例,便于读者理解和实际应用。内容的易懂性有助于读者更好地把握本门学科的整体脉络。

(5) 依法的实操性。依法办园、依法执教是本学科的实践诉求,如何使政策法规的原则性规定具有实操性是本教材修订中主要探索的问题。新版教材每章均插入了丰富的案例分析和相关知识链接,并采用知识拓展栏的方式扩展了知识的应用性,力求帮助读者将新知识与已有的知识经验互联互通。教材突出实用性和针对性,通过分析具体案例,加强读者对相关学前教育政策与法规知识的理解和运用,注重培养读者运用知识分析现实问题和解决实际问题的能力。

本教材第二版具体修订编写分工如下:第一、二、八章(魏真),第三、四、五章(华灵燕),第六、七章(万慧颖),全书修订框架拟定和最后统稿由魏真、华灵燕负责。

本教材在修订编写过程中参考并引用了国内外大量的文献与资料,在此谨向原作者表示真诚的感谢,同时也感谢第一版参编人员的辛勤劳动和付出。最后感谢北京大学出版社将本教材列入修订出版计划,尤其感谢责任编辑李淑方老师为本教材提出的宝贵意见与所做的大量工作。

由于编者水平有限,书中不当之处在所难免,敬请各位专家、同仁与广大读者不吝指正。

魏 真

2025 年 3 月于北京

第一版前言

当今世界竞争激烈，各国之间的竞争归根结底是人才的竞争，而人才的培养要靠教育。"科教兴国"伟大战略的实施和教育事业的蓬勃发展要求教育工作者必须依法治教。学前教育作为学校教育体系的开端，必须贯彻依法治教的理念，坚持依法治校的原则。这就要求幼儿园教师必须掌握相应的法律法规和政策，在提高保教素养的同时，提高自身的法律意识和素养，这是现代教育对教育工作者的基本要求。

为了提高学前教育专业在校学生的幼教法律、法规意识和依法治教的水平，我们在继承前人研究成果的基础上编写了这本教材。本教材力图突破现有教材的结构体系，突出以法律关系为中心、以学前教育法律关系主体的权利义务为主线的逻辑结构和内容体系。在教学内容的编排上，注重知识的系统性和逻辑的严密性。一方面，从纵向考察了学前教育政策法规的历史沿革，对改革开放以后重要的学前教育政策法规的内涵和实质进行了深入浅出的解读，利于读者对我国学前教育政策法规的全面了解和重点掌握；另一方面，从横向对我国学前教育政策法规所涉及的主要问题分章进行阐述，帮助读者对学前教育各法律关系主体的权利、义务、职责形成清晰的认知。

本教材遵循科学性、通俗性、实践性的编写原则。全书共由八章构成，内容包括教育法的基础知识、我国学前教育政策与法规概览、学前教育的管理体制、学前教育机构的法律地位、学前教育机构中幼儿的权利与保护、学前教育机构的保育与教育、学前教育机构的工作人员、学前教育中的法律责任。在保持教材体系完整性的基础上，每章都插入了丰富的案例分析和相关知识链接，增强教材的实用性和针对性。通过分析具体案例，加强读者对相关法律知识的理解和运用，注重培养读者运用法律知识分析问题和解决问题的能力；围绕教材内容补充相关知识链接，力求帮助读者形成立体式、互联式的知识结构，实现知识的融会贯通。

本教材由北京城市学院魏真、华灵燕任主编，万慧颖、于岩任副主编。具体编写分工如下：第一、二、三、四章由华灵燕编写，第五、六、七章由万慧颖编写，第八章由于岩编写，全书框架拟定和最后统稿由魏真负责。

本书编写过程中得到了不少老师、朋友的支持和帮助,也参阅、引用了很多学术同仁的研究成果。引用内容大部分在书中做了标注,但仍难免有疏漏之处未及注明,在此向给予支持帮助的诸同仁一并表示衷心的感谢。由于时间仓促、水平有限,书中难免存在不足与疏漏,恳请广大专家、读者批评指正。

2015年1月

目 录

第一章　学前教育政策与法规的基础知识 …………………………………… 1
　　第一节　政策与学前教育政策的概念及特征 ………………………………… 2
　　第二节　学前教育法规的溯源与体系 ………………………………………… 5
　　第三节　教育法律关系 ………………………………………………………… 14
　　第四节　教育法律责任 ………………………………………………………… 22

第二章　我国学前教育政策与法规的沿革与发展 …………………………… 28
　　第一节　我国学前教育政策法规的历史沿革 ………………………………… 29
　　第二节　我国重大的学前教育政策法规解读 ………………………………… 39

第三章　学前教育的管理体制 ………………………………………………… 55
　　第一节　学前教育的行政管理体制 …………………………………………… 56
　　第二节　学前教育机构的内部管理体制 ……………………………………… 62

第四章　学前教育机构的法律地位 …………………………………………… 68
　　第一节　学前教育机构法律地位概述 ………………………………………… 69
　　第二节　学前教育机构的设置 ………………………………………………… 73
　　第三节　学前教育机构的权利和义务 ………………………………………… 80

第五章　学前教育机构中幼儿的权利与保护 ………………………………… 88
　　第一节　幼儿的法定权利与义务 ……………………………………………… 89
　　第二节　幼儿权利的保护 ……………………………………………………… 98
　　第三节　幼儿与幼儿园的法律关系 …………………………………………… 107

第六章　学前教育机构的保育与教育 ………………………………………… 113
　　第一节　幼儿教育的地位和作用 ……………………………………………… 114
　　第二节　幼儿园的教育工作 …………………………………………………… 120
　　第三节　幼儿园的保育工作 …………………………………………………… 127

第七章　学前教育机构的工作人员 ·· 138
第一节　学前教育机构的园长 ·· 139
第二节　学前教育机构中的教师 ·· 146
第三节　学前教育机构其他工作人员 ··· 157

第八章　学前教育中的法律责任 ·· 165
第一节　学前教育法律责任认定 ·· 166
第二节　幼儿园举办和运行管理中违法违规的法律责任 ······················ 171
第三节　侵犯幼儿园教师合法权益的法律责任 ································ 178
第四节　侵犯儿童权利与保护的法律责任 ···································· 183

附录 ··· 190
幼儿园管理条例 ··· 190
幼儿园工作规程 ··· 193
托儿所幼儿园卫生保健管理办法 ··· 201
幼儿园教育指导纲要(试行) ·· 204
中华人民共和国学前教育法 ·· 211

第一章 学前教育政策与法规的基础知识

学习目标

1. 掌握政策、教育政策、学前教育政策的含义、特征。
2. 掌握学前教育法规的内涵和体系。
3. 辨析学前教育政策与学前教育法规的区别和联系。
4. 理解教育法律关系的含义、构成要素与类型。
5. 理解教育法律责任概念、类型及其法律责任承担主体。

情境案例

依法解决拆迁纠纷①

某幼儿园由于市政建设需要,被列为拆迁单位。幼儿园在施工期间有三年的周转期,需要另觅园舍。按照拆迁合同,负责拆迁工程的某房地产开发公司应为其提供周转园舍。经幼儿园方面实地考察,房地产开发公司提供的几处周转房都不适合幼儿园使用。幼儿园园长认为,幼儿园园舍、场地应符合办园要求,所以必须有适合的办园场地,幼儿园才能搬迁。房地产开发公司则认为,幼儿园的做法妨碍了市政建设工程的进度。一时,双方争执不下,都向各自的主管部门和其他有关部门反映情况,寻求支持。相关部门对此也有不同的看法,有的支持幼儿园的主张,有的认为幼儿园过于挑剔,应一切为市政建设的需要着想。最后,幼儿园方面以《幼儿园管理条例》和《幼儿园工作规程》的有关规定为依据,争取到了行政部门的支持,获得了由房地产开发公司提供的较为理想的周转房。

学前教育工作者必须了解政策依据、明晰法律法规,才能明确工作方向,依法办园、依法治教。本章将对学前教育政策法规相关基础知识进行阐述,帮助读者深入理解学前教育政策与法规的精神实质。

---

① 案例来源:唐惠珍,曹小瑾.幼儿园法规与教师道德案例评析[M].南宁:广西人民出版社,2006.

第一节 政策与学前教育政策的概念及特征

一、政策概念与特征

（一）政策的概念

政策是国家、政党为实现一定历史时期的任务和目标而规定的行动准则和行动方向。一般而言，政策包括政府、政党所制定的工作方针、规划、准则等。政策作为一种社会政治现象，其内在的质的规定性自古至今未变。但是在不同的历史时期、不同的国家、不同的领域，政策会表现出不同的外在形式。通过制定政策，可以确定行动的目的、方针和措施。

（二）政策的基本特征

政策作为一种规范体系，具有较强的针对性和明确性、权威性、稳定性及变动性等基本特征。

(1)政策具有针对性和明确性

政策总是为了解决某种问题并区别具体情况而制定的，因此具有很强的针对性。与此同时，政策也具备目标的明确性。列宁指出："方针明确的政策是最好的政策。原则明确的政策是最实际的政策。"①因此，政策的核心特征是目标明确。

(2)政策具有权威性

政策是依照法定程序，经过特定权威机关如政党、政府行政部门批准颁布的规范体系，具有很高的权威性，以此保障政策的有效执行和落实。

(3)政策具有稳定性

政策的出台都基于一定的社会基础和对人民福祉的考量，应该是比较成熟和符合国情的，其基本内容应正确、合理。同时，政策制定者在发展和完善政策的过程中，需注意保持政策内容的连续性。这体现了政策制定基础的稳定性。一般情况下，政策一经确定，总要保持相对稳定，不会随意变动，从而确保人们开展具体行动的规范性和对行动结果的可预见性。有的政策常常在几年甚至十几年的时间里都起作用。

(4)政策具有变动性

当外部环境发生重大变化，现行政策已不能适应现实需要，对社会的发展造成阻碍时，就必须做出相应调整，制定新的政策。政策的变动性主要体现为根据形势的发展和实践的需求，对已有政策的不断优化和丰富。这种变化不是随意的，不是对原有政策的彻底否定，而是对政策本身的丰富和扬弃，是保留原有合理内容的变化，是愈益符合群众利益的变化，是政策更为成熟的表现。这种变化的结果，就是使政策更加趋于稳定。

二、学前教育政策的概念与特征

（一）学前教育政策的概念

教育政策是一种有目的的动态发展过程，是政党、政府等政治实体为实现一定历史时期

---

① 《列宁全集》第 14 卷[A].北京：人民出版社，2017：298.

的教育目的和任务而规定的行动依据和准则。[①] 教育政策在解决社会公共教育问题的过程中,起到导向、调控、协调、制约、管理和分配作用。学前教育政策是教育政策的下位概念。

学前教育政策是指党和政府为完成一定历史时期的学前教育任务,实现学前教育培养目标而作出的兼具战略性、现实针对性和可操作性的规定,[②]是党和政府为实施和发展学前教育事业而制定的行动准则。[③] 学前教育政策体系主要包括学前教育基本政策、学前教育事业发展与管理政策、学前教育课程及质量保障政策、学前教育师资政策等四个方面(见表1-1)。

(二)学前教育政策的特征

学前教育政策作为教育政策的类型之一,除了具备政策的基本特征之外,还具有一些特殊性。

1. 明确的目的性

学前教育政策不同于普遍的教育规律,它是依据发展学前教育的现实需要制定的,因而具有明确的目的性。各时期的各单位、各部门制定学前教育政策,总是为了解决学前教育领域中的具体问题,没有目的的学前教育政策是不存在的。因此,明确的目的性是学前教育政策的基本特征之一。比如《中共中央 国务院关于学前教育深化改革规范发展的若干意见》(2018)要求到2035年全面普及学前三年教育。教育部、国家发展改革委、财政部等九部门印发的《"十四五"学前教育发展提升行动计划》(2021)更加明确具体地提出,到2025年,覆盖城乡、布局合理、公益普惠的学前教育公共服务体系进一步健全,其发展目标是实现全国学前三年毛入园率达到90%以上,普惠性幼儿园覆盖率达到85%以上,公办园在园幼儿占比达到50%以上。由此可见,作为教育政策的有机组成部分,学前教育政策充分体现了国家的价值取向和发展目标,即国家通过制定学前教育政策,对学前教育行动作出顶层设计和规划,运用政策工具规范和指导学前教育实践,从而促进学前教育事业的发展。

2. 体系的连贯性

学前教育政策作为调节学前教育领域中问题的行动依据和准则,自成体系。从横向看,学前教育政策在学前教育基本政策的引导下,形成了由学前教育事业发展与管理政策、学前教育课程及质量保障政策、学前教育师资政策等构成的严谨政策体系,为学前教育事业发展提供了有力保障;从纵向看,中央与地方有机衔接,已有的政策和新颁布的政策相得益彰。如继教育部、国家发展改革委、财政部等九部门印发的《"十四五"学前教育发展提升行动计划》(2021)之后,各地根据不同地区学前教育发展状况,都制定并颁发了地方政策,如《北京市"十四五"学前教育发展提升行动计划》(2022)、《浙江省2022年学前教育提升行动计划成效明显督查激励措施实施办法》等,体现了学前教育政策体系的系统性和连贯性。

3. 适当的变通性

学前教育政策适当的变通性主要体现在两方面。一是学前教育政策会随着社会的发展变化及时进行调整和完善。二是根据国家学前教育基本政策以及本地学前教育发展实际,在制定各地学前教育政策和实施意见时,可以做适当的调整。如《河北省"十四五"学前教育发展提升行动计划》提出,从优化布局扩大普惠优质资源、完善经费保障机制、加强幼儿园日常管理、

[①] 张新平.教育政策概念的规范化探讨[J].湖北大学学报(哲学社会科学版),1999(01):89—93.
[②] 李广海,马焕灵,陈亮.学前教育政策与法规[M].南京:东南大学出版社,2016:15.
[③] 周小虎.学前教育政策与法规[M].北京:中国人民大学出版社,2022.

加强教师队伍建设、注重内涵发展等方面发力,到 2025 年,实现全省学前三年毛入园率达到 92%以上,普惠性幼儿园覆盖率达到 85%以上,公办幼儿园在园幼儿占比达到 55%以上。实施幼儿园教师培养层次提升计划,到"十四五"末,幼儿园教师专科以上学历达到 87%。山西省教育厅等九部门印发的《"十四五"学前教育发展提升行动计划》中提出,到 2025 年,全省学前教育毛入园率达到 96.5%,普惠性幼儿园覆盖率保持在 86.5%以上,公办园在园幼儿占比保持在 55%以上,力争通过国家县域学前教育普及普惠督导评估认定的县(市、区)达到 30%以上。由此可见,根据国家的总体要求,各地立足实际做出了相应的政策调整和优化。

三、近年来我国学前教育政策概览

中华人民共和国成立以来,我国不断强化了学前教育事业发展的计划性和目的性,制定了多项政策措施确保学前教育的健康、有序发展。尤其是党的十八大以来,国家更加重视学前教育的发展,幼有所育成为政策制定的价值导向。学前教育政策诉求的重心主要在于解决人民群众对有质量的学前教育的需求,努力推进学前教育向普及普惠和优质均衡发展。近年来,我国也出台了一系列关于学前教育发展规划的文件,其中主要有《国家中长期教育改革和发展规划纲要(2010—2020 年)》(2010)、《国务院关于当前发展学前教育的若干意见》(2010)、《关于实施第二期学前教育三年行动计划的意见》(2014)、《关于实施第三期学前教育行动计划的意见》(2017)、《关于学前教育深化改革规范发展的若干意见》(2018)、《关于促进 3 岁以下婴幼儿照护服务发展的指导意见》(2019)、《"十四五"学前教育发展提升行动计划》(2021)、《幼儿园保育教育质量评估指南》(2022)等长期、中期和短期学前教育政策(见表 1-1)。这些政策体现出了鲜明的全面性和系统性特征,即在设定总体目标的同时制订多个专项发展规划,力图既扩大学前教育普及范围,也实现学前教育高质量发展。

表 1-1　我国的学前教育政策(2010 年至今)

学前教育 基本政策	学前教育事业发展及 管理政策	学前教育课程及 质量政策	学前教育师资政策
《幼儿园工作规程》(2016) 《关于学前教育深化改革规范发展的若干意见》(2018)	《国家中长期教育改革和发展规划纲要(2010—2020 年)》 《国务院关于当前发展学前教育的若干意见》(2010) 《关于开展 0~3 岁婴幼儿早期教育试点工作有关事项的通知》(2012) 《幼儿园收费管理暂行办法》(2011) 《关于建立学前教育资助制度的意见》(2011) 《关于实施第二期学前教育三年行动计划的意见》(2014) 《关于实施第三期学前教育行动计划的意见》(2017) 《"十四五"学前教育发展提升行动计划》(2021) 关于逐步推行免费学前教育的意见》(2025)	《3~6 岁儿童学习与发展指南》(2012) 《关于规范幼儿园保育教育工作 防止和纠正"小学化"现象的通知》(2011) 《幼儿园教职工配备标准(暂行)》(2013) 《学前教育督导评估暂行办法》(2012) 《关于开展幼儿园"小学化"专项治理工作的通知》(2018) 《幼儿园保育教育质量评估指南》(2022) 《幼儿园督导评估办法》(2023)	《幼儿园教师专业标准(试行)》(2012) 《关于加强幼儿园教师队伍建设的意见》(2012) 《关于实施幼儿教师国家级培训计划的通知》(2011) 《关于改革实施中小学幼儿园教师国家级培训计划的通知》(2015) 《关于印发〈普通高中校长专业标准〉〈中等职业学校校长专业标准〉〈幼儿园园长专业标准〉的通知》(2015)

第二节 学前教育法规的溯源与体系

学前教育法规是促进学前教育有序开展、保障学前儿童受教育权利的基本规范,是学前教育法治化的重要保证。学前教育从业者必须具备一定的教育法律素养,了解教育法的基础知识,依法治教。

一、法与教育法

(一)法的概念

1. 法的词源

法的产生和形成是适应社会发展需要的长期演变过程,是一个从简单到复杂,从量变到质变,从野蛮到文明的渐进过程。《礼记·曲礼》曰:"入境而问禁,入国而问俗,入门而问讳。"在我国古代,人们通过习俗约束自身的行为,而随着国家的出现和阶级统治的需要就产生了法。从词源来看,"法"的古字体为"灋",《说文解字》中的解释是:"灋,刑也""平之如水,从水""廌,所以触不直者去之,从去"。"廌"是古代传说中的神兽,能辨是非曲直,因此"法"在古代代表了强制性、公平性和神明裁判。与"法"经常连在一起使用的"律"字在《说文解字》中解释为"均布也"。"均布"是古代调音的一种工具,引申为调整人们行为的规范。

由此可见,古代的"法"强调"平""正""直","律"强调"人人必须遵守","法""律"合一即指国家制定的、判断人们行为曲直标准的文件。

2. 法的概念

法的概念有广义和狭义之分。广义的法,是指由国家制定或认可,以国家强制力保证实施的反映统治阶级意志的行为规则的总称。它通过对权利和义务的规定,规范人们的行为,从而确认、保护和发展有利于统治阶级的社会关系和社会秩序。主要包括法律、行政法规、地方性法规、规章等。狭义的法,专指法律。在我国,只有全国人大及其常委会按照一定的立法程序制定和颁布的规范性文件才成为法律。

 知识链接 1-1 早期成文法典

古代具有代表性的成文法典:两河流域《汉谟拉比法典》;古罗马《十二铜表法》;中国《法经》;印度《摩奴法典》等。这些成文法典的特点有:一是以神的名义颁布;二是存在严格的等级制;三是都为严刑峻法,其历史作用是影响了世界各主要法系的形成。

(二)教育法的概念与特征

教育法是法律体系的重要组成部分,它理应包含法的一般定义中的要素,与此同时,教育法又有其独特的调整对象。

1. 教育法的概念

教育法是由国家制定或认可,并由国家强制力保证实施的,调整教育活动中各种社会关系的法律规范的总和,它是统治阶级的意志在教育活动方面的体现。中华人民共和国成立后,尤其改革开放以来,我国出台了很多教育法律法规,从某种意义上讲,教师的教育教学活动便是在"执法",也就是说教师的教育教学行为要在法律法规允许的范围内进行。

教育法的概念可以从以下几个方面去理解。

(1) 教育法是以教育活动中的权利义务为重要内容的行为规则

从本质上说,教育法是一种行为规则或行为规范。它通过规定各相关主体的权利和义务引导人们的行为。例如,《中华人民共和国教育法》(以下简称《教育法》)就是通过对国家及其行政机关、教育机构、教育者、受教育者、家庭及社会等各个主体权利和义务的规定而建立起来的规范教育活动的行为规则。所谓权利,就是法律规定你可以做什么;所谓义务,就是法律规定你必须做什么或者不得做什么。教育法明确肯定地告诉人们,在教育活动中什么行为是国家允许的、什么行为是国家要求必须履行的、什么行为是国家明令禁止的,为教育活动中各主体确定了作为和不作为的行为规范,同时指明了行为的条件和行为的后果。这种行为规则的确立为人们参与教育活动指明了行动的方向,建立了权威的行为标准,便于人们依法调整自身的行为,从而为教育活动的开展建立了稳定的秩序。

(2) 教育法是调整教育活动中各种法律性社会关系的行为规则

教育活动包括投资、举办、管理、组织、实施、接受和参与教育等各种活动。这些纷繁的教育活动会产生各种各样的社会关系,比如教育行政机关与教育机构之间的关系、教育机构与教育者之间的关系、教育机构与受教育者之间的关系、教育者与受教育者之间的关系,教育行政机关、教育机构、教育者和受教育者与其他的国家机关、社会组织、公民之间的关系,以及教育机构之间、受教育者之间、教育者之间的关系等。但这些社会关系并不全部都是教育法的调整对象,只有当教育活动中的某些社会关系需要以法规范时,它们才成为教育法所调整的范畴。例如,《中华人民共和国教师法》(以下简称《教师法》)规范了教育机构与教师之间的权利和义务关系,那么教师与教育机构之间围绕聘任和教育教学所产生的社会关系就是教育法的调整对象。如果教育活动中的相关主体是以民事主体身份发生的财产关系,如教师与校长之间、教师之间的金钱借贷关系,则不属于教育法的调整范畴,而属于民法的调整范畴。

(3) 教育法是统治阶级意志在教育方面的体现

从法的本质上说,教育法所确定的行为规则首先和主要体现统治阶级意志,是统治阶级通过国家政权制定、认可并以国家强制力保证实施的。统治阶级在夺取政权以后,总是会使本阶级的某些意志通过国家政权上升为法,并根据本阶级的利益标准和价值观念调整相应的社会关系,从而建立、维护和发展有利于自身统治的社会秩序及经济政治等各项制度。在阶级社会里,统治阶级以法的形式规定人们在教育活动中的权利和义务,使一些重要的教育关系具有法律关系的性质,用以贯彻符合统治阶级利益的路线、方针、政策,以巩固和发展统治阶级的教育关系和教育秩序。中华人民共和国是工人阶级领导的、以工农联盟为基础的人民民主专政的社会主义国家,与之相应,我国教育法也必然是以工人阶级为领导的、以工农联盟为基础的广大人民在教育方面共同意志的体现。人民性、阶级性和国家性的高度统一是我国教育法的重要特征之一。

(4) 教育法是国家制定或认可并以国家强制力保证实施的

从法的产生看,教育法是由有立法权或立法性职权的国家政权机关,通过法定程序,采取制定和认可的方式确定的行为规则,任何其他的个人和组织都无权制定或认可教育法,它揭示了教育法与国家的必然联系。所谓制定教育法,是国家机关依据法定的权限和程序,创制、修改、补充和废止具有不同法律效力的规范性文件。所谓认可教育法,是国家机关通过一定的形式赋予某些已经存在的教育方面的习惯、判例等以法的效力,使之成为教育法的一部分。我国的教育法主要是成文法,因此,制定法律法规是我国教育法产生的主要形式。从法的实施方面来看,教育法所确立的行为规则以国家的强制力作为后盾,通过相应的强制措施予以保障。违反了教育法,损害了教育法所确定的学校、教师、学生等方面的权利,或是不履行自己的法定义务,就要受到国家政权的强制。例如,按照我国《教育法》的规定,"结伙斗殴、寻衅滋事,扰乱学校及其他教育机构教育教学秩序或者破坏校舍、场地及其他财产的,由公安机关给予治安管理处罚;构成犯罪的,依法追究刑事责任。侵占学校及其他教育机构的校舍、场地及其他财产的,依法承担民事责任"。也就是说,运用以法院、监狱、警察乃至军队为代表的国家强制力对违法者实施制裁是保证教育法得以实现的必要强制手段。

需要指出的是,以国家强制力保证实施,是从教育法实施的终极形式上来说的,并不是指教育法的所有规定都需要运用国家强制力才能以实现。尤其是社会主义的教育法,其反映的是人民群众的公共利益,与人民群众的普遍要求相一致,因此,多数情况下都依靠人民群众自觉遵守和执行。只有教育法实施过程中遭到阻碍和破坏时,才需要通过国家强制力来保障法的实现。

教师之间的借贷关系是教育法调整的对象吗?

2. 教育法的特征

教育法作为一种专门的法律,除了具有法律所赋予的规范性、国家意志性、强制性、普遍性和程序性之外,与其他领域的法律相比,还有其特殊性。主要体现为:

(1) 主体的多样性

教育活动纷繁复杂,涉及方方面面的参与者,包括国家教育行政机关、各级各类教育机构、形形色色的教育者和受教育者、社会团体和公民个人以及其他国家机关和社会组织等。这些公民、法人和组织在教育活动中承担着相应的义务,享受着广泛的权利,使教育法律关系的主体呈现多样性。

(2) 调整范围的广泛性

从教育对象上看,我国宪法赋予每个中国公民受教育的权利,教育已经与广大人民群众的切身利益息息相关。自《中华人民共和国义务教育法》(以下简称《义务教育法》)颁行以来,我国每个适龄儿童、少年都必须接受九年制义务教育。随着教育事业的发展,大多数初中毕业生要接受普通高中、各种形式的职业学校教育和职业培训,不同类型教育相互沟通、相互衔接。从2001年起,教育部取消报考普通高等学校的年龄和婚姻状况限制,这意味着终身教育体系正在形成。在这些教育活动中,接受各种形式、不同层次教育和培训的教育对象,都享受着受教育的权利和承担着相应的义务,教育法调整的教育阶段具有广泛性。

此外,教育法调整的社会关系广泛。在社会主义市场经济条件下,伴随着办学体制、管理体制、投入体制、招生就业制度、学校内部管理体制等方面的全面改革,教育领域中的社会关系发生了重大变化。例如,在优化教育资源配置的办学体制改革中,教育机构之间的协作、各种社会组织之间的联合办学所涉及的产权关系;民办教育机构的举办者、管理者、教师、学生之间的关系;学校与用人单位之间的委托培养关系;学校内部人事制度改革中学校与教师之间的聘任关系;学校事故中的责任关系等。这些社会关系已远非过去计划经济条件下仅凭行政措施和政策所能调整的,它们之间有着深刻和复杂的利益矛盾与冲突。在市场经济条件下,对各种利益关系的调整只能通过体现国家意志的法律进行,这也使得教育法的调整范围涉及现代社会的各个层面。

(3) 对特殊主体的保护性

首先体现为注重保护受教育者,尤其是未成年学生。教育法的核心是保护公民的受教育权,尤其是保护权利能力与行为能力不一致的未成年学生的受教育权。对于受教育者,尤其是对于存在一些违反教育法行为的未成年学生,主要采取批评教育的方式。比如,对不按时入学或流失的适龄儿童进行耐心的说服教育,只要他们入学或返校就读即可,对他们本人并不进行处罚,而是要处罚其家长或其他监护人。其次是注重保护教师的特殊职业权利。在教育活动中,教师与学生、教师与教育机构的关系是由教师的职业活动引起的,为此,教师享有《教师法》所规定的特殊权利,包括教育权、教学权、科学研究权、指导学生发展权、带薪休假权、进修培训权等。当教师对学生进行正当教育,而由学生自身原因造成财产损失或人身伤害的,教师不承担法律责任。当然,教师有过错的不正当行为除外,如体罚或变相体罚学生等。最后是注重维护学校、幼儿园的正当权益。教育活动是一项公共事业,学校、幼儿园等教育机构是教育活动的实施机构,也即培养人的主要场所,因此理应受到特殊的保护。教育法规定任何组织或者个人不得侵占、克扣、挪用义务教育经费,不得扰乱教学秩序,不得侵占、破坏学校的场地、房屋和设备。对违反者,要根据不同情况,分别给予行政处分或行政处罚;造成损失的,责令赔偿损失;情节严重构成犯罪的,依法追究刑事责任。在具体处理过程中,一般应该从快、从严,体现对学校、幼儿园正当权益的特殊重视。本章开始的案例就体现了教育法律法规对幼儿园作为办学主体的保护性。

案例 1-1

幼儿园园长挪用教育经费,造成校舍倒塌师生死亡[①]

某地一所农村幼儿园的房舍由于年久失修,损坏严重,上级主管部门专门拨出经费2万元以完善整修校舍,而园长张某却将此款用于为其亲属修建房屋。在一个阴雨天,校舍倒塌,致使3名幼儿和当堂教师死亡,10人受伤。案发后,上级有关部门高度重视,迅速对其立案审判。地方中级人民法院从重判处该幼儿园园长有期徒刑20年,没收其一切非法所得。

【评析】

案例中幼儿园园长的行为兼有侵占教育经费与玩忽职守的性质,且情节严重,已经构成贪污罪与玩忽职守罪两项罪名。

---

① 教育法律法规案例分析[EB/OL]. (2022-02-14)[2025-01-13]. https://www.doc88.com/p-09499410367555.html.

二、教育法规体系

学前教育法规是由国家制定或认可,并由国家强制力保证实施的,调整幼儿教育活动中各种社会关系的法律规范的总和。根据我国的法律层次,分为法律、法规、规章、规范性文件。根据效力,我国学前教育法规体系等级从高到低依次为:宪法中的教育条款、教育基本法律、教育部门法律、教育行政法规、地方性教育法规、教育规章。下一级的教育法规不能与本级以上的教育法规相抵触,即制定法律法规的机关地位越高,其颁布的法律效力等级越高。见图1-1。

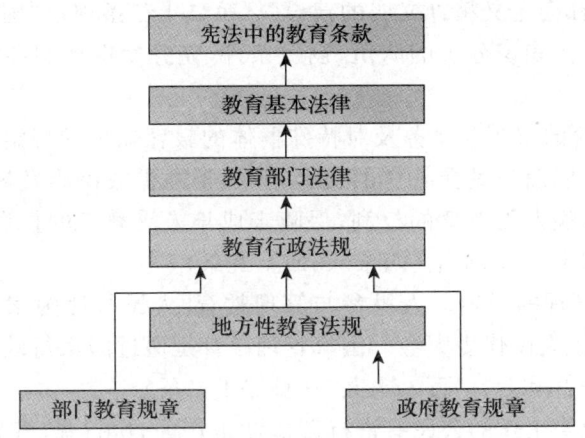

图1-1 教育法规的效力层级

(一)我国《宪法》中有关教育的条款

宪法是一个国家的根本大法,是法的最高表现形式,有着最严格的制定程序。宪法是一切法律、法规的渊源,是法律体系中的母法,具有最高的法律效力。任何其他形式的法律、法规的制定都必须以宪法为准绳,不得同宪法条款和精神相违背。《中华人民共和国宪法》(以下简称《宪法》)规定了教育法的基本指导思想、立法依据以及教育活动应当遵循的基本规范,为教育事业发展提供了根本的法律保障。

1.《宪法》规定了教育法的基本指导思想和立法依据

《宪法》在"序言"里规定:"我国将长期处于社会主义初级阶段。国家的根本任务是,沿着中国特色社会主义道路,集中力量进行社会主义现代化建设。中国各族人民将继续在中国共产党领导下,在马克思列宁主义、毛泽东思想、邓小平理论、'三个代表'重要思想、科学发展观、习近平新时代中国特色社会主义思想指引下,坚持人民民主专政,坚持社会主义道路,坚持改革开放,不断完善社会主义的各项制度,发展社会主义市场经济,发展社会主义民主,健全社会主义法治,贯彻新发展理念,自力更生,艰苦奋斗,逐步实现工业、农业、国防和科学技术的现代化,推动物质文明、政治文明、精神文明、社会文明、生态文明协调发展,把我国建设成为富强民主文明和谐美丽的社会主义现代化强国,实现中华民族伟大复兴。"另外,《宪法》"总纲"中第一、二、三、四、五、二十三、二十四条都对教育法的基本指导思想和立法依据做了规定。

2.《宪法》规定了教育活动应当遵循的基本规范

(1)对教育性质的规定。教育的性质问题是教育的根本问题。《宪法》第一条明确规定了"社会主义制度是中华人民共和国的根本制度",第十九条规定"国家发展社会主义的教育事业"。这就以法律的形式明确了我国的教育是社会主义性质的教育。

(2) 对教育目的和任务的规定。培养什么样的人,是教育的核心问题,它规定了人才培养的质量和发展方向。《宪法》第四十六条规定"国家培养青年、少年、儿童在品德、智力、体质等方面全面发展"。《宪法》关于教育任务的规定主要有以下方面:第十九条规定"国家发展社会主义的教育事业,提高全国人民的科学文化水平"。第二十四条规定"国家通过普及理想教育、道德教育、文化教育、纪律和法治教育,通过在城乡不同范围的群众中制定和执行各种守则、公约,加强社会主义精神文明的建设"。第二十三条规定"国家培养为社会主义服务的各种专业人才,扩大知识分子的队伍,创造条件,充分发挥他们在社会主义现代化建设中的作用"。

(3) 对公民受教育的权利和义务及对特殊群体的教育保护的规定。《宪法》规定了公民受教育的权利和义务,明确公民受教育的机会均等,帮助少数民族发展教育事业,保护妇女受教育的权利,保障残疾人受教育的权利,保障未成年人受教育的权利。(见《宪法》第三十六、四十二、四十五、四十六、四十七、四十八、四十九条)

(4) 对教育行政管理的规定。人民参与管理教育,人民行使国家权力的机关是全国人民代表大会和地方各级人民代表大会。国家管理教育是通过国家行政机关完成的。(见《宪法》第七十、八十九、一百零七、一百一十九、一百二十二条)

(5) 规定了从事教育工作的公民有进行创造性工作的自由(见《宪法》第四十七条)以及父母或监护人有抚养教育未成年子女的义务(见《宪法》第四十九条)。

《宪法》中的教育条款是我国制定教育法律和法规的最高法律依据。一切与《宪法》相抵触的教育法律和法规都是无效的。《宪法》中的有关条款为教育工作指明了方向,为教育事业发展提供了最根本的法律保证。

(二) 教育基本法律

根据制定机关和调整对象的不同,法律又分为基本法律和基本法律以外的单行法律。我国基本法律由全国人民代表大会制定和颁布,它规定和调整某一方面社会关系根本性、普遍性的问题。

1995年3月18日第八届全国人民代表大会第三次会议通过的《教育法》是我国的教育基本法律。这是中华人民共和国成立以来我国制定的第一部教育根本大法,是制定其他教育法律法规的依据。它在教育系统中的法律地位仅次于国家宪法,也被称为教育母法。该法历经2009年、2015年、2021年三次修正,共10章86条,规定了我国教育的地位、性质、方针、教育活动的基本原则、教育基本制度,对学校及其他教育机构、教师及其他教育工作者、受教育者、教育与社会、教育投入与条件保障、教育对外交流与合作、法律责任等方面作了详细的规定。其中明确提出保障学前教育发展的法规是第十七条、十八条。第十七条指出,国家实行学前教育、初等教育、中等教育、高等教育的学校教育制度。第十八条提出,国家制定学前教育标准,加快普及学前教育,构建覆盖城乡,特别是农村的学前教育公共服务体系。各级人民政府应当采取措施,为适龄儿童接受学前教育提供条件和支持。

《教育法》的颁布,标志着我国教育工作进入全面依法治教的新阶段,为我国学前教育事业的改革与发展指明了方向并提供了法律保障。

(三)教育部门法律

教育部门法律属于教育单行法律,是根据宪法和教育基本法制定的调整某类教育或教育的某个部分关系的教育法律。通常由全国人民代表大会常务委员会制定和发布。目前我国已经制定并公布实施的教育单行法律有9部:

(1)《中华人民共和国学位法》是规范中国学位授予制度的基本法律,该法于2024年4月26日第十四届全国人民代表大会常务委员会第九次会议通过,旨在规范学位授予工作,保护学位申请人的合法权益,保障学位质量,培养担当民族复兴大任的时代新人,建设教育强国、科技强国、人才强国,服务全面建设社会主义现代化国家;共包括总则、学位工作体制、学位授予资格、学位授予条件、学位授予程序、学位质量保障、附则七章,于2025年1月1日起施行,同时废止了于1980年2月12日颁布的《中华人民共和国学位条例》。

(2)《中华人民共和国义务教育法》是中国关于义务教育的基本法律,旨在保障适龄儿童、少年接受义务教育的权利,促进教育公平。该法律1986年4月12日由第六届全国人民代表大会第四次会议通过,1986年7月1日起施行。2006年6月29日第十届全国人民代表大会常务委员会第二十二次会议修订,自2006年9月1日起施行。之后分别在2015年4月24日第十二届全国人民代表大会常务委员会第十四次会议和2018年12月29日第十三届全国人民代表大会常务委员会第七次会议做了修正。

(3)《中华人民共和国教师法》是为了保障教师的合法权益,建设具有良好思想品德修养和业务素质的教师队伍,促进社会主义教育事业的发展,根据宪法制定的法规。1993年10月31日第八届全国人民代表大会常务委员会第四次会议通过,自1994年1月1日起施行。

(4)《中华人民共和国职业教育法》是中国为了发展职业教育,提高劳动者素质,促进就业和经济社会发展而制定的法律。该法于1996年5月15日由第八届全国人民代表大会常务委员会第十九次会议通过,并于1996年9月1日起施行。此后,随着社会和经济的发展,2022年4月20日第十三届全国人民代表大会常务委员会第三十四次会议进行了修订。

(5)《中华人民共和国高等教育法》旨在规范高等教育活动,保障高等教育事业的健康发展,促进高等教育的质量提升。该法于1998年8月29日由第九届全国人民代表大会常务委员会第四次会议通过,并自1999年1月1日起施行。此后,该法经历了多次修订,最近一次修订是在2018年12月29日。

(6)《中华人民共和国民办教育促进法》是为了规范民办教育行为,促进我国民办教育健康发展而制定的法律。该法律于2002年12月28日由第九届全国人民代表大会常务委员会第三十一次会议通过,并于2003年9月1日起施行。2018年12月29日进行了第三次修正,由第十三届全国人民代表大会常务委员会第七次会议通过。

(7)《中华人民共和国未成年人保护法》(以下简称《未成年人保护法》)是为了保护我国未成年人的合法权益,促进未成年人在品德、智力、体质等方面全面发展而制定的法律。该法律于1991年9月4日由第七届全国人民代表大会常务委员会第二十一次会议通过,最新的修订版于2020年10月17日由第十三届全国人民代表大会常务委员会第二十二次会议通过,自2021年6月1日起施行。

(8)《中华人民共和国家庭教育促进法》是中国首部专门针对家庭教育的法律,于2021年10月23日由第十三届全国人民代表大会常务委员会第三十一次会议通过,自2022年1月1日起正式施行。该法旨在明确家庭教育的责任主体、内容和方法,促进未成年人全面健康成长。

(9)《中华人民共和国学前教育法》(以下简称《学前教育法》)是我国首部专门针对学前教育的法律,旨在规范学前教育的管理,保障学前儿童的教育权益,促进学前教育的健康发展。该法律于2024年11月8日由第十四届全国人民代表大会常务委员会第十二次会议通过,并于2025年6月1日正式实施。

此外,全国人民代表大会或其常务委员会发布的教育方面的决定、决议等法律文件,如1985年第六届全国人民代表大会常务委员会第九次会议通过的《全国人民代表大会常务委员会关于教师节的决定》,也属于教育法律范畴。

(四)教育行政法规

行政法规专指由国务院根据宪法和法律制定的规范性文件。教育行政法规在内容上是针对某一类教育管理事务发布的行为规则,而不是针对某个具体的事件和具体问题作出的决定,在形式和结构上须比较规范,在时效上须相对稳定。教育行政法规的制定、审定、发布须经过法定的程序。行政法规名称一般有三种:① 对某一方面的行政工作作比较全面、系统规定的,称"条例";② 对某一方面的行政工作作部分规定的,称"规定";③ 对某一项行政工作作比较具体规定的,称"办法"。行政法规一般有两种批准方式:① 由国务院常务会议审批;② 由国务院总理审批。经审议通过或审定的行政法规,可有两种发布方式:① 由国务院发布;② 由国务院批准、国务院主管部门发布。行政法规不论采取哪种批准方式或发布形式,都具有相等的效力。《教师资格条例》《幼儿园管理条例》《扫除文盲工作条例》《社会力量办学条例》等都属于教育行政法规。其中1989年9月11日颁布、1990年2月1日施行至今的《幼儿园管理条例》作为目前学前教育法律法规中的专门法规,对学前教育的发展起到了积极推动作用。

(五)地方性教育法规

地方性教育法规是省、自治区、直辖市以及较大的市的人民代表大会及其常务委员会依据法定权限,制定的教育规范性文件。在我国,根据《宪法》《中华人民共和国立法法》(以下简称《立法法》)和《中华人民共和国地方各级人民代表大会和地方各级人民政府组织法》的规定,省、自治区、直辖市以及较大的市的人民代表大会及其常务委员会根据本行政区域的具体情况和实际需要,在不违背宪法、法律、行政法规的前提下,可以制定和颁布地方性法规,并上报全国人民代表大会常务委员会和国务院备案。这里较大的市是指省、自治区的人民政府所在地的市,经济特区所在地的市和经国务院批准的较大的市。地方性法规在名称上,一般称"条例""规定""实施办法""补充规定"等,其效力范围限于本行政区域内。如《北京市学前教育条例》《上海市学前教育与托育服务条例》等。

与教育法律、教育行政法规相比,地方性教育法规具有以下三个特点:一是从属性,即地方性教育法规不得与宪法、教育法律、教育行政法规相抵触;二是区域性,即地方性教育法规只在本行政区域内有效;三是更强的操作性,即地方性教育法规是根据本地区具体情况和实际需要制定的,它在调整对象、权利、义务等方面规定得更为具体、明确。

(六)教育规章

我国《宪法》和《中华人民共和国地方各级人民代表大会和地方各级人民政府组织法》规定,国务院各部、委员会和省、自治区、直辖市,以及省、自治区的人民政府所在地的市和经国务院批准的较大的市的人民政府可以根据法律、行政法规,在自身权限内发布规章。其中调整教育活动的,称为教育规章。

根据制定发布机关的不同,教育规章又可分为两类。一是部门教育规章,即国务院所属各部、委员会及具有行政管理职能的直属机构,依据法定权限制定的教育规范性文件。常用的名称有"规定""办法""规程""大纲""标准"等。部门教育规章采取教育部令或者教育部与国务院其他部委联合令的形式发布,在全国有效。如《幼儿园教育指导纲要(试行)》《幼儿园教师专业标准(试行)》《幼儿园工作规程》《中小学幼儿园安全管理办法》《幼儿园教师违反职业道德行为处理办法》等都属于部门教育规章。二是政府教育规章,即省、自治区、直辖市和较大的市的人民政府,依据法定权限制定的教育规范性文件。这类规章常用的名称有"规定""办法""实施意见"等,政府教育规章由其制定政府采取政府令的形式发布,只在本行政区域内有效。如《青海省发展学前教育实施意见》《武汉市学前教育管理办法》等。

除此之外,教育法还有自治条例、单行条例等表现形式,其效力等同于地方性教育法规。另外,在我国,国际教育条约和协定一般被认为具有同教育法律同等的地位。如我国1990年8月29日签署的《儿童权利公约》也是教育法的一种表现形式。

三、学前教育政策与学前教育法规的关系

学前教育政策和学前教育法规对教育活动都具有重要的调节作用。正确认识学前教育政策与法规之间的关系,把握二者的异同,有利于解决学前教育实践中的问题。

学前教育政策属于行动准则范畴,其制定、出台与当时的历史背景、政治方向等存有密切的联系。学前教育法规是一个集合概念,包含所有与学前教育相关的法律法规。两者既有本质的内在联系,又有明显的区别。

(一)学前教育政策与学前教育法规的联系

(1)学前教育政策和学前教育法规是社会主义上层建筑的两个重要组成部分,都体现了国家的意志,规定了学前教育各项工作的行为准则。学前教育法规是学前教育政策的定型化、规范化,可以有效保证学前教育政策的顺利实施。二者在本质上是一致的。

(2)学前教育政策是制定学前教育法规的依据,而学前教育法规是使学前教育政策得到实施的保障。学前教育政策指导学前教育法规的制定和实施;经过实践证明是行之有效的、成熟的教育政策,通过一定的法律程序,还可以转化为国家的教育法规。

(二)学前教育政策与学前教育法规的区别

学前教育政策与学前教育法规的区别主要体现为制定的主体、约束力、表现形式、执行方式、稳定程度和灵活性五个方面的不同。

1. 制定主体不同

学前教育法规是由国家机关或国家权力机关按照法定程序制定的,而学前教育政策既可以由国家机关制定,也可以由政党制定。政党在教育政策制定过程中起着重要作用,尤其是处在执政地位的政党。在我国,从国务院到地方各级人民政府,从教育部到地方各级教育行政部门,都直接参与了教育政策的制定。

2. 约束力不同

学前教育法规由国家机关依照法定程序制定或认可,以国家强制力保证实施,根据其层

次级别的不同,在一定的范围内具有普遍的约束力。而学前教育政策虽然也具有普遍的指导意义,但不具有强制性和普遍约束力。学前教育政策的实施主要通过人们的表率作用、组织约束、舆论引导等途径实现,一般不具有直接的强制性。但学前教育政策也不是一纸空文,它借由一定的宣传途径和行政措施影响教育工作,同样能发挥巨大的作用。

3. 表现形式不同

学前教育法规由国家或行政机关以法律、法规等规范性文件的形式公开颁布,其表现形式主要包括宪法中的教育条款、教育法律、教育行政法规、地方性教育法规和教育规章等;而学前教育政策通常由党的领导机关和政府以决定、指示、决议、纲要、通知、意见等形式颁布,内容比较广泛,既有公开发表的文件,又有秘密传达的内部文件。

4. 执行方式不同

学前教育法规的执行以国家强制力作为后盾,要求社会成员必须遵照执行,否则就要承担相应的法律责任。而教育政策则主要依靠组织与宣传,启发人们自觉遵循,其强制力有一定的限度。同时,教育政策的真正落实往往需要借助其他更为具体的制度和措施实现。

5. 稳定程度和灵活性不同

学前教育法规的稳定程度更高,而学前教育政策的灵活性更高。教育政策随着社会发展以及教育工作形式和任务的变化可以适时做出调整,具有较强的现实指导性和灵活性。

学前教育法规是在总结党和国家的教育政策实践经验的基础上,经过严格的制定和修改程序确定的,是学前教育政策的具体化和条文化,具有较强的稳定性。学前教育法规一旦确定,就会对教育政策产生影响和制约,任何新出台的教育政策都不能与教育法律法规相抵触。如果两者发生矛盾,则必须以法律为准绳,依法办事。

第三节 教育法律关系

在教育活动中,人们会形成多种的教育关系。当教育关系适用于法律规范进行调整的时候,就成为特定的教育法律关系。

一、教育法律关系的含义

(一) 法律关系

法律关系是指在法律规范调整社会关系的过程中形成的人们之间的权利和义务关系。生活中的经济关系、政治关系、道德关系、职业关系等并不全部都是法律关系,法律关系形成的前提之一是法律规范的存在。在没有法律的原始社会里,人与人之间自然不会形成法律关系。即使在存在法律的社会里,人与人之间的关系也并不都是法律关系,如朋友之间的友谊关系、男女之间的恋爱关系等就不构成法律关系。只有那些运用法律规范加以调整并通过国家强制力予以干预的社会关系,才会由一般的社会关系上升为法律关系,例如,婚姻法的出台使得夫妻关系成为一种法律关系;企业与职工依法订立劳动合同后,就构成了双方的劳动法律关系。

(二) 教育法律关系

教育法律关系是在教育法律规范调整教育社会关系的过程中形成的教育活动主体之间

的权利与义务关系。在教育活动中,不同主体之间会形成各种各样的关系,如教育行政部门和学校的关系、学校和教师的关系、教师和学生的关系、学校与其他社会组织之间的关系等。这些关系通过教育法律规范,如《教育法》《教师法》等加以调整,在各主体之间形成一定的权利与义务关系,因此上升为教育法律关系。

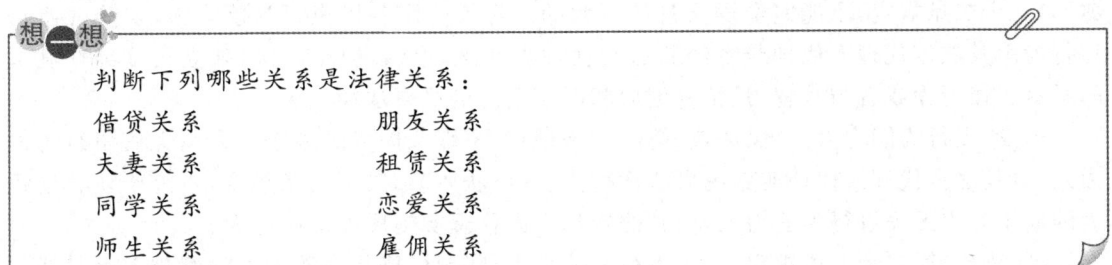

想一想

判断下列哪些关系是法律关系:

借贷关系　　　　朋友关系
夫妻关系　　　　租赁关系
同学关系　　　　恋爱关系
师生关系　　　　雇佣关系

二、教育法律关系的要素

教育法律关系的构成要素包括主体、客体和内容。

(一)教育法律关系的主体

教育法律关系的主体是指在教育活动中依法享有权利和依法承担义务的教育法律关系的参加者,也称作权利主体和义务主体。这里的参加者既包括有生命的自然人,也包括法人。二者在取得民事主体资格方面有着不同的限制条件。

自然人要想取得民事主体资格,依法享有民事权利和承担民事义务,成为法律关系的主体,就需要同时兼具相应的权利能力和行为能力。

权利能力是指由法律所确认的,能够参加一定的法律关系,依法享有一定的权利或承担一定义务的资格。① 自然人的权利能力又分为一般权利能力和特殊权利能力两种。公民的一般权利能力生而有之,始于出生,终于死亡。如我国《宪法》第四十六条规定:"中华人民共和国公民有受教育的权利和义务。"即我国所有公民自出生之日起便拥有受教育的权利能力。而公民的特殊权利能力则必须以一定的法律事实出现为条件才能享有,如《义务教育法》第一章第四条规定:"凡具有中华人民共和国国籍的适龄儿童、少年,不分性别、民族、种族、家庭财产状况、宗教信仰等,依法享有平等接受义务教育的权利,并履行接受义务教育的义务。"这一条款表明,在我国,只有满足具有中国国籍且是处于适龄阶段的儿童(即年满六周岁)这些条件,才能享有接受义务教育的权利和资格。

行为能力指由法律所确认的,人们通过自己的行为享受权利或承担义务,并承担法律责任的能力。具有行为能力的人必须首先具有权利能力,但具有权利能力的人不一定都有行为能力。根据《中华人民共和国民法典》(以下简称《民法典》,2020年5月28日,第十三届全国人民代表大会第三次会议表决通过,2021年1月1日起施行)的规定,自然人的行为能力可以分为以下三类:

第一,完全民事行为能力人。《民法典》第十七、十八条规定,十八周岁以上的自然人为成年人。不满十八周岁的自然人为未成年人。成年人为完全民事行为能力人,可以独立实施民事法律行为。十六周岁以上的未成年人,以自己的劳动收入为主要生活来源的,视为完

---

① 杨颖秀.教育法学[M].北京:中国人民大学出版社,2014:44.

全民事行为能力人。

第二，限制行为能力人。《民法典》第十九条规定，八周岁以上的未成年人为限制民事行为能力人，实施民事法律行为由其法定代理人代理或者经其法定代理人同意、追认；但是，可以独立实施纯获利益的民事法律行为或者与其年龄、智力相适应的民事法律行为。《民法典》第二十二条规定，不能完全辨认自己行为的成年人为限制民事行为能力人，实施民事法律行为由其法定代理人代理或者经其法定代理人同意、追认；但是，可以独立实施纯获利益的民事法律行为或者与其智力、精神健康状况相适应的民事法律行为。

第三，无行为能力人。《民法典》第二十条规定，不满八周岁的未成年人为无民事行为能力人，由其法定代理人代理实施民事法律行为。《民法典》第二十一条规定，不能辨认自己行为的成年人为无民事行为能力人，由其法定代理人代理实施民事法律行为。

《民法典》第二十三条规定，无民事行为能力人、限制民事行为能力人的监护人是其法定代理人。由此可知，未成年学生尤其是幼儿在学校学习生活期间发生的法律纠纷通常由其父母或其他法定监护人代为处理或承担法律责任。

法人组织的权利能力和行为能力的取得与自然人有所不同。法人的权利能力与行为能力是相伴随的，即法人的权利能力和行为能力自法人成立之日起同时产生，随法人的终止而消灭。另外，法人的行为能力通过法人的代表人实现，这与自然人的行为能力是通过自己实现也是不同的。

与行为能力直接相关的是责任能力。责任能力是指法律关系主体通过自己的行为承担法律责任的能力。一般来说，责任能力是通过行为能力表现出来的，完全行为能力人即完全责任能力人，限制行为能力人即限制责任能力人，而无行为能力人则是无责任能力人。但值得注意的是，无行为能力人也无责任能力并不是说无行为能力人发生侵权行为就不需要承担法律责任。我国《民法典》第一千一百八十八条规定："无民事行为能力人、限制民事行为能力人造成他人损害的，由监护人承担侵权责任。监护人尽到监护职责的，可以减轻其侵权责任。有财产的无民事行为能力人、限制民事行为能力人造成他人损害的，从本人财产中支付赔偿费用；不足部分，由监护人赔偿。"由此可以看出，限制行为能力人和无民事行为能力人产生了侵权行为时，也需要承担相应的法律责任，只不过这时承担法律责任的主体可能不是侵权人本人，而是他的监护人，也即违法主体和责任主体是不一致的。但监护人所承担的仅限于民事责任，如果限制行为能力人或无行为能力人犯罪，是不能要求监护人代为承担相应的刑事责任的。

以上所讲的是成为教育法律关系的主体应具备的资格，在现实中我国教育法律关系主体具有多样性，如教育行政机关、学校、校长、教师、学生、社会组织、学生家长等，在一定条件下都可以成为教育法律关系的主体。

概括来讲，在我国，教育法律关系的主体可以分为三类。一是公民，即自然人。公民包含两类：一类是我国公民，另一类是居住在我国境内或在我国境内活动的外国公民或者无国籍人。二是机构和组织，也即法人。机构和组织也主要包括两类：一类是各种国家机关，包括权力机关、行政机关和司法机关等，其特点具有权力特征；另一类是社会组织，包括政党、企事业单位和社会团体等。三是国家。国家主体在国际上主要以国际法主体的名义参与国际教育活动、签署国家教育协议等；在国内，国家主要通过各级权力机关、各级行政机关和各级司法机关等分别行使国家的教育立法权、教育行政权和教育司法权。

**想一想**

如果幼儿园的小朋友在玩耍中推倒了同伴导致对方受伤,谁应该承担赔偿责任?

案例 1-2

孩子用攒下的压岁钱买了手机①

3月14日,家住浙江杭州富阳城区的吴女士与往常一样在家里忙碌家务,突然见老公神色异常地匆匆走来,悄悄告诉她:儿子躲在自己的房间里偷偷玩手机。吴女士吃了一惊。儿子今年上六年级,为了保护他的眼睛,平时夫妻俩是杜绝儿子玩电子产品的,就连看电视,也是规定周末作业完成以后才可以看一个小时。不过儿子用电脑上网查资料、写日记等是被允许的,而且应儿子"保护隐私"的要求,夫妻俩一般不会去看他怎么用电脑。手机到底是哪里来的?什么时候开始有这个手机的?夫妻俩通过与儿子严肃的对话,得知手机是他在前两天用过年悄悄攒下的压岁钱买的,当时和他一起去的还有一个同学,两人各买了一部智能手机,共计4196元,一部1998元,一部2198元。

吴女士认为,她儿子未满12周岁,还在上小学,一眼就能看出是个未成年人,商家不应将手机卖给未成年人,应退货。于是,她就拨打了区市场监管局城西所的投诉电话,希望得到消费者权益保障部门的帮助。城西所工作人员接到投诉后,立即联系商家核实相关情况。

该手机专卖店负责人表示,店员当时看到两个学生模样的未成年人来购买手机,确实问过他们是否得到了家长的许可。两个孩子均表示是得到家长允许才出来购买手机的,店员这才将手机出售给他们,不过店员未与其家长进行现场核实,确实存在疏忽,所以同意退货。但该负责人提出,因手机及耳机线、充电器等配件均已拆封使用,无法再按新品出售,商家也存在一定损失。

城西所工作人员向吴女士转达了商家的意思。吴女士表示,儿子拿压岁钱擅自购买手机,作为家长确实也存在监管不到位的责任。最终,双方达成协议:已拆封使用的耳线、充电器等配件共计139元,由吴女士等两位家长购买;手机按退货处理。

本次投诉中,购买人为未成年人,手机价款高,且显然也不是该年龄段孩子必备的生活用品或学习用具,因此可以认定该购买行为是与其年龄、智力状态不相适应的。根据《民法典》规定,若未成年人父母等法定代理人对此交易拒绝追认,该交易活动属于无效合同行为。作为经营者,在面对未成年人独自购买商品时,不能仅考虑双方意向达成一致,就认定该笔买卖是合法有效的,还需要考虑未成年人身份的特殊性,如果是八周岁以下的未成年人,属于无民事行为能力人,要由法定代理人代理实施民事法律行为。而八周岁以上的未成年人,除了纯收益的民事法律行为,以及与其年龄、智力、精神与健康状况相适应的民事法律行为是有效的,其他民事法律行为效力待定,需要其法定代理人追认后才能生效,所以经营者在售卖大额商品时,一定要做好相应的核查,以免产生售后纠纷及损失。

---

① 孩子瞒着家长买了手机!能不能退货[EB/OL].(2021-03-26)[2025-1-3].https://www.sohu.com/a/457424233_647501.有删减。

(二)教育法律关系的客体

教育法律关系的客体是教育法律关系主体的权利和义务所共同指向的目标和对象。通俗地讲,即教育法律关系主体围绕什么产生了权利义务关系。没有客体,主体的权利和义务就失去了目标,教育法律关系就不会存在。但并非一切独立于主体而存在的客观对象都能成为教育法律关系的客体,只有那些能够满足主体的利益需要并得到国家法律确认和保护的客观对象(如物、行为)才能成为教育法律关系的客体。

一般来讲,教育法律关系的客体包括以下几个方面。

1. 物

物,是指在教育法律关系中,可以作为财产权对象的物品或其他物质财富,包括各种物资、财产、设施、场所、资金等。以是否因移动而改变用途和降低价值为标准,又可以分为动产和不动产两大类。教育机构里的不动产主要包括教育机构占有的土地、各种场地、房屋和其他建筑设施、场馆以及大型设备等;教育机构里的动产主要包括教育机构的各种资金、教学仪器、设备等。

2. 行为

行为,是指教育法律关系主体所表现出的作为和不作为等各种教育行为。它主要包括教育行政机关为实现对教育事业的管理而做出的具体行政行为,学校及其他教育机构的教育管理行为,教育者的教育教学组织及其实施行为,受教育者的学习行为等。行为是教育法律关系中最为重要的内容。

3. 智力成果

智力成果,是指教育法律关系主体在有关教育的智力活动中创造的精神财富。如教育法律关系的主体取得或拥有的著作权、专利权、商标权、发明权等权益。这些权益受我国知识产权法律的保护,不得非法侵占。

案例 1-3

教师教案纠纷案[①]

十几年来,重庆市南岸区四公里小学都要求教师在每学期末上交教案,作为学校检查教师教学工作质量及考核教学成绩的依据,这在学校已成为惯例。从事小学教学工作已近30年的高丽娅老师说,自从1990年调到四公里小学担任语文教师后,按学校的规定,她已经上交给学校48本教案。2002年4月,她为写教学论文,向学校索要教案,但最终只拿回了4本,其余的44本已被销毁或被当作废品处理掉。

四公里小学以往从来没有一个老师要求学校返还教案,而教师因为教案将学校告上法庭,更是闻所未闻。然而2002年5月30日,高老师却将学校告到了南岸区法院,要求学校返还自己语文教案44本,赔偿损失8800元。高丽娅老师首先以"对教案的所

---

① 蔡世斌.教案所有权应归教师——对首例教案官司的判决的法律思考[J].教学与管理,2006(14):29—31.

有权"为诉求。但是,从法院一审、二审和终审判决,到经检察机关抗诉后启动重审程序,在这宗全国首例"教案"官司中,她4次败诉,理由是教案本属物权范围,归学校所有,教师是基于学校为完成教育主管部门规定的教育内容而受聘于学校,教师在上课前应提前备好所授课程,写教案是教师在工作中应该履行的职责,是一种工作行为。而学校购买并发给教师的教案本是记载教案的一种载体形式,其所有权无证据证明已转移。随后,心有不服的高老师改变诉由,以主张"教案著作权"为由,第五次走进了法院,誓要讨回"公道"。

庭审中,高老师与学校在两个问题上进行了激烈的辩论:其一,本案所涉及的44册教案本所载的教案是否构成我国著作权法上的作品;其二,学校是否已经完成告知高丽娅老师取回涉案教案本的义务。2005年12月13日,重庆市第一中级人民法院最终认定,"教学过程"等栏目记载的内容主要属于高老师独立创作的内容,属于著作权法上所称的作品,而学校也没有尽到通知高老师取回涉案教案本的义务,四公里小学私自处理教师教案原稿的行为侵犯了高老师的著作权,赔偿其经济损失5000元。

本案中原告的权益看似没有受到实质上的侵害,但从著作权角度来看,学校的做法已侵犯了原告的著作权,原告拥有教案的合法权益因受到学校的侵犯而造成利益损失。

 知识链接 1-2　著作权

著作权也称版权,是指作者及其他权利人对文学、艺术和科学作品享有的人身权和财产权的总称,分为著作人格权与著作财产权。其中著作人格权的内涵包括了公开发表权、姓名表示权及禁止他人以扭曲、变更方式,利用著作损害著作人名誉的权利。著作财产权是无形的财产权,是基于人类智识所产生的权利,故属知识产权的一种,包括重制权、公开口述权、公开播送权、公开上映权、公开演出权、公开传输权、公开展示权、改作权、散布权、出租权等。

(三) 教育法律关系的内容

教育法律关系的实质是要确定教育法律关系参加者的权利和义务,这些法律上的权利和义务就构成了教育法律关系的内容。

1. 教育法律权利

教育法律权利也称教育权利,是指教育法律关系主体依法享有的某种利益或资格,通常的表现形式为行为权、要求权、请求权。

(1) 行为权

行为权是教育法律关系主体自身作为或不作为的权利,也即教育法律关系主体通过自身的行为(包括做出一定行为或者不做出一定行为)来满足自身利益要求的权利。如幼儿可以选择去某一质量优良的幼儿园就读,这是一种作为的权利;幼儿也可以拒绝去另一条件比较差的幼儿园就读,这就是一种不作为的权利。

（2）要求权

要求权是指教育法律关系主体为维护自身的正当权益而要求义务人做出或不做出某种行为的权利。如《民办教育促进法》第十八条规定："审批机关对批准正式设立的民办学校发给办学许可证。审批机关对不批准正式设立的，应当说明理由。"这表明当申请设立民办学校的办学申请未被批准时，申请者有权要求审批机关说明理由，这就是要求义务人做出某种行为以满足权利人正当权益的要求权。再比如，《教育法》第二十九条第八款规定学校及其他教育机构有"拒绝任何组织和个人对教育教学活动的非法干涉"的权利。这表明学校为维护教育教学秩序，有要求任何组织和个人不做出侵害学校教育教学秩序的要求权。

（3）请求权

请求权是指教育法律关系主体在自身的合法权益受到侵害时，有请求国家提供保护的权利。这种权利主要体现在诉讼法律关系之中，表现为对受侵害权利的一种法律救济，可以通过申诉、控告等途径实现，这一权利直接体现为国家强制力对合法权益的保护和对违法行为的制止。

2. 教育法律义务

教育法律义务也称教育义务，是指教育法律关系主体依法承担的责任。与教育法律权利的表现形式相对应，教育法律义务主要包括不作为、积极作为和接受国家强制三种形式。

（1）不作为

不作为即义务人不做出一定的行为就等于履行了应尽的法定义务。如《义务教育法》第四十九条规定："义务教育经费严格按照预算规定用于义务教育；任何组织和个人不得侵占、挪用义务教育经费，不得向学校非法收取或者摊派费用。"在这里，只要义务人不做出侵占、挪用义务教育经费和非法收取及摊派费用的行为，就构成了权利人要求义务人不作为的行为权的实现。

（2）积极作为

积极作为即义务人应按照法律的规定或者权利人的要求，做出一定的积极行为以满足权利人的合法权益。这一义务与权利人要求义务人做出一定行为的要求权相对应。如前所列举的当审批机关对于未获批准的办学申请在规定的时间里给出了正当理由，即履行了自身积极作为的义务，实现了权利人的要求权。

（3）接受国家强制

接受国家强制即当义务人不履行自身的法定义务时，经权利人的请求，通过国家强制力强制义务人履行义务，而义务人有义务接受这种强制。这一义务的履行即构成了权利人请求权的实现。如《义务教育法》第十一条规定："凡年满六周岁的儿童，其父母或者其他法定监护人应当送其入学接受并完成义务教育；条件不具备的地区的儿童，可以推迟到七周岁。"倘若在无正当理由的情况下，适龄儿童的父母或监护人没有送其入学接受义务教育或中途辍学，教育行政部门可以提出强制其子女入学的申请。

在教育法律关系中，权利和义务是统一的、不可分割的。任何权利人教育权利的实现都有赖于义务人教育义务的履行，如果义务人不能履行教育法上的义务，那么权利人的教育权利就是一纸空文。权利和义务的统一性还表现在，任何组织和个人不能只强调自身的权利而忽视应履行的义务，也不能只强调履行义务而忽视权利的行使，在法治社会中，没有人只享受权利而不用履行义务，也没有人只履行义务而不享受权利。从总量上来看，教育权利和教育义务是大体相等的，如果权利总量大于义务总量，那么有些权利就是虚设的；如果义务总量大于权利总量,那么就会有特权的存在。

教育法律关系中的权利和义务,在很多情况下还表现为主体的同一性,如义务教育的适龄儿童接受义务教育既是一种权利又是一种义务,教师组织实施教育教学既是一种权利同时也是一种义务,国家举办教育同样既是权利也是义务。这种权利主体和义务主体的同一性不仅是因为教育权利和义务之间存在统一性,还因为教育作为一种培养人的社会活动,不仅存在私人效益,还存在广泛的社会效益,个人发展与社会发展之间的这种统一性,是教育权利主体和教育义务主体存在同一性的基础。

案例 1-4
孩子园内摔伤应由谁来负责①

2021年1月19日,杨文豪在幼儿园上学。当日11时许,另一小朋友的家长来幼儿园收拾床上用具,杨文豪尾随其后,在跑进寝室时不慎跌倒,在铁床边将左面部撞伤。杨文豪受伤后,幼儿园工作人员及时将其送往巫山县人民医院清创缝合,并通知杨文豪的家长将其接走。杨文豪受伤后,其监护人支付了相关医疗费、交通费、住宿费、伙食费、鉴定费。随后,杨文豪的监护人到法院起诉,要求新会巫峡幼儿园承担相应的赔偿责任。

法院审理认为,杨文豪在被告新会巫峡幼儿园小班学习、生活期间应当受到呵护,此次事故造成其面部损伤并需后期整形,属新会巫峡幼儿园管理不到位和监护不力,应对所造成的后果承担民事责任。法院判决由被告新会巫峡幼儿园赔偿原告杨文豪医疗费、后期整形医疗费、鉴定费、交通费、误工费、住宿费共计16823元。

【评析】

本案例涉及的教育法律关系主体有:学生杨文豪、杨文豪的监护人和幼儿园。

从客体上看,侵犯的是一种人身权利,即杨文豪的生命健康权。

从内容上看,《民法典》第二十条规定,不满八周岁的未成年人为无民事行为能力人,由其法定代理人代理实施民事法律行为。第二十三条规定,无民事行为能力人、限制民事行为能力人的监护人是其法定代理人。杨文豪作为幼儿园的学生,是不满八周岁的未成年学生,所以,其监护人作为法定代理人对幼儿园提起诉讼。另外,《民法典》第一千一百九十九条规定:无民事行为能力人在幼儿园、学校或者其他教育机构学习、生活期间受到人身损害的,幼儿园、学校或者其他教育机构应当承担侵权责任;但是,能够证明尽到教育、管理职责的,不承担侵权责任。第一千二百零一条规定:无民事行为能力人或者限制民事行为能力人在幼儿园、学校或者其他教育机构学习、生活期间,受到幼儿园、学校或者其他教育机构以外的第三人人身损害的,由第三人承担侵权责任;幼儿园、学校或者其他教育机构未尽到管理职责的,承担相应的补充责任。幼儿园、学校或者其他教育机构承担补充责任后,可以向第三人追偿。在本案例中,由于杨文豪是幼儿园小班的学生,属于无民事行为能力人,还不能对危险作出准确的判断,杨文豪的面部损伤是由幼儿园的教育管理不力所造成的,因此,幼儿园应当对所造成的后果依法承担全部责任。

---

① 杨颖秀.教育法学[M].北京:中国人民大学出版社,2014:57—58.有修改。

第四节　教育法律责任

教育法律责任存在于各种教育法律之中,是教育实施的必要保证,当人们受法律保护的教育权益受到侵害时,法律则强制侵害人承担一定的责任,以弥补被损害者的合法权益,从而维护法律的权威性。

一、法律责任的含义与特征

(一) 法律责任的含义

法律责任有广义和狭义之分,广义的法律责任和法律义务同义,如公民都有遵纪守法的责任(义务),子女都有赡养父母的责任(义务);狭义的法律责任是指法律关系主体因实施了违法、违约行为或由于其他法律规定的事实的出现,而必须承担的不利后果。本章所讲的法律责任是从狭义层面来看的。

知识链接 1-3　法律责任的构成要件

要从法律意义上理解法律责任,还需要进一步探讨法律责任的构成要件,这些构成要件也就是构成法律责任所必备的主客观条件的总和。它主要包括以下几个方面。

1. 责任主体

法律责任构成要件中的责任主体是指因违法行为或者法律规定的事由最终需要承担法律责任的自然人或法人。这里的责任主体既可能是违法主体,也可能不是违法主体,也即责任主体和违法主体并不总是一致的。就自然人来说,当违法主体是完全行为能力人时,承担法律责任的主体就是违法主体自身;当违法主体是无行为能力人或者限制行为能力人时,承担法律责任的主体一般是其监护人。

2. 违法行为或违约行为

违法行为是指相关主体实施了违反法律或契约规定的行为。包括作为和不作为两类。作为的违法或违约行为是指相关主体直接做出了违背法律(契约)规定的侵害他人合法权益的行为,如故意杀人;不作为的违法或违约行为是指相关主体没有履行法定义务或遵守契约义务而侵害了他人合法权益的行为。一般来说,违法(违约)行为是构成法律责任的前提条件,没有违法(违约)行为就不需要承担相应的法律责任,但还存在有特殊的情况是法律责任的承担不以违法行为为条件,而是以法律规定为条件,如无行为能力人违法,其监护人承担相应的法律责任。

3. 损害事实

损害事实是指行为人的违法行为对受害方的合法权益造成了客观存在的损害后果,包括对受害人人身的、财产的、精神的(或者三者兼有的)损失和伤害。损害事实具有确定性,即是能够被证明的客观存在的确定的事实,而不是臆想的、虚构的或者尚未发生的现象。

4. 主观过错

主观过错是指行为主体实施违法行为时的主观故意或主观过失。故意是指行为人明确自己行为的不良后果,却希望或放任其发生。过失是指行为人应当预见到自己的行为可能发生不良后果而没有预见,或者已经预见而轻信不会发生或自信可以避免。过错在不同的法律关系中的重要程度是不同的。在民事法律中一般较少区分故意与过失,过错的意义不像在刑事法律中那么重要,有时民事责任不以有过错为前提条件,比如我国《民法典》第一千一百六十六条规定:行为人造成他人民事权益损害,不论行为人有无过错,法律规定应当承担侵权责任的,依照其规定。在刑事法律关系中有无过错对于区分是否犯罪及量刑轻重都非常重要。

5. 因果关系

因果关系是指行为主体的违法行为与损害事实之间存在必然的联系,二者是引起与被引起的关系,也就是说违法行为是引起导致损害事实的原因。因此,在确定法律责任时,还要确定违法行为与损害事实之间的因果联系,只有在确定了违法行为和损害事实之间存在因果关系的情况下,行为主体才需要为损害结果承担相应的法律责任。

(二)法律责任的特征

法律责任不同于其他的社会责任如政治责任、道义责任等,它具有如下主要特征。

1. 法律责任的确定必须有法律依据

在教育活动中,什么样的行为应当承担法律责任,由谁来追究法律责任以及承担什么样的法律责任,这些都是在法律法规中有明确规定的。不同的违法行为,需要承担的法律责任也是不同的,确定法律责任的最终依据只能是法律。

2. 法律责任的履行具有国家强制性

法律责任的追究和实现均以国家强制力作为保证,并且对于一切违法者和一切违法行为具有普遍的约束力。一方面,法律责任由国家专门机关或国家授权的组织予以追究,如国家司法机关,其他的组织和个人无此权力。[①] 另一方面,当责任人不能主动履行其法律责任时,需要依靠国家强制力强制执行,使得责任人必须接受某种约束、负担,甚至是惩罚。

二、教育法律责任的类型

根据不同的分类标准,可以把法律责任分为不同的类型。如以行为人有无过错为标准,可将法律责任分为过错责任和无过错责任;以引起法律责任时的行为性质及危害程度为标准,可将法律责任分为刑事法律责任、民事法律责任、行政法律责任和违宪法律责任。[②] 教育法根据违法主体的法律地位和违法行为的性质,规定了承担法律责任的三种主要方式,即刑事法律责任、民事法律责任和行政法律责任。

(一)刑事法律责任

刑事法律责任简称刑事责任,是指行为人因其犯罪行为所必须承受的,由司法机关代表国家所确定的否定性法律后果。刑事责任的特点有如下几点:第一,产生刑事责任的原因在于行为人行为的严重社会危害性,只有行为人的行为具有严重的社会危害性,即构成刑法所

[①] 公丕祥.法理学[M].上海:复旦大学出版社,2002:465.
[②] 杨颖秀.教育法学[M].北京:中国人民大学出版社,2014:83.

规定的犯罪,才能追究行为人的刑事责任。第二,刑事责任是犯罪人向国家所负的一种法律责任。它与民事责任由违法者向被害人承担责任有明显区别,刑事责任的大小、有无都不以被害人的意志为转移,刑事责任一旦经有关机关确定后成立,犯罪人与被害人之间不能协商变通。第三,刑事责任是一种惩罚性责任,是所有法律责任中最严厉的一种,其承担责任的基本方式是刑罚。我国现行法律规定的刑罚包括主刑和附加刑,其中主刑包括管制、拘役、有期徒刑、无期徒刑和死刑;附加刑包括罚金、剥夺政治权利和没收财产。第四,刑事责任具有罪责自负性,即刑事责任只能由犯罪人自己承担,罪行不能转嫁,也不能株连其他人。承担刑事责任的,既包括犯罪的自然人,也包括犯罪单位。

违反教育法的刑事法律责任,是指行为人实施了违反教育法的行为,同时触犯了刑法、达到了犯罪的程度,所必须承担的法律后果。[①] 在《教育法》的相关条款中,对违反国家财政制度、财务制度,挪用、克扣教育经费,扰乱学校及其他教育机构教育教学秩序或者破坏校舍、场地及其他财产,明知校舍或者教育教学设施有危险而不采取措施,造成人员伤亡或者重大财产损失,在招收学生工作中徇私舞弊等行为追究刑事责任作了规定。另外,在《中华人民共和国刑法》(以下简称《刑法》)中也专门设置了"教育教学设施重大安全事故罪"和"招收公务员、学生徇私舞弊罪"。

刑事法律责任是最严厉的法律责任。追究犯罪主体刑事法律责任必须依照《刑法》的具体规定。[②] 在学前教育违法办园活动中,涉及追究刑事责任的主要包括以下几个方面。

(1) 体罚幼儿的,情节严重的可以以故意伤害罪追究责任。

(2) 使用有毒、有害物质制作教具、玩具的,情节严重的,可能会以教育设施重大安全事故罪追究责任。

(3) 挪用幼儿园经费的,以挪用公款罪或挪用资金罪追究责任。严重干扰幼儿园正常工作秩序的,可能会以聚众扰乱社会秩序罪追究责任等。

(二) 民事法律责任

民事法律责任简称民事责任,是指由于违反民事法律规范、违约或者由于民法规定所应承担的一种法律责任。它主要以恢复被损害的权利和利益为目的。民事责任主要包括违约责任和侵权责任,其特点有如下几点:第一,民事责任具有补偿性。民事责任的功能主要在于救济受害者的权利,赔偿或补偿受害者的损失。行为人承担民事责任的大小与其给受害人带来的损失是相适应的。第二,民事责任主要是一种财产责任。《民法通则》第二条规定:"中华人民共和国民法调整平等主体的公民之间、法人之间、公民和法人之间的财产关系和人身关系。"在民事活动中,由于一方违法或违约给另一方造成了财产的和精神的损失,通常是通过财产性的赔偿来进行补偿的。但这些财产性的赔偿并不影响非财产责任的承担,如赔礼道歉、恢复名誉等。第三,民事责任主要是一方当事人对另一方的责任,在法律允许的条件下,多数民事责任可以不经诉讼程序,由当事人协商解决。并且,一般情况下,如果受害者不追究行为人的法律责任,仲裁机关不得主动受理。

违反教育法的民事法律责任是教育法律关系主体违反教育法律、法规,破坏了平等主体

---

① 童宪明.幼儿教育法规与政策[M].3版.上海:复旦大学出版社,2021:20.
② 徐文松,王婧文,赵梅菊.学前教育政策与法规[M].北京:北京理工大学出版社,2021:165.

之间正常的财产关系或人身关系,依照法律规定应承担的民事责任。①《教育法》第八十三条对违反教育法的民事责任作了原则规定:"违反本法规定,侵犯教师、受教育者、学校或者其他教育机构的合法权益,造成损失、损害的,应当依法承担民事责任。"依据我国《民法典》第一百七十九条,承担民事责任的方式主要有:停止侵害;排除妨碍;消除危险;返还财产;恢复原状;修理、重作、更换;继续履行;赔偿损失;支付违约金;消除影响、恢复名誉;赔礼道歉。以上承担民事责任的方式,可以单独适用,也可以合并适用。另外,人民法院审理民事案件,除适用上述规定外,还可以予以训诫、责令具结悔过、收缴进行非法活动的财物和非法所得,并可以依照法律规定处以罚款、拘留。

根据违反的义务性质来源不同,民事法律责任可以分为违约责任、侵权责任和其他责任。

知识链接 1-4

《民法典》第一千一百六十五条规定:行为人因过错侵害他人民事权益造成损害的,应当承担侵权责任。依照法律规定推定行为人有过错,其不能证明自己没有过错的,应当承担侵权责任。

(三)行政法律责任

行政法律责任简称行政责任,是指行为人因违反行政法律规范或因行政法规定而应承担的法律责任。行政责任的特点主要有以下几点:第一,承担行政法律责任的主体包括行政主体和行政相对人。在行政法律关系中,当行政主体行政违法或不依法做出行政行为,行政相对人不履行法定义务时,都必须承担相应的行政法律责任。第二,产生行政法律责任的原因是行为人的行政违法行为和法律规定的特殊情况。其中可以分为:行政主体的违法行为;行政主体的行政侵权行为;行政机关公职人员的违法失职行为;普通公民、法人违反一般经济、行政管理法律、法规的行为;行政主体的行政不当行为;法律规定实行严格责任的情况。第三,追究行政法律责任的机关具有多样性。刑事责任和民事责任主要是由国家司法机关予以追究,而追究行政责任的机关既可以是国家的权力机关、司法机关,也可以是行政机关。第四,追究行政法律责任主要适用行政程序。如行政申诉制度、行政复议制度等。

现行教育法的相当一部分是以政府及其教育行政部门为一方,来调整教育活动中的行政关系。因此,教育法本身就具有行政法的属性,所以,违反教育法一定程度上就带有行政违法性。在实践中,对于违反教育法律、法规的行为,主要追究的是行政法律责任。根据《教育法》的规定,违反教育法的行政法律责任的承担方式主要有行政处罚和行政处分两类。②

行政处分,是指国家机关、企事业单位对所属的国家工作人员违法失职行为尚不构成犯罪,依据法律、法规所规定的权限而给予的一种惩戒。行政处分属于内部行政行为,由行政主体基于行政隶属关系依法做出。行政处分有时也称"纪律处分",共有 6 种:警告、记过、记大过、降级、撤职、开除。

---

① 童宪明.幼儿教育法规与政策[M].3 版.上海:复旦大学出版社,2021:22.
② 同上。

行政处罚,是指具有行政处罚权的行政主体为维护公共利益和社会秩序,保护公民、法人或其他组织的合法权益,依法对违反行政法律法规而尚未构成犯罪的行政相对人给予法律制裁的行政行为。行政处罚的种类有很多,教育法涉及的行政处罚包括:警告;罚款;没收违法所得,没收违法颁发、印制的学历证书、学位证书及其他学业证书;撤销违法举办的学校和其他教育机构;取消颁发学历、学位和其他学业证书的资格;撤销教师资格;停考、停止申请认定资格;责令停止招生;吊销办学许可证;法律、法规规定的其他教育行政处罚。①

> **案例 1-5**
>
> **幼儿园园长因心情不好持火钳烫伤 10 名幼儿**②
>
> 2011 年 11 月 29 日,陕西旬阳县磨沟幼儿园园长薛同霞,因小朋友不能完全背诵课文,用火钳将孩子们的手烫伤。薛同霞称她当时心情不好,原本只是想恐吓不听话的小朋友,但突然情绪失控做出过激行为,自己感到非常内疚。
>
> 同年 12 月 2 日,旬阳县教育体育局接到棕溪镇中心学校反映,该镇村级民办幼儿园磨沟幼儿园园长薛同霞体罚幼儿,该局立即组成事件调查组展开调查。经查,薛同霞将 10 名幼儿用火钳尖部烫伤情况属实,2 个孩子(丰丰、楠楠)烫伤最为严重,其余几个孩子不同程度被烫伤。
>
> 据悉,主管部门和棕溪镇政府已经责成薛同霞在其父亲的带领下,按家长的要求对 10 名烫伤幼儿及时进行了全面检查治疗,10 名幼儿均为轻微烫伤。截至 2 日 20 时,10 名幼儿已全部进行了药物治疗,伤口恢复良好。调查组人员陪同薛同霞带着营养慰问品,逐一登门向幼儿家长赔礼道歉,教体局和棕溪镇政府联合工作组对受伤幼儿逐户进行看望和慰问,并对幼儿及家长及时进行了心理安抚和疏导,已经取得了家长的充分谅解。
>
> 依据《民办教育促进法》相关规定,有关部门停止了棕溪镇磨沟幼儿园保教保育活动,并立即在棕溪镇磨沟完全小学开设幼儿班。从 12 月 5 日开始,该园 32 名幼儿全部在磨沟完全小学幼儿班入学。同时,吊销了磨沟幼儿园的办学许可证,对薛同霞本人将依据事件性质和情节进行严肃处理。

三、教育法律责任的承担主体

根据现行教育法的规定,有可能成为教育法律责任的承担主体包括:

(1) 国家教育行政机关和其他国家机关;
(2) 教育行政机关和其他行政机关的工作人员;
(3) 实施教育教学活动的学校、其他教育机构及其校长和教师;
(4) 学生及儿童少年的父母或其他监护人;
(5) 其他负有遵守教育法义务的公民和法人。

---

① 孙葆森,刘惠容,王悦群.幼儿教育法规与政策概论[M].北京:北京师范大学出版社,1998:45.
② 幼儿园园长因心情不好持火钳烫伤 10 名幼儿[EB/OL].(2011-12-05)[2022-10-12]. http://news.163.com/11/1204/07/7KDPBLMR00011229.Html.

本章小结

政策是国家、政党为实现一定历史时期的任务和目标而规定的行动准则和行动方向。政策作为一种规范体系,具有较强的针对性和明确性、权威性和稳定性、变动性等基本特征。

教育政策是一种有目的的动态发展过程,是政党、政府等政治实体为实现一定历史时期的教育目的和任务而规定的行动依据和准则。学前教育政策是指党和政府为完成一定历史时期的学前教育任务,实现学前教育培养目标而作出的兼具战略性、现实针对性和可操作性的规定。学前教育政策体系主要包括学前教育基本政策、学前教育事业发展与管理政策、学前教育课程及质量保障政策、学前教育师资政策等四个方面,并具有明确的目的性、体系的连贯性、适当的变通性特征。

广义的法,是指由国家制定或认可,以国家强制力保证实施的反映统治阶级意志的行为规则的总称。它通过对人们权利和义务的规定,去规范人们的行为,从而确认、保护和发展有利于统治阶级的社会关系和社会秩序,主要包括法律、行政法规、地方性法规、规章等。狭义的法,专指法律。教育法是由国家制定或认可,并由国家强制力保证实施的,调整教育活动中各种社会关系的法律规范的总和。教育法与其他法律规范相比具有自身的特殊性,主要体现为主体的多样性、调整范围的广泛性和特殊主体的保护性等特征。学前教育法规是促进学前教育有序发展、保障学前儿童接受教育权利的基本规范;其体系构成内容包括宪法、教育法律、教育行政法规、地方性教育法规、教育规章等。

学前教育政策属于行动准则范畴,主要用于协调内外关系,其制定、出台与当时的历史背景、政治实体等存有密切的联系。学前教育法规是一个集合概念,其包含着所有与学前教育相关的法律法规。两者既有着本质的内在联系,又有明显的区别。

教育法律关系是教育法律规范在调整教育社会关系中所形成的人们之间的权利与义务关系。它是以教育法律规范为前提,以权利义务为核心而结成的社会关系。教育法律关系由教育法律关系的主体、客体与内容三个要素构成。

教育法律责任是指教育法律关系主体因实施了违法、违约行为或由于其他法律规定的事实的出现,而必须承担的不利后果。其构成要件包括责任主体、违法行为或违约行为、损害事实、主观过错和因果关系五个部分。教育法根据违法主体的法律地位和违法行为的性质,规定了承担法律责任的三种主要方式,即刑事法律责任、民事法律责任和行政法律责任。

 思考与练习

1. 简述政策、教育政策和学前教育政策的含义和特征。
2. 简述教育法的内涵与特征。
3. 简述学前教育政策和学前教育法规的联系和区别。
4. 教育法律关系的含义和构成要素是什么?
5. 什么是教育法律责任?违反教育法应该承担哪些法律责任?
6. 结合现实阐述学前教育法规体系的内容。

第二章 我国学前教育政策与法规的沿革与发展

学习目标

1. 了解各个历史时期我国学前教育政策法规的主要内容与特点。
2. 掌握改革开放后我国学前教育政策法规的主要特征。
3. 理解改革开放后我国学前教育政策法规的价值取向。
4. 掌握我国现行重大学前教育政策法规的基本内容。

情境案例

圣地摇篮——烽火硝烟中的延安保育院[①]

"丢、丢、丢手绢,轻轻地放在小朋友的后面,大家不要告诉他,快点快点捉住他,快点快点捉住他……"《丢手绢》几乎是中国流传最广的儿歌,但很多人可能不知道,这首歌创作于八十多年前的延安保育院。这所成立于烽火硝烟中的保育院是革命年代延安娃成长的摇篮,是一个特定历史时期的产物。抗战时期,大量党的领导和骨干因为要领导边区建设、指挥军队作战而无暇顾及子女的抚养与教育。1938年7月,由进步人士、社会团体和陕甘宁边区政府发起成立陕甘宁边区儿童保育院,负责接收培养边区干部、军人子女和革命烈士遗孤。保育院就如同点点繁星,为这些弱小生命撑起了一片爱的天空。1938年10月,陕甘宁边区政府在延安柳林村创办了"陕甘宁边区儿童保育院",即延安保育院,目的是保障抗日根据地的孩子们健康成长。毛主席专门题字两幅:"好好地保育儿童""为教育后代而努力"。

图 2-1 20 世纪 40 年代,延安保育院的孩子们在排练歌曲

---

① 圣地摇篮——烽火硝烟中的延安保育院[EB/OL].(2022-04-24)[2024-10-25]. http://www.tjzzb.gov.cn/dsbl/202111/t20211126_88909.html

第一节　我国学前教育政策法规的历史沿革

伴随学前教育的发展,我国学前教育政策法规已超过百年历程。学前教育的百年发展是逐步演进的接续过程。不同发展阶段学前教育政策法规的确立和制定反映了不同时期人们对学前教育的认知逻辑和价值诉求,也体现了国家和政府对不同阶段学前教育发展的规划和愿景。在百年的变迁中,学前教育历经了蒙养院(园)制度的确立时期、幼稚园制度的确立时期、幼儿园制度的确立时期、改革开放至今等不同的历史发展时期,各个时期的学前教育政策法规都具有鲜明的时代特征。

一、蒙养院(园)制度的确立时期(1903—1918)

在漫长的中国古代社会中,学前教育历来作为一种自发、无序、封闭的家庭教育形态而存在。虽然诸多教育家、思想家提出了至今仍然可以继承和借鉴的学前教育思想,但学前教育政策、法规层面的缺失状况直到1904年初正式颁布《奏定蒙养院章程及家庭教育法章程》才有所改变。

清末洋务运动后期,湖广总督张之洞主张"中学为体""西学为用",倡办新式教育。湖北巡抚端方于1903年9月(光绪二十九年八月)在武昌寻常小学堂(后又称模范初等小学堂)内创办了湖北幼稚园,这是我国第一所学前儿童教育机构。

1904年,清政府颁布《奏定学堂章程》,其中专门为学前教育制定了《奏定蒙养院章程及家庭教育法章程》(以下简称《章程》)。《章程》将幼儿公共教育机构定名为蒙养院,列入学制系统,附设在育婴堂和敬节堂内(始创于宋代的育婴堂是养育孤苦无依的儿童的场所,敬节堂是收留寡妇的场所)。《章程》规定,在育婴堂和敬节堂内划出一院为蒙养院,教师称"保姆",由经训练的乳媪和节妇担任。蒙养院保育教导3~7岁儿童,每日受教时间为4小时。保教的目的在于"发展其身体,渐启其心知……习于善良之规范;当体察幼儿身体气力之所能为,心力知觉之所能及;多留意儿童之性情及行止仪容,使趋端正;儿童性情极好模仿,务专意示以善良之事物,使则效之"。保教的内容为游戏、歌谣、谈话、手技四项,强调学前儿童在内容和方法上应"与初等小学之授予学科者迥然有别"。同时,规定"蒙养家教合一",强调家庭教育。① 该《章程》主要借鉴了日本明治三十二年(1899)颁布的《幼儿园保育及设备规程》。

《奏定蒙养院章程及家庭教育法章程》是中国近代第一个学前教育法规,它肯定了学前教育的重要意义和作用,标志着蒙养园制度的确立和中国学前教育制度化的开端。1907年,清政府颁布《奏定女子师范学堂章程》,对幼教师资培训做了规定,将幼儿保教人员的培养纳入了正规的教育渠道。当时的幼教师资培训虽然出现了办学不够规范、地域分布差异明显、生源质量难以保证、办学质量不高等问题,仍然为官立、私立蒙养院提供了必需的师资,促进了我国学前教育的发展。1912年9月,教育部开始实施"壬子癸丑学制",规定幼儿教育机构的名称为蒙养园,招收未满6岁的儿童,附设在女子师范学校和女子高等师范学校

---

① 中国学前教育研究会.百年中国幼教(1903—2003)[M].北京:教育科学出版社,2003:7.

内,或以"公立私立之蒙养园代附属蒙养园"。这些规定确立了蒙养园在学制体系中的地位。尽管蒙养园教育仍不占学制年限,也未单独构成学制系统的一级,但这一时期蒙养园已不再附设于育婴堂、敬节堂等社会福利机构内,而被纳入真正的教育机构之中,这标志着幼儿教育地位的提高。

蒙养园制度的确立,标志着我国学前教育开始摆脱过去由家庭主导的封建传统教育模式,转向由社会专门教育机构组织实施。全国各地纷纷开始根据章程创办学前教育机构——蒙养院(园)。据江苏教育会幼稚教育研究会的调查,仅1918年,上海一地就新建园12所。① 可以说,这一历史时期的学前教育政策法规的出台加快了学前教育由传统开始走向现代的进程。

知识链接 2-1　《奏定蒙养院章程及家庭教育法章程》主要内容

清政府于 1904 年正式颁布了《奏定学堂章程》,其中有《奏定蒙养院章程及家庭教育法章程》,这是我国历史上近代第一个有关学前教育的法规。此章程包括四章。

第一章,蒙养家教合一。包括如下内容:① 确定了蒙养家教合一之宗旨,指出"在于以蒙养院辅助家庭教育,以家庭教育包括女学"。这是说,这种初建的学前社会教育,尚不能广泛设立。当时中国尚没有女子学堂,因此"保姆学堂既不能骤设,蒙养院所教无多,则蒙养所急者仍赖家庭教育",学前教育还主要靠家庭进行。② 规定了蒙养院的对象"为保育教导 3 岁以上至 7 岁之儿童"。③ 规定了蒙养院的位置,设在敬节堂与育婴堂内。④ 规定蒙养院的保姆为育婴堂的乳媪或敬节堂的节妇,令其学习官方开列的保育要旨条目和官编女教科书,经一年学习,合格者"均发给蒙养院学过保姆凭单",可在蒙养院任保姆,或受雇于家庭,做家庭保姆。

第二章,保育教导要旨及条目。内容分三节:① 规定了保育教导要旨,保育教导儿童"专在发育其身体,渐启其心知,使之远于浇薄之恶风,习于善良之轨范"。② 规定蒙养院的保育方法,要"就儿童最易通晓之事情,最所喜好之事物,渐次启发涵养之",保育教导的内容有游戏、歌谣、谈话、手技等。③ 规定"保育教导幼儿之时刻,每一日不得过 4 点钟"。

第三章,屋场图书器具。规定了蒙养院房舍以平房为宜,指出了设置保育室、游戏室的必要性,规定了保育室、庭院的大小,还规定了蒙养院各科课程所必需的设备、教具及课桌椅等硬件设施。

第四章,管理人事务。规定蒙养院的管理人员为院董,管理院中一切事务;下设司事,辅助院董。

《奏定蒙养院章程及家庭教育法章程》的颁定与实施,标志着学前社会教育机构初步创立。蒙养院基本上已属于幼稚园性质,但由于它是我国半殖民地半封建社会下的产物,尤其是当时中国没有女学,缺乏师资来源,保姆只得由育婴堂的乳媪和敬节堂的节妇经简单训练而成,因此只能是学前教育由家庭教育开始向有组织的社会教育的过渡。

---

① 中国学前教育研究会.百年中国幼教(1903—2003)[M].北京:教育科学出版社,2003:8.

二、幼稚园制度的确立时期(1919—1949)

(一)民国时期的学前教育政策法规

1.《壬戌学制》

1922年9月,北京政府召开学制会议,通过《学制系统改革案》。同年11月,公布《学校系统改革令》,又称"壬戌学制"或"新学制"。"壬戌学制"不同于沿袭日本模式的"壬子癸丑学制",采用了美国的"六三三"制框架,规定在小学下设幼稚园,"幼稚园收受六岁以下之儿童",把幼稚园正式列入学校系统,改变了以前蒙养院(园)在学制中没有独立地位的状况,确定了学前教育机构作为国民教育学制第一阶段的地位。"壬戌学制"以及后来有关法规的颁布与实施促进了我国幼儿教育的发展。

2.《幼稚园课程标准》

这一时期,以陈鹤琴、陶行知、张雪门为代表的教育家开始探索适合中国国情的学前教育之路,并开展了广泛的教育实践调查。1932年,南京国民政府颁布《幼稚园课程标准》,这是我国第一个自己制定的统一幼稚园课程标准。

3.《幼稚园规程》

1939年,教育部公布的《幼稚园规程》对幼稚园的教育目的进行了具体的规定。1943年,教育部将《幼稚园规程》加以修正,改为《幼稚园设置办法》,规定幼稚园的儿童数以120人为限,具体编制应按儿童的年龄、智力分组,视儿童多寡,合并或分别保育,但每一教员应保育的儿童数目不得超过20人。该课程标准第一次提出了较为详细的幼稚园课程标准,并且制定了相应的幼儿发展目标、课程大纲、教学方法等。从这个时期开始,我国学前教育政策法规开始趋于细致化和系统化。

知识链接2-2 《幼稚园课程标准》教育方法要点

(一)以上所列各种活动(音乐、游戏、故事和儿歌、社会和自然、工作等),于实际施行时,应该打成一片,无所谓科目。打成一片的方法,应该以一种需要的材料(应时的如三月的植树节,十月的国庆,秋天的红叶,冬天的白雪等;在环境内发现的如替玩偶庆祝生日,公葬某种已死的益鸟,开母姊会等),做一日或两三日内作业的中心;一切活动都不离乎这个中心的范围。

(二)幼稚儿童每天在园的时间,全日约六小时。在都市有特殊情形的幼稚园,可用半日制,每日上午约三小时。中间除定时餐点、静息、和全日制的中午停止作业进午餐和定时静卧外,各种活动,不可呆板的分节规定(如每时应教何种功课)。但是教师应该胸有成竹,在繁重作业之后,引导儿童做轻便的活动,在桌间作业之后,引导儿童做户外的运动……并可相机在某种活动之后,间以几分钟的休息,以调节儿童的身心。

(三)各种作业,可由儿童各从所好,自由活动。但是团体作业,每日也应有一次。由教师用暗示法,吸引儿童共同操作;当团体作业时,如有少数儿童不愿参加,不必强迫。

(四)故事、游戏、音乐、社会和自然,大部分都可由教师引导,施行团体作业,工作则大部分应该由儿童个别活动,由教师个别指导。——此等活动,可将全部作业分为若干项目

(例如图书、剪贴、积木……)。由儿童分组合作,分工活动。但须注意二事:

(1) 分组,以两三人为一组合作一事为最有效。

(2) 分工,儿童往往未做完这事,又去做那事,或半途而废,或苟且塞责。教师应该训练他们,使他们有责任心。训练的方法,或用表记录,能够完成的,予以奖的符号,否则予以戒的符号,或对完成的表示好感,对未做完成的表示冷淡。

(五) 教师应该充分地预备,以免临时困难。预备的事项,应该随儿童活动的趋向而定。例如在国庆纪念的活动之前,教师对于儿童在国庆纪念的活动中,预料应有若干问题和事实发生,就应向这一方面搜集材料,准备技能……以便应付。

(六) 教师所提出以引导儿童活动的材料,和指导儿童活动的方法,以及一切进行……都须体察儿童的心理,切合儿童的经验。

(七) 幼稚教育所用的材料,不是空话,而是日常可见可接触,至少可想象的实物、实事。幼稚教育所用的场所,不限于室内,而须以户外的自然界、家庭、村、市、工商业……为最好的活动的地方。

(八) 幼稚目的设计教学,须注意下列各点:

(1) 从儿童自由活动中,发现设计的题材(例如一个儿童在沙箱中栽种白菜,教师发现后,便可集合许多儿童设计种菜),这是设计教学中一个很好的机会,应该利用。

(2) 在设计中应有的一切活动,应该早就体察儿童的能力,把儿童不能做或做不成功的部分省去,以免儿童因不能做而废止,或因中途失败而懊丧。

(3) 设计的材料,以易达目的、易得结果的为最好。在一个设计中,又须分为许多小段落,每一小段落,有一小目的,可得一小结果,那么儿童照着做去,得达目的,得有结果,也自然发生兴趣而自己肯努力了。——万一整个的设计,做到中途而多数儿童的兴趣已转移了,那么教师也可把这个设计放下,便从事于多数儿童兴趣所在的设计;等相当的时机到来,再行设法继续。

(九) 教师是儿童活动中的把舵者,要使儿童跟着他的趋向而进行,在未达目的前,不要改变宗旨。所发的暗示,也当一贯而不杂乱;在儿童既反应而未到完成时,不可再有另一种的新暗示。

(十) 教师是最后裁判者。儿童的问题,应由儿童自己解决。到儿童的确不能解决时,教师才可从旁启发引导。

(十一) 教师应利用奖励,以鼓励儿童对于某种作业的兴趣。幼儿的奖励,以言语和玩具的赠予为最有效,标志、符号等的奖励次之。奖励所应注意的:

(1) 奖励不可常用,常用则滥而失效。

(2) 在群众中优胜,固然当奖,个人前后比较而突然有进步的也应该奖励。

(十二) 有几种技能,应该用"练习"的方法,使儿童纯熟。练习必须顾到的条件如下:

(1) 时间应该短,以保持儿童对于练习的兴趣和注意。

(2) 次数的分配,应该合于分布练习的原则(开始时每天在一定的短时间内连续练习,熟后乃间歇练习,纯熟后才停止)。

(3) 练习所用的材料,须估计其有无真正价值;不必练习的,不可枉费工夫。

(4) 练习的方法,须查考其是否最优良,误用了方法(例如不用实物,而练习抽象符号),

也一定劳而无功。

(5) 练习时不但要注意儿童所表现的成绩,并且要注意儿童所用的方法,是否合宜。不合的,一定要随时矫正。

(十三) 园中的事务,凡儿童能做的,如扫地、揩桌子、拔草、分工管理园具等,应充分地由儿童去做。

(十四) 每半年举行"体格检查"一次,每月举行"体高体重检查"一次,每日举行"健康并清洁检查"一次(法详小学卫生等科课程标准)。儿童身体上的缺陷和各种疾病,教师应该设法补救——教师不但应有母亲和师长的知能,并须具有看护的身手,治病的常识。

(十五) 教师对于儿童的身体、性情、好尚,以及家庭、环境……都应注意。最好备一本小册子,将观察所得的记录起来,以为研究和施教的资料。

(十六) 教师应该常常到儿童家庭去,或请家长到园中来……尽力联络感情,宣传幼稚教育和家庭教育的方法。

(十七) 幼稚园除利用户外的自然和社会外,依下列标准设备一切:

(1) 要合乎我国的民族性。我国的民族性是诚朴、坚忍,和欧美日本不同;幼稚园的设备,不必过于华美,而须注意于坚固;不必多取洋式和舶来品,而须尽量中国化。

(2) 要合乎当地社会情形。我国地方辽阔,都市、乡村,南方、北土,富饶地、贫瘠区……社会情形,各各不同。幼稚园的设备,应该多取当地常见的物品,而不和社会的实际情形分离。

(3) 要适应儿童的需要。要体察儿童的生理状况、心理状态、生活情形,随其需要而设备:(甲)量,不宜太简陋,期够用;(乙)质,应便于儿童,以求适用。

(4) 要不背教育的意义。

积极方面要:(甲)可以发展儿童创造力和激引儿童想象力的;(乙) 可由儿童自己使用并自己装置或拆开的;(丙) 可以引起儿童的兴趣和美感的;(丁) 可以引起儿童的情感的;(戊)可以发展儿童的智力的;(己)有益于儿童的身体的。

消极方面要:(甲)有碍卫生的不取;(乙)容易发生危险的不取;(丙)儿童不感兴趣的不取;(丁)有损美观的不取。

(5) 要利用废物、天然物和日用品。废物如旧书、旧报、破布、无用的玻璃片、玻璃瓶、布片、破碗片……天然物如果核、树叶、花瓣、种子、蛤壳、贝壳、鸟羽、石子……日用品如肥皂、洋烛……都可利用了做成教育用品、装饰品和作业材料等。这不但省钱,并可启发儿童的创造力。

(二) 老解放区的学前教育政策法规

老解放区的学前教育,是指1927年大革命失败以后,至1949年中华人民共和国成立前,在中国共产党领导下建立起来的农村革命根据地、抗日根据地和解放区的学前教育。老解放区学前教育的首要目的就是保育儿童,使广大幼儿父母群体能参加抗战和生产劳动,同时也明确提出要保育好革命烈士的后代,培养革命的接班人。这个时期的政策法规从制定到内容的完善充分体现出了"为战争服务"的特点。

1. 苏区中央人民政府《托儿所组织条例》

1934年2月,中国共产党领导下的中华苏维埃共和国临时中央政府颁布《托儿所组织条例》,它是红色政权的第一个关于学前儿童教育的指导性、纲领性文件。文件对托儿所的目的、功能、规模、上级领导机构、儿童入托条件、作息制度、环境、设备、经费、保教人员编制标准、保教人员的职责、儿童的卫生与健康、托儿所管理等事项进行了详细的规定。文件明确了组织托儿所的目的是"要改善家庭的生活……使小孩子能够得到更好的教育与照顾,在集体的生活中养成共产儿童的生活习惯"。文件规定的发展方向、办所方针符合老解放区的实际情况。它的颁布是老解放区幼儿教育制度建设的开端,促进了苏区幼教事业的蓬勃发展。[1]

2. 《陕甘宁边区政府关于保育儿童的决定》

1941年1月,陕甘宁边区政府在工作报告中将实行儿童保育列为中心工作,同年又颁发了《陕甘宁边区政府关于保育儿童的决定》(以下简称《决定》),这是继《托儿所组织条例》之后老解放区又一重要的学前教育法规文件。《决定》主要对儿童保育工作的管理体制、保育人员的训练、建立保育院的条件、孕母及产妇的保健待遇、婴儿的保育、保姆的待遇等作了十分具体的规定,有力地推动了抗战时期和解放战争时期学前教育的发展。

此后,老解放区又相继制定了《关于二届边区参议会有关保育儿童问题之各项规定》(1942)、《陕甘宁边区妇女第二届代表大会关于保育工作的提案》(1949)等学前教育政策法规,都体现了老解放区对妇女及儿童保护的高度关注,具有社会福利的意识,但缺少有关儿童教育具体内容、教学方法等方面的规定。

三、幼儿园制度的建立时期(1950—1977)

中华人民共和国成立前后,党和政府高度重视学前教育工作。《中国人民政治协商会议共同纲领》规定,"注意保护母亲、婴儿和儿童的健康"。1949年11月,中央人民政府教育部成立,我国首次在初等教育司下设幼儿教育处,其成为统领全国学前教育的行政机构。中华人民共和国成立初期的学前教育,主要是对老解放区学前教育经验的继承和发展,因此,这一时期的学前教育政策法规也主要是对老解放区学前教育政策法规的归纳和总结,在此基础上,再结合实际情况,逐步向社会主义教育过渡。这一时期也出台了一系列学前教育相关政策,使我国学前教育政策体系日趋完备。

(一)新学制的颁布——《关于改革学制的决定》

1951年10月1日,政务院公布施行《关于改革学制的决定》。这是中华人民共和国成立后设立的第一个学制。

新学制共分5个部分,依次为:幼儿教育、初等教育、中等教育、高等教育和各级政治训练班。新学制规定实施幼儿教育的组织为幼儿园,招收3足岁到7足岁的幼儿,使他们的身心在入小学前获得健全的发育,并指出幼儿园应在有条件的城市首先建立,之后逐步推广。新学制的颁布,以法令的形式明确地建立起中国人民自己的学校系统,标志着人民教育事业走进了计划、系统发展的新阶段。

(二)《幼儿园暂行规程(草案)》和同年7月颁布的《幼儿园暂行教学纲要(草案)》

中华人民共和国成立初期,国家曾倡导全面向苏联学习,这一时期的中国学前教育政

---

[1] 中国学前教育研究会.百年中国幼教(1903—2003)[M].北京:教育科学出版社,2003:16.

策,尤其是课程政策,基本上以苏联的相关教育理论和思想为指导,在其内容上彻底全面表现出苏联特色。① 教育部于1951年制定,1952年3月18日颁布的《幼儿园暂行规程(草案)》和同年7月颁布的《幼儿园暂行教学纲要(草案)》就是在吸收老解放区学前教育经验的基础上,借鉴苏联的学前教育理论,在苏联专家的直接指导下拟定的。《幼儿园暂行规程(草案)》全文分8章43条,包括总则、学制、设置、领导、教养原则、教养活动项目、入园、结业、组织、编制、会议制度、经费、设备及附则。《幼儿园暂行规程(草案)》明确了幼儿园的双重任务和保教并重的方针,强调了幼儿园教育的目的性和计划性。《幼儿园暂行教学纲要(草案)》规定了各班幼儿的年龄限制和教育要点,以及幼儿园各科目的教学纲要(体育、语言、认识环境、图画手工、音乐、计算)。这两部政策法规为全面改革旧教育,建立社会主义学前教育新体系奠定了良好的基础。

(三)《关于托儿所、幼儿园几个问题的联合通知》

针对全国保教事业在发展过程中的具体问题,1956年2月,教育部、卫生部、内务部颁布了《关于托儿所、幼儿园几个问题的联合通知》(以下简称《联合通知》),提出托儿所、幼儿园的建设应该遵循"全面规划、加强领导"和"又快、又多、又好、又省"的方针,根据需要,尽可能积极发展保教事业。指出在城市由厂矿企业、机关、团体、群众举办;在农村提倡农业生产合作社举办(主要是季节性托儿所、幼儿园)。明确托儿所统一由卫生行政部门领导,幼儿园统一由教育行政部门领导。提出应有计划地培训保教人员。《联合通知》调动了社会各方面力量兴办幼儿教育的积极性,在一定意义上促进了学前教育事业的发展。

知识链接2-3　我国幼儿教育机构名称的变化

1903年清政府颁发的"癸卯学制"将幼儿教育机构定名为"蒙养院"。1912—1913年民国教育部颁布的"壬子癸丑学制"将"蒙养院"更名为"蒙养园"。1922年北洋政府公布的"壬戌学制"将"蒙养园"更名为"幼稚园"。1951年中华人民共和国《关于改革学制的决定》将"幼稚园"更名为"幼儿园"。

四、改革开放时期(1978年至今)

改革开放以来,学前教育政策法规如雨后春笋般涌出。如1979年颁布的《城市幼儿园工作条例(试行草案)》、1981年6月颁布的《三岁前小儿教养大纲(草案)》、1981年10月颁布的《幼儿园教育纲要(试行草案)》、1989年9月11日颁布的《幼儿园管理条例》、1989年6月5日国家教委颁布的《幼儿园工作规程(试行)》、1996年3月9日国家发布的《幼儿园工作规程》、2001年7月发布的《幼儿园教育指导纲要(试行)》、2010年7月发布的《国家中长期教育改革和发展规划纲要(2010—2020年)》、2010年11月发布的《国务院关于当前发展学前教育的若干意见》、2012年10月9日发布的《3~6岁儿童学习与发展指南》、2015年12月14日审议通过的《幼儿园工作规程》,以及《关于实施学前教育三年行动计划的意见》(2011年)、《关于实施第二期学前教育三年行动计划的意见》(2014年)、《关于

---

① 彭海蕾,王楠,姚国辉.中国学前教育政策发展历程及其特点研究[J].教育导刊,2010(6):7—10.

实施第三期学前教育行动计划的意见》(2017年)、《"十四五"学前教育发展提升行动计划》(2021年)、《关于开展幼儿园"小学化"专项治理工作的通知》(2018年)、《幼儿园保育教育质量评估指南》(2022年)、《中华人民共和国学前教育法》(2024年)等。这一系列政策法规的出台,为学前教育的快速发展提供了有力的制度保障。

(一)改革开放至今学前教育政策法规的特征

1. 覆盖范围进一步拓展

改革开放后尤其是2010年以来密集出台的学前教育政策与法规文件,涵盖了教育教学、学前教师培养、经费投入、园所设施与标准、卫生安全管理等多方面内容。政策法规的关注范围不断扩大,例如,由关注3~6岁的幼儿扩展到了关注3岁前及入小学后的幼儿,由关注教师的职前培养扩展到关注教师的职后培训,由关注幼儿园的教育教学行为延展到关注家园共育,由总体关注全国幼儿园的开办及治理拓展到关注不同地区学前教育的特色发展。这一系列政策法规的出台构建了覆盖学前教育发展各方面需要的框架体系(见表2-1)。

2. 更具有现实性和针对性

改革开放后,学前教育政策的制定更具现实性和针对性。如1979年教育部颁布了《城市幼儿园工作条例(试行草案)》,指导城市幼儿园工作走向正规化、规范化;1983年,针对我国农村幼儿园教育出现的问题,出台了《关于发展农村幼儿教育的几点意见》;1991年,针对当时学前班教育和管理存在的问题,发布了《关于改进和加强学前班管理的意见》;1995年,针对我国企业办园存在的问题,国家教委、全国妇联等单位联合发出《关于企业办幼儿园的若干意见》;2003年,教育部、国家计委等部门联合发出《关于幼儿教育改革与发展的指导意见》等。这些政策针对现实中幼儿教育的具体问题提出了改革和发展的明确目标及实际措施。

3. 开始走向法治化

依法治教是建立中国特色的现代化学前教育的重要特征。1989年9月11日,国家教委发布了《幼儿园管理条例》,该条例是中华人民共和国成立以来第一部经国务院批准颁发的幼儿教育行政法规,标志着我国学前教育开始走上法治化建设的道路。此后,一系列相关法律法规陆续颁布实施,如《未成年人保护法》《教师法》《中华人民共和国母婴保健法》(以下简称《母婴保健法》)、《教育法》《民办教育促进法》,这些法律都从不同层面对我国学前教育政策作了进一步的规范。2015年12月,全国人大常委会对教育法进行了修改,增加关于学前教育的专门规定。2020年9月7日,教育部发布了关于《中华人民共和国学前教育法草案(征求意见稿)》(以下简称《学前教育法草案》)公开征求意见的公告,意味着我国在学前教育领域的法律空白即将被填补。2024年11月8日,第十四届全国人大常委会第十二次会议表决通过了《中华人民共和国学前教育法》,学前教育事业的发展由此获得了强有力的法律保障。

4. 更加关注儿童发展及自我保护

这一时期的学前教育政策在关注儿童的生存、保护及发展方面真正践行了把儿童的生命安全放到第一位的思想。1980年10月,卫生部、教育部颁发《托儿所、幼儿园卫生保健制度(草案)》。2007年,针对接送幼儿园学生出现的安全问题及事故,教育部等部门先后发出

《关于加强农村中小学生幼儿上下学乘车安全工作的通知》《关于加强民办学前教育机构管理工作的通知》《关于做好 2007 年秋冬季中小学幼儿园安全工作的预警通知》等文件。政策要求进一步强调幼儿园教育管理的规范性,充分保障幼儿的安全。①

表 2-1 我国现行主要学前教育政策与法规

内容	政策与法规名称	颁布时间（年.月）	修改时间
学前教育事业发展	《中华人民共和国学前教育法》	2024.11	
	《幼儿园管理条例》	1989.9	
	《国家中长期教育改革和发展规划纲要（2010—2020 年）》	2010.7	
	《中共中央 国务院关于学前教育深化改革规范发展的若干意见》	2018.11	
	《中国儿童发展纲要（2021—2030 年）》	2021.9	
幼儿园建设、运行与管理	《幼儿园工作规程》	2016.1	
	《托儿所、幼儿园建筑设计规范》	2016.4	2019.8
	《幼儿园办园行为督导评估办法》	2017.4	
	《县域学前教育普及普惠督导评估办法》	2020.2	
儿童权利与保护	《中华人民共和国未成年人保护法》	1991.9	2006.12;2020.10
	《儿童权利公约》	1990.8	
	《中小学幼儿园安全管理办法》	2006.6	
幼儿园教师标准与权利	《中华人民共和国教师法》	1993.10	2009.8
	《幼儿园教师专业标准（试行）》	2012.2	
	《幼儿园教师违反职业道德行为处理办法》	2018.11	
	《新时代幼儿园教师职业行为十项准则》	2018.11	
	《幼儿园园长专业标准》	2015.1	
	《学前教育专业师范生教师职业能力标准（试行）》	2021.4	
	《教育部 财政部关于实施中小学幼儿园教师国家级培训计划（2021—2025 年）的通知》	2021.4	
幼儿园保育与教育	《幼儿园教育指导纲要（试行）》	2001.7	
	《托儿所幼儿园卫生保健管理办法》	2010.9	
	《托儿所幼儿园卫生保健工作规范》	2012.5	
	《教育部关于建立中小学幼儿园家长委员会的指导意见》	2012.2	
	《教育部关于大力推进幼儿园与小学科学衔接的指导意见》	2021.3	

---

① 雷春国,曹才力,李重庚.学前教育政策法规解读[M].5 版.长沙:湖南大学出版社,2018:8.

5. 发展规划性凸显

与改革开放之前相比,这一时期出台的学前教育政策法规当中,具有发展规划性的政策法规数量明显增多,蕴含的发展规划性明显增强。这一特征主要体现在"纲要""计划"的频繁出台上。改革开放至今,相关部门先后出台了《九十年代中国儿童发展规划纲要》《中国教育改革和发展纲要》《中华人民共和国国民经济和社会发展"九五"计划和2010年远景目标纲要》《全国家庭教育工作"九五"计划》《全国幼儿教育事业"九五"发展目标实施意见》《面向21世纪教育振兴行动计划》《中国儿童发展纲要(2001—2010年)》《国家中长期教育改革和发展规划纲要(2010—2020年)》等带有规划性质的政策与法规。这一系列政策法规的出台提升了学前教育的社会地位,使更多人开始关注和重视学前教育,保障了更多儿童接受学前教育的权利,为未来学前教育发展指明了方向。

6. 与时代和国际接轨

与世界先进学前教育理念一致,多元和开放已经成为当今我国学前教育政策法规的突出特征。我国学前教育政策,始终强调以儿童的发展为本,多元共存,发展有国际视野的学前教育,这些要求与当前世界学前教育的儿童发展观、儿童主体观、整合教育观、儿童生态观、可持续发展观及终身教育观等先进教育理念一致,同时也与当今时代发展的多样性、开放性、国际性和创新性等特点相契合。这充分说明,改革开放以来我国学前教育政策的制定始终与世界和时代同步而行,我国的学前教育政策具有与时俱进的特点。新时代的学前教育政策法规将继续贯彻学前教育公平理念,遵循幼儿本位价值取向,推进学前教育立法进程,推动学前教育现代化发展。

(二)改革开放后我国学前教育政策价值取向

1. 普惠性和公益性

学前教育是终身学习的开端,是国民教育体系的重要组成部分,是重要的社会公益事业。因此社会公益性是学前教育的基本属性。《国务院关于当前发展学前教育的若干意见》明确指出:学前教育"是重要的社会公益事业"。最新颁布的《学前教育法》以法律形式确立了以政府主导为核心的学前教育服务供给模式,进一步确立了学前教育公益性和普惠性的发展导向。如《学前教育法》第三条规定:国家实行学前教育制度。学前教育是国民教育体系的组成部分,是重要的社会公益事业。第二十四条规定:各级人民政府应当利用财政性经费或者国有资产等举办或者支持举办公办幼儿园。各级人民政府依法积极扶持和规范社会力量举办普惠性民办幼儿园。普惠性民办幼儿园接受政府扶持,收费实行政府指导价管理。非营利性民办幼儿园可以向县级人民政府教育行政部门申请认定为普惠性民办幼儿园,认定标准由省级人民政府或者其授权的设区的市级人民政府制定。第二十五条将普惠性幼儿园建设纳入城乡公共管理规划,确保幼儿园发展用地的公益性质;第三十四条禁止公办幼儿园转制或参与举办营利性民办幼儿园,体现了公平公正的理念;第三十五条对资本行为施加严格限制,禁止社会资本通过兼并收购控制;第六十八条要求合理确定公办和非营利性民办幼儿园的收费标准,并对营利性幼儿园的收费进行监管等,使公益性的价值最大化。

> **案例 2-1**
> **中概教育板块暴跌,"红黄蓝"盘中暴跌近 60%**
> 　　中共中央、国务院发布文件,明确上市公司不得通过股票市场融资投资营利性幼儿园,民办园不准单独或作为一部分资产打包上市。
> 　　受此影响,当日在美上市的"红黄蓝(RYB.N)"率先受到冲击,股价盘前大跌,跌幅逾 10%,随后跌幅继续扩大至约 25%。
> 　　美股开盘后,"红黄蓝"大跌 35%,随后跌幅扩大至 52.97%,触发熔断停牌。
> 　　短暂停牌后,"红黄蓝"复牌继续下跌,跌幅扩大 58%。
> 　　随后,"红黄蓝"再度触发熔断,跌 49.25%。
> 　　截至 15 日 23 点,"红黄蓝"两次触发熔断。
> 　　此后,"红黄蓝"再度恢复交易,跌幅约 50%,市值蒸发约 2.5 亿美元。
> 　　不止"红黄蓝",截至券商中国发稿,碧桂园旗下学前教育股"博实乐"跌幅扩大至 29%,创历史新低,市值蒸发 4.5 亿美元。"朴新教育"跌幅近 13%。

2. 以儿童的全面和谐发展为本

过去,不论是我国还是世界其他国家,对儿童发展的关注更多地集中在智育上,对非智力因素的培养有所忽视。从 20 世纪后期开始,世界各国为了迎接 21 世纪的挑战,纷纷调整培养目标,把实现儿童的整体发展作为学前教育的基本目标,以提高受教育者的综合素质。我国的学前教育政策法规也充分体现了儿童全面和谐发展的思想。如 1989 年颁布的《幼儿园管理条例》第一章第三条规定,幼儿园的保育和教育工作应当促进幼儿在体、智、德、美诸方面和谐发展;2024 年 11 月颁布的《学前教育法》第十四条明确规定,"实施学前教育应当从学前儿童身心发展特点和利益出发,尊重学前儿童人格尊严……促进学前儿童获得全面发展。"

3. 更加关注特殊儿童群体

1996 年颁布的《幼儿园工作规程》第二章第八条规定:"幼儿园对烈士子女,家中无人照顾的残疾人子女和单亲子女等入园,应予照顾"。2001 年颁布的《幼儿园教育指导纲要(试行)》指出,"对有语言障碍的儿童要给予特别关注,要与家长和有关方面密切配合,积极地帮助他们提高语言能力",明确提出"幼儿园的教育是为所有在园幼儿的健康成长服务的,要为每一个儿童,包括有特殊需要的儿童提供积极的支持和帮助"等;《学前教育法》第十五条也指出:学前儿童因特异体质、特定疾病等特殊需求的,父母或其他监护人应当及时告知幼儿园,幼儿园应当给予特殊照顾。

第二节　我国重大的学前教育政策法规解读

学前教育政策法规对于学前教育事业的发展起着引导、调整和规范的作用。一个合格的幼儿园教师在了解学前教育政策法规的历史沿革的基础上,还必须深入了解、掌握和遵守国家教育政策法规的基本要求,提高学前教育政策法规的执行力、做到依法执教。在诸多学前教育政策法规中,《幼儿园管理条例》是目前唯一的学前教育法规;《幼儿园工作规程》是重要的学前教育规章;《幼儿园教育指导纲要(试行)》是体现幼儿园的保育和教育相关的重大政策法规,也是幼儿园教育工作的科学纲要,是新时期我国幼儿园课程改革的指导性文件。

《学前教育法》是中国首部专门针对学前教育的法律,旨在保障学前儿童的教育权利,提升学前教育质量,促进教育公平。

一、《幼儿园管理条例》解读

> **案例 2-2**
>
> 李红是一名三岁孩子的母亲,自从怀孕就辞去了工作,一直在家带孩子,平时会看一些教育方面的书籍,颇有心得。现在孩子到了上幼儿园的年龄,她自己也面临着找工作的问题。想到自己很喜欢孩子,这几年也积累了不少育儿的知识和经验,于是她产生了自己开幼儿园的想法,并得到了家人的支持。但是她对开办幼儿园需要哪些证件、手续并不了解,也不清楚国家对幼儿园的园址、场地、设备、师资等的具体要求,你能帮帮她吗?
>
> 【解析】开办幼儿园要获得教育、编办、公安、民政、卫生计生、工商、食药等相关部门的多个证照,通过研读《幼儿园管理条例》可以了解幼儿园保育教育的基本原则、幼儿园的管理体制、幼儿园的设置和审批规范、幼儿园的保育教育工作规范、幼儿园的行政事务规范等。
>
> 《幼儿园管理条例》是依据我国《宪法》和教育基本法的基本精神,根据党的教育方针政策,对全国幼儿教育进行宏观管理和指导的一部行政法规,也是目前独立的学前教育法律法规中效力层次最高的一部专门法规。于1989年8月20日经国务院批准,1989年9月11日中华人民共和国国家教育委员会令第4号发布,1990年2月1日起施行。

(一)《幼儿园管理条例》出台的背景及意义

中华人民共和国成立后,我国学前教育事业得到了快速发展,主要表现在办园主体多元化、收托形式多样化、幼儿园和入园幼儿数量增长。与此同时,也出现了一系列的发展中的问题,如行政管理部门职责不明确、乱收费、保教分离、体罚和变相体罚幼儿等。为了加强对幼儿园的管理,促进学前教育事业的健康发展,1989年国家教委发布了《幼儿园管理条例》(以下简称《条例》),并规定于1990年2月1日起施行。

《条例》是政府加强对幼儿教育管理和指导的重要行政法规,它对幼儿园的管理作出了全面的规范,包括幼儿园保育教育的基本原则、幼儿园的管理体制、幼儿园的设置和审批规范、幼儿园的保育教育工作规范、幼儿园的行政事务规范等,是中华人民共和国成立后第一部专门的学前教育法规,对我国学前教育逐步走上依法执教的轨道,推动学前教育事业的健康发展和管理工作的科学化,推动和深化学前教育改革都具有重要意义。当前,在幼儿园的教育、保育和管理工作中还普遍存在忽视幼儿身心发展特点和违背教育规律的现象,因此必须从端正思想认识入手,要求广大幼教工作者、幼儿家长以及社会人士认真学习贯彻《条例》

精神,明确幼儿园保育和教育的指导思想、培养目标和应该遵循的基本原则,建立正确的儿童观和教育观。《条例》颁布后,许多省、直辖市都出台了相应的实施办法,对幼儿园的规范办学、规范教育起到了很大的推动作用。

(二)《幼儿园管理条例》的基本结构

《条例》的基本结构和主要内容包括六章三十二条:第一章总则(一至六条),第二章举办幼儿园的基本条件和审批程序(七至十二条),第三章幼儿园的保育和教育工作(十三至二十一条),第四章幼儿园的行政事务(二十二至二十五条),第五章奖励与处罚(二十六至二十九条),第六章附则(三十至三十二条)。《条例》内容全面,涵盖了幼儿园管理工作的各个方面。

(三)《幼儿园管理条例》的基本内涵

1. 规定了幼儿园的性质和任务

《条例》的宗旨是为了加强幼儿园的管理,促进幼儿教育事业的健康发展。它规定了幼儿园是对三周岁以上的学龄前幼儿进行保育和教育的场所,其保育和教育工作的目标是促进幼儿在体、智、德、美诸方面和谐发展。

2. 制定了学前教育事业的发展方针和领导体制

《条例》要求地方各级人民政府要根据地方的社会经济发展状况,统筹规划发展学前教育事业,贯彻执行"两条腿走路"的方针,要求地方各级人民政府依据本条例举办幼儿园,并鼓励和支持企业事业单位、社会团体、居民委员会、村民委员会和公民举办幼儿园或捐资助园。在幼儿园教育的领导管理体制方面,《条例》第六条明确规定:"幼儿园的管理实行地方负责、分级管理和各有关部门分工负责的原则。国家教育委员会主管全国的幼儿园管理工作;地方各级人民政府的教育行政部门,主管本行政辖区内的幼儿园管理工作。"

3. 规范幼儿园的举办和管理

《条例》从软、硬件两个方面规定了幼儿园的设置条件,具体要求幼儿园必须设置在安全区域内,远离危险区和污染区;举办幼儿园必须具有与保育、教育的要求相适应的园舍和设施,且幼儿园的园舍和设施必须符合国家的卫生标准和安全标准。除此之外,举办幼儿园还必须配备符合条件的园长、教师、医生、保育员、保健员等工作人员,另外,举办幼儿园的单位或者个人必须具有进行保育、教育以及维修或扩建、改建幼儿园的园舍与设施的经费来源。在幼儿园的审批与管理方面,《条例》第十一条规定:"国家实行幼儿园登记注册制度,未经登记注册,任何单位和个人不得举办幼儿园。"第十二条规定:"城市幼儿园的举办、停办,由所在区、不设区的市的人民政府教育行政部门登记注册。农村幼儿园的举办、停办,由所在乡、镇人民政府登记注册,并报县人民政府教育行政部门备案。"由于学前教育在幼教事业发展过程中占有相当重要的地位,国家实行幼儿园登记注册制度,未经登记注册,任何单位和个人,不得举办幼儿园。

4. 幼儿园的保育教育规范

《条例》指出:"幼儿园应当贯彻保育与教育相结合的原则,创设与幼儿的教育和发展相适应的和谐环境,引导幼儿个性的健康发展。"在幼儿保育工作中,应当保障幼儿的身体健康,培养幼儿的良好生活、卫生习惯;促进幼儿的智力发展;培养幼儿热爱祖国的情感以及良好的品德行为。在幼儿的教育中,应当以游戏为基本活动形式,严禁体罚和变相体罚。因此,以幼儿为教育、服务对象的幼儿园的所有工作人员,都要学习、掌握并在各岗位上贯彻这一原则。特别是幼儿教师,要注意把保育意识渗透在教育活动的每个环节里。保育员也应积极配合幼儿教师,将教育要求贯穿在保育工作当中,逐步达到幼儿园的保育、教育的主要目标,促进幼儿身心的全面发展。

5. 幼儿园的卫生保健和安全防护

《条例》第十八条和第二十条分别规定:"幼儿园应当建立卫生保健制度,防止发生食物中毒和传染病的流行","幼儿园发生食物中毒、传染病流行时,举办幼儿园的单位或者个人应当立即采取紧急救护措施,并及时报告当地教育行政部门或卫生行政部门。"在幼儿园的安全防护方面,《条例》明确规定:"举办幼儿园必须将幼儿园设置在安全区域内。严禁在污染区和危险区内设置幼儿园。""幼儿园应当建立安全防护制度,严禁在幼儿园内设置威胁幼儿安全的危险建筑物和设施,严禁使用有毒、有害物质制作教具、玩具。"还规定,凡"园舍、设施不符合国家卫生标准、安全标准,妨害幼儿身体健康或者威胁幼儿生命安全的","使用有毒、有害物质制作教具、玩具的","在幼儿园周围设置有危险、有污染或者影响幼儿园采光的建筑和设施",将由教育行政部门或者由教育行政部门建议有关部门对责任人员进行行政处分,情节严重构成犯罪的依法追究刑事责任。

6. 教育行政部门的管理职责和幼儿园的内部管理体制

《条例》规定了各级教育行政部门的职责是负责监督、评估和指导幼儿园的保育、教育工作,组织培训幼儿园的师资,审定、考核幼儿园教师的资格,并协助卫生行政部门检查和指导幼儿园的卫生保健工作,会同建设行政部门制定幼儿园园舍、设施的标准。对办园成绩显著的,保育、教育工作成绩显著的,管理工作成绩显著的,要给予奖励;对违反本条例规定的,要予以相应的处罚。

《条例》第二十三条规定:"幼儿园园长负责幼儿园的工作。幼儿园园长由举办幼儿园的单位或个人聘任,并向幼儿园的登记注册机关备案。幼儿园的教师、医师、保健员、保育员和其他工作人员,由幼儿园园长聘任,也可由举办幼儿园的单位或个人聘任。"由此可见,幼儿园在内部管理上实行园长负责制,园长全面负责幼儿园的教育和保育工作。

另外,《条例》还对幼儿园的收费及财务管理做了相关规定:"幼儿园可以依据本省、自治区、直辖市人民政府制定的收费标准,向幼儿家长收取保育费、教育费。幼儿园应当加强财务管理,合理使用各项经费,任何单位和个人不得克扣、挪用幼儿园经费。"

> **案例 2-3**
>
> **园长的苦恼**[①]
>
> 某单位附属幼儿园的陈老师,在日常工作中不能很好地遵守劳动纪律,时有迟到、早退、串班聊天等违章情况的发生。在年底奖金发放时,园长根据奖罚制度从其年终奖

---

① 张燕,邢利娅.幼儿园管理案例及评析[M].北京:北京师范大学出版社.2001.

金中扣发150元作为处罚,并奖给出满勤、工作积极认真负责的李老师,以期起到奖优罚劣、奖勤罚懒、调动职工积极性的作用。陈老师感到心理很不平衡,认为幼儿园工作量大,放松一下没什么了不起,况且也没出现什么意外情况,要求园长退还扣发的奖金。园长认为,既然制定了规章制度,就该认真贯彻执行,否则会挫伤本园职工的积极性,拒绝了陈老师的要求。

陈老师很愤怒,认为园长对自己有看法,是打击报复她,还对园长进行人身攻击,并让家里人和她一起到园里大吵大闹。看到园长没有让步的意思,陈老师又找到主管幼儿园的上级领导哭闹,歪曲事实。而此领导在没有调查清楚的情况下轻率表态,认为批评一下就可以了,让园长把扣发的奖金还给陈老师,这使得园长感到很苦恼。

考虑再三,园长觉得自己不能盲从上级领导,应坚持原则。于是她写了一份材料呈报上级,讲明情况:如果不能贯彻执行幼儿园的规章制度,那么自己就无法胜任园长的工作,况且自己的做法是正确的。

上级领导对此很重视,经反复调查研究,做出决定:

1. 给陈老师记处分一次,扣发奖金不必退还。
2. 表扬了该园园长对工作认真负责、能把制定的规章制度贯彻执行到底的做法。

【评析】

园长处理方式严格遵循了《条例》第二十三条的有关规定,是完全正确的。园长负责制是幼儿园在上级宏观领导下,以园长全面负责为核心,与党支部的保证监督、教职工的民主管理有机结合,为实现幼儿园工作目标充分发挥行政领导职能的三位一体的管理新格局。实行园长负责制后,园长首先要处理好园内事务,具有正确领导和管理全园事务的才能。凡事都由园长自己负责,服从园长的领导,这样才能充分体现园长的作用。同时,园长应处理好和上级主管部门的关系。处理好与上级的关系是园长负责制在园内顺利实施的关键。在本案例中,上级领导在没有调查实情的情况下,轻率地表态是不正确的。但是该园长并没有完全处于被动地位,而是积极地与上级协调,这表明实行园长负责制并非意味着由园长完全说了算,她还相应接受上级的领导。要使上级支持幼儿园,首先要让上级了解幼儿园,因此需要幼儿园扎扎实实地开展沟通协调工作。所以,实行园长负责制的幼儿园,园长应该做到以下两点:一是,做坚持原则的园长,遵照相关法律法规和制度办事;二是,在特殊和意外事故中,除了果断做出决策以外,还应请示上级,让领导研究分析,采取正确决策共同管理好幼儿园。

7. 违反《幼儿园管理条例》的法律责任

《条例》第二十七条对违反本条例的幼儿园的法律责任进行了规定。对于"未经登记注册,擅自招收幼儿的","园舍、设施不符合国家卫生标准、安全标准,妨害幼儿身体健康或者威胁幼儿生命安全的","教育内容和方法违背幼儿教育规律,损害幼儿身心健康的"幼儿园,由教育行政部门视情节轻重,给予限期整顿、停止招生或停止办园的行政处罚。

《条例》第二十八条对违反本条例的单位或者个人的法律责任进行了规定。凡"体罚或变相体罚幼儿的;使用有毒、有害物质制作教具、玩具的;克扣、挪用幼儿园经费的;侵占、破坏幼儿园园舍、设备的;干扰幼儿园正常工作秩序的;在幼儿园周围设置有危险、有污染或者影响幼儿园采光的建筑和设施的"单位或者个人,由教育行政部门对直接责任人员给予警告、罚款的行政处罚,或者由教育行政部门建议有关部门对责任人员给予行政处分;情节严重,构成犯罪的,由司法机关依法追究刑事责任。

> **案例 2-4**
>
> **抢时间、不质检,新装修的园舍成杀手**①
>
> 某幼儿园为了迎接市一级幼儿园评估,与某装修公司签订了改造装修旧园舍的合同。8 月 20 日,改造装修工程完毕。由于 9 月 1 日的开园时间迫近,再加上迎检工作繁重,幼儿园没有请相关质检部门进行检测、验收就投入了使用。11 月,幼儿的出勤率开始下降,发病率不断上升。医生检查诊断的结果大多是咽炎和慢性哮喘。12 月,在卫生部门每年进行的例行检查中发现,该幼儿园课室和休息室的空气中甲醛含量超标,进一步检测发现装修材料不符合国家质量标准,说明幼儿的发病与该园课室和休息室的空气中甲醛含量超标有直接关系。
>
> 幼儿园家长纷纷要求幼儿园承担全部责任,幼儿园该怎样处理这起事件呢?
>
> **【评析】**
>
> 本案是一起幼儿园提供的园舍不符合国家卫生安全标准所引起的幼儿伤害事故。幼儿在幼儿园新装修的园舍出现慢性中毒事故,家长要求幼儿园对此造成的伤害负全部责任,理由是充分的。
>
> (1) 幼儿园违背了《幼儿园管理条例》中的第八条"幼儿园的园舍和设施必须符合国家的卫生标准和安全标准"的规定;违背了《学校卫生工作条例》中第六条"新建、改建、扩建校舍,其选址、设计应当符合国家的卫生标准,并取得当地卫生行政部门的许可。竣工验收应当有当地卫生行政部门参加"的规定;也违背了我国《民用建筑工程室内环境污染控制规范》中关于民用住宅、幼儿园在进行工程验收时,必须检测室内环境污染程度,室内环境检测质量验收不合格的工程严禁投入使用的规定。
>
> (2) 根据《学生伤害事故处理办法》第九条规定,"学校的校舍、场地、其他公共设施,以及学校提供给学生使用的学具、教育教学和生活设施、设备不符合国家规定的标准,或者有明显不安全因素的",造成学生伤害事故的,学校应当依法承担相应责任。《幼儿园管理条例》第二十七条第(二)项也规定,"园舍、设施不符合国家卫生标准、安全标准,妨害幼儿身体健康或者威胁幼儿生命安全的",教育行政部门应当视情节轻重给予限期整改、停止招生、停止办园等相应的行政处罚。
>
> 按照上述规定,根据最高人民法院《关于贯彻执行〈中华人民共和国民法通则〉若干问题的意见(试行)》第一百六十条的规定,幼儿园应承担幼儿伤害的全部责任。
>
> 同时,幼儿园应当根据《中华人民共和国产品质量法》和《中华人民共和国消费者权益保护法》的有关规定,向装修公司提出追偿,双方可以协商解决。如果装修公司不愿

---

① 周天枢.幼儿园 100 个法律问题[M].广州:新世纪出版社,2010:93.

承担责任,幼儿园可以向人民法院提出诉讼,依法追究装修公司的法律责任,要求其赔偿相应的损失。

【建议】

(1) 幼儿园在装修前应向卫生行政部门递交申请报告和装修方案,征得卫生行政部门的许可和技术上的支持。

(2) 对施工队的资格进行认真的审查后签订严格的施工合同,严把技术关、材料关,防止偷工减料。

(3) 请质检和卫生行政部门做好质量验收和检测工作,并给出书面报告。

(4) 没有经过验收、检测或验收、检测不合格的房屋严禁投入使用。

二、《幼儿园工作规程》解读

《幼儿园工作规程》是为加强幼儿园的科学管理,规范办园行为,提高保育和教育质量,促进幼儿身心健康,依据《教育法》等法律法规制定的第一部规范幼儿园内部管理的规章,也是基础教育领域比较早的一部管理规章。

(一)《幼儿园工作规程》政策文本的历史演进

最早是1952年颁布的《幼儿园暂行规程(草案)》把原来的"幼稚园"改为"幼儿园",并规定幼儿园的教养工作和任务要求。改革开放以后,随着国内外对儿童认识的提高和对儿童教育的重视,幼儿园的教育也有许多新的问题需要得到认识与解决。我国于1989年颁布了《幼儿园工作规程(试行)》,将幼儿园纳入基础教育中,视为学校教育制度的预备阶段,并将幼儿园教育对象界定为三周岁至入小学前的幼儿,在主要目标中审美方面增加幼儿感受美与发现美的能力培养;幼儿园的任务增加了为幼儿家长安心参加社会主义建设提供便利条件。[①]之后依据幼儿园当时存在的问题与社会环境的影响,为了加强幼儿园的科学管理,提高保育和教育质量,国家在1995—1996年对1989年的《幼儿园工作规程(试行)》进行了修改,规定幼儿园是学校教育制度的基础阶段,将幼儿园教育对象重新界定为三周岁至六周岁(或七周岁)的幼儿,幼儿园的任务修改为幼儿园同时为幼儿家长参加工作、学习提供便利条件。1996年下发的《幼儿园工作规程(试行)》,对加强各级各类幼儿园的规范管理发挥了重要作用。

随着经济社会的发展,学前教育改革发展的大环境发生了巨大变化,国家各种政策法规颁布和修订,学前教育事业规模不断扩大,普及程度大幅提高,全国幼儿园数量已从2009年的13.8万所,增加到2014年的21万所,全国学前三年毛入园率达到了70.5%。[②]随着经济体制的改革和市场经济的推进,幼儿园的办园体制已从过去单一的以公办为主转为多元化办园的格局,民办幼儿园数量激增,占比已超过幼儿园总数的$\frac{2}{3}$。同时,由于资源长期不足,

---

① 周潘伟,冯欣.《幼儿园工作规程》的历史演进与政策分析——以1953—2019年政策为例[J].现代职业教育,2020(30):130—131.

② 教育部.修订《幼儿园工作规程》答记者问[EB/OL].(2016-03-01)[2025-01-13]. http://www.moe.gov.cn/jyb_xwfb/s271/201603/t20160301_231286.html.

一些幼儿园在办园条件、安全卫生、教育教学、教职工管理等方面还存在很多不规范的行为,亟待通过健全规章制度,加强规范管理,引导幼儿园依法依规办园。旧的《幼儿园工作规程》不能适应新的时代和学前教育的发展速度,也不能满足学前教育规范化管理的需求。2015年,教育部对《幼儿园工作规程(试行)》进行了重新修订。2016年1月5日中华人民共和国教育部令第39号公布,自2016年3月1日起施行,1996年3月9日由原国家教育委员会令第25号发布的《幼儿园工作规程》同时废止。

(二)《幼儿园工作规程》的基本结构

《幼儿园工作规程(试行)》(以下简称《规程》)分11章共66条。包括第一章总则(7条),第二章幼儿入园和编班(4条),第三章幼儿园的安全(5条),第四章幼儿园的卫生保健(8条),第五章幼儿园的教育(9条),第六章幼儿园的园舍、设备(4条),第七章幼儿园的教职工(8条),第八章幼儿园的经费(6条),第九章幼儿园、家庭和社区(4条),第十章幼儿园的管理(8条),第十一章附则(3条)。内容主要包括:幼儿园保育和教育的主要目标;幼儿入园条件和编班班额;幼儿园的安全管理;幼儿园的卫生保健工作原则和规范;幼儿园的教育工作原则和规范;幼儿园的园舍与设施;对幼儿园工作人员的要求;幼儿园的经费来源与管理;幼儿园、家庭和社区的关系;幼儿园的管理规范要求。《规程》对幼儿园各方面工作作出了系统而又具体的规范,为幼儿园各项工作提供了可操作的依据。

(三)《幼儿园工作规程》的基本内涵

1. 幼儿园性质和教育目标

《规程》明确规定:幼儿园是对3周岁以上学龄前幼儿实施保育和教育的机构,对幼儿实施体、智、德、美诸方面全面发展的教育,促进其身心和谐发展。幼儿园同时为家长参加工作、学习提供便利条件。强调了幼儿园教育是基础教育的有机组成部分,是学校教育制度的基础阶段。

在教育目标方面,《规程》第五条指出,幼儿园保育和教育的主要目标是:促进幼儿身体正常发育和机能的协调发展,增强体质;促进心理健康;培养良好的生活习惯、卫生习惯和参加体育活动的兴趣;发展幼儿智力,培养正确运用感官和运用语言交往的基本能力,增进对环境的认识,培养有益的兴趣和求知欲望,培养初步的动手探究能力;萌发幼儿爱祖国、爱家乡、爱集体、爱劳动、爱科学的情感,培养诚实、自信、友爱、勇敢、勤学、好问、爱护公物、克服困难、讲礼貌、守纪律等良好的品德行为和习惯,以及活泼开朗的性格;培养幼儿初步感受美和表现美的情趣和能力。

2. 幼儿园的入园和编班

《规程》明确了幼儿园入园的要求和最大规模数量。要求幼儿在入园前,需要进行体格检查,合格者方可入园,除此之外,严禁任何形式的考试和测查。幼儿园的规模以有利于幼儿身心健康、便于管理为原则,一般不超过360人。幼儿园每班幼儿人数一般为小班(3~4周岁)25人,中班(4~5周岁)30人,大班(5~6周岁)35人,混合班30人。寄宿制幼儿园每班幼儿人数酌减。这样的编班数额既兼顾了教学的效率,又兼顾了学习的效果和幼儿个性的成长。首先,降低了教师的劳动强度。对于统一教授、统一要求的内容可集体一次性向幼儿讲解,免除教师简单的重复,既提高效率,又减轻教师的工作量。其次,影响力较大。一定数额的幼儿在一起学习、活动有利于幼儿相互模仿、协作,养成规则意识与集体精神。最后，注重个性差异。每个班一般都配备 2～3 名教师（一般情况下是 2 名教师、1 名保育员），相对于小学每班 1 名教师，幼儿园更注重幼儿的个体差异，有利于幼儿的个性发展。[1]

当然，《规程》中的班额数值只是一个指导性的参数，我国地域辽阔，各地区的发展差异很大，可根据实际情况适当变化。

3. 幼儿园教职工行为规范与安全管理

针对幼儿园虐童事件，《规程》第六条要求"幼儿园教职工应当尊重、爱护幼儿，严禁虐待、歧视、体罚和变相体罚、侮辱幼儿人格等损害幼儿身心健康的行为"。

新《规程》增设了"幼儿园的安全"一章，旨在强化幼儿园的安全管理。明确要求幼儿园要建立健全设备设施、食品药品，以及与幼儿活动相关的各项安全防护和检查制度，建立安全责任制和应急预案。对幼儿园园舍、设施的安全和饮食饮水卫生、装修装饰材料、用品用具和玩教具材料等安全做出了明确的要求，并要求幼儿园教职工掌握基本急救常识和防范、避险、逃生、自救的基本方法，在紧急情况下应当优先保护幼儿的人身安全。要求幼儿园应当把安全教育融入一日生活，并定期组织开展多种形式的安全教育和事故预防演练，结合幼儿年龄特点和接受能力开展反家庭暴力教育。同时强调了入园幼儿应当由监护人或者其委托的成年人接送，幼儿园应当投保校方责任险等安全防范措施。

案例 2-5

保护孩子是我的职责[2]

今年 41 岁的李玉红是阜宁县新沟镇南湾小学幼儿园的园长，同时也是大班的一位老师。风灾虽然已经过去一段时间了，但回忆起当时的情景，却仍然如梦魇一般，让人不由得心底一颤。

当时，李玉红正和大班的 25 个孩子一起在教室里画画，外面却突然雷鸣电闪，不时伴着瓦砾、树木、建筑物倒塌的声音。地面、教室、桌子都在剧烈晃动。李玉红虽然也是第一次遇到这样吓人的场景，但内心还是不停地告诉自己要保持冷静，不论如何都要保护好这些孩子们。

李玉红告诉记者："我说红老师在这儿，不要怕，孩子们，然后我话音刚落就感觉到教室地面课桌都好像在剧烈地晃动着，当时我的第一反应就是地震了，然后立即我就跟孩子们大声喊，不要乱跑，手拉手赶快钻到课桌下面。"

然而紧接着的突然断电让本来已被安抚好的孩子们再一次哭炸了开来。其中一个叫杨晶的小朋友，突然从桌子下跑了出来。

李玉红说："就是看到后面一排整个瓦片都向我们飞来，啪的一下就把后窗户的玻璃给打碎了，这个时候碎砖玻璃啊都在我们教室里飞舞，就是我来不及多想了，冲上去一把将她搂在怀里。然后有个巴掌大的玻璃砸到我鼻梁上了。"

---

[1] 雷春国,曹才力,李重庚. 学前教育政策法规解读[M]. 5 版. 长沙：湖南大学出版社,2018：46.
[2] 李玉红：一位老师的梦想与责任[EB/OL]. (2016-08-26)[2022-10-24]. https://www.0515yc.cn/newsyc/folder57/2016-08-26/186528.html.

> 短短的四分钟,李玉红和孩子们却像是经历了漫长的几十分钟。风止雨停后,天也亮了,李玉红这才知道自己满脸是血:"小朋友们突然就大叫起来,说红老师红老师,你脸上淌血了,当时我也顾不得那么多了,我就用手把血一抹,把血一甩然后就让别人打120求救,然后又让老师清点学生。"
>
> 回想起当时的举动,李玉红说这完全是一种本能,也是一种做老师的责任。

4. 幼儿园的教育和保育

《规程》对幼儿园的教育和保育做了详细的规定。

(1) 在教育的内容方面,《规程》指出,应根据教育目标、幼儿的实际水平和兴趣,以循序渐进为原则,有计划地选择和组织教育活动的内容。肯定了游戏是幼儿园的基本活动形式。倡导根据幼儿的年龄特点指导游戏,让幼儿自主选择游戏,并在游戏过程中获得积极的情绪情感。尤其强调幼儿园不得提前教授小学教育内容,不得开展任何违背幼儿身心发展规律的活动。

(2) 在教育的过程方面,《规程》强调,教育活动的过程应注重支持幼儿的主动探索、操作实践、合作交流和表达表现,不应片面追求活动结果。一日生活的各项活动都是教育的手段,寓教育于各项活动之中,不同教育手段之间有机结合,要充分发挥各种教育手段的交互作用;指出环境是重要的教育手段,要为幼儿创设与教育相适应的良好环境,为幼儿提供活动和表现能力的机会和条件。要求教育要充分考虑幼儿的年龄特点和个体差异,促进每个幼儿在不同水平上得到发展,引导幼儿个性的健康发展。

(3) 增加了心理健康的内容。《规程》在"幼儿园的卫生保健"一章中,对建立与幼儿身心健康相关的一系列卫生保健制度做了明确的规定。明确幼儿园应当关注幼儿心理健康,注重满足幼儿的发展需要,保持幼儿积极的情绪状态,让幼儿感受到尊重和接纳。

(4) 建立教研制度。为了提升保教质量,《规程》第五十九条提出"幼儿园应当建立教研制度,研究解决保教工作中的实际问题"。

5. 幼儿园的软、硬件条件要求

幼儿园的硬件主要指的是场地、建筑、教学和娱乐设施等,也可称为幼儿园的物质环境,包括户外环境和户内环境两部分。《规程》规定:"在正常情况下,幼儿户外活动时间(包括户外体育活动时间)每天不得少于2小时,寄宿制幼儿园不得少于3小时;高寒、高温地区可酌情增减。"幼儿在户外活动,可以亲近大自然,认识周围的自然环境,可以呼吸新鲜空气,接受阳光的照射,感受空气的温度、湿度,有利于增强幼儿对外界环境的适应能力,加强机体的新陈代谢,促进生长发育。每一个有条件的幼儿园都应当设置户外游戏场地,没有户外活动场地的幼儿园是不符合规范的。

幼儿园的软件主要是指幼儿园应配备的管理者、教师、保育员、医务人员等工作人员以及相关制度等。《规程》第三十八条规定:"幼儿园按照国家相关规定设园长、副园长、教师、保育员、卫生保健人员、炊事员和其他工作人员等岗位,配足配齐教职工。"《规程》第三十九至四十四条详细规定了幼儿园各类工作人员的任职资格和工作职责。

6. 幼儿园的经费与管理

《规程》明确规定:幼儿园的经费由举办者依法筹措,保障有必备的办园资金和稳定的经费来源;幼儿园收费应按省、自治区、直辖市或地(市)级教育行政部门会同有关部门制定的收费项目、标准和办法执行,实行收费公示制度,不得以任何名义收取与新生入园相挂钩的赞助费;不得以培养幼儿某种专项技能为由另外收取费用;亦不得以幼儿表演为手段,进行以营利为目的的活动。幼儿园应当依法建立资产配置、使用、处置、产权登记、信息管理等管理制度,严格执行有关财务制度。在管理体制上,《规程》第五十六条规定:"幼儿园实行园长负责制。"

7. 幼儿园、家庭和社区

幼儿园、家庭和社区应密切联系与合作,共同营造良好的教育环境,促进幼儿健康快乐成长。家长是幼儿的第一任教师,家庭教育在幼儿成长中的作用是不可替代的,发挥家庭教育的优势,可以促进幼儿园教育质量的发展。《规程》规定:幼儿园应当主动与幼儿家庭沟通合作,为家长提供科学育儿宣传指导,帮助家长创设良好的家庭教育环境,共同担负教育幼儿的任务。幼儿园应当成立家长委员会,并认真分析、吸收家长对幼儿园教育与管理工作的意见与建议。

社区是居住在一定区域范围内的人们所结成的文化生活共同体。《规程》指出,幼儿园应当加强与社区的联系与合作,面向社区宣传科学育儿知识,开展灵活多样的公益性早期教育服务,争取社区对幼儿园的多方面支持。

8. 幼儿园党组织建设

《规程》中指出幼儿园党支部要坚持党建全面引领办学治园,关爱幼儿,立德树人,为党育人,为国育才,全面提升幼儿园党建组织力。《规程》第五十七条明确提出幼儿园应当加强党组织建设,充分发挥党组织政治核心作用、战斗堡垒作用。幼儿园应当为工会、共青团等其他组织开展工作创造有利条件,充分发挥其在幼儿园工作中的作用。

综上所述,对于《规程》的解读还要重在落实。落实《规程》的重心在幼儿园,其着力点是完善幼儿园制度建设,关键是要建立常态化机制。

三、《幼儿园教育指导纲要(试行)》解读

《幼儿园教育指导纲要(试行)》(以下简称《纲要》)于2001年7月正式颁布。《纲要》是根据党的教育方针和《幼儿园工作规程》制定的,是指导幼儿园教育工作的科学纲要。它总结了我国幼儿教育改革的经验,立足于我国幼儿教育改革的现实,在充分吸纳世界范围内早期优秀教育思想和研究成果的基础上,阐明了幼儿教育的发展目标,力求体现终身教育、素质教育的思想,倡导尊重儿童、尊重儿童身心发展规律、师生共同成长等先进的观念。它的颁布标志着幼儿教育的课程改革已经与整个基础教育课程改革同步启动,对于全面贯彻教育方针、全面提高幼儿园保教质量具有重要的意义。《纲要》与其他有关学前教育的政策法规构成了一个受共同原则指导的、协调一致的、层次不同的学前教育法规体系,共同推进我国学前教育的科学化、法治化进程,促进我国学前教育朝着更加健康、正确的方向前进。

(一)《纲要》的基本指导思想

1. 可持续发展的教育观

终身教育和学习化社会的到来,使基础教育的价值取向逐渐转向为每个受教育者奠定生存的基础、做人的基础、做事的基础和终身学习的基础,即可持续发展的基础。因此《纲

要》的组织和实施、评价都将可持续发展放在了核心位置,强调教育活动要有利于幼儿长远发展,着眼于幼儿终身持续发展所需要的最基本的重要素质。

2．以人为本的教育原则

儿童发展是多方面、多层次的动态过程,幼儿教育要全面促进儿童发展,就必须考虑儿童之间的差异性;另外还应因人而异地实施有所侧重的教育,在全面发展教育的基础上实现因材施教,这都符合以人为本的教育原则。此外,《纲要》还表现出对教师、对家长、对教育中所有人的因素的尊重和关注。

3．学科融合与生态教育

《纲要》意在推进整合的学习,力图营造一个与幼儿生活一致的高度综合的课程形态。这不仅与我国基础教育改革的步调一致,也符合现代教育发展学科融合的趋势。它对教育评价的要求还体现出生态教育理论在教育的"文化生态""学科生态""评价生态"等方面的基本思想。《纲要》还特别强调环境在促进幼儿发展中的重要作用。

4．全方位动态评估

《纲要》吸收当代教育评估研究方面的最新成果,以一种全新的全方位动态评估理念来指导幼儿园的教育评价。《纲要》所提倡的过程性、动态性评估思想与当今世界教育评估发展潮流是一致的,对我国幼儿教育改革影响深远。

(二)《纲要》的基本结构和内涵

《纲要》共分为四个部分:第一部分为总则;第二部分为教育内容与要求;第三部分为组织与实施;第四部分为教育评价。

1．总则

总则是《纲要》的第一部分,共五条,其精神贯彻全文。主要说明了制定《纲要》的依据、原因和目的;我国幼儿教育的性质和根本任务;我国幼儿教育的外部原则、自身特点和内部原则。

《纲要》明确指出《教育法》《幼儿园管理条例》和《幼儿园工作规程》是其制定的依据,"指导幼儿园深入实施素质教育"是其制定的目的。并将我国学前教育的性质定位为"基础教育的重要组成部分,是我国学校教育和终身教育的奠基阶段",指出学前教育的根本任务是"为幼儿一生的发展打好基础"。《纲要》的第三条规定了我国幼儿园教育的外部原则,即幼儿园必须适应社会的变化,在更新"教育资源"概念的基础上充分利用外部资源,与家庭、社区密切合作,共享资源。第四条指出了幼儿园教育自身的特点,强调了幼儿园是通过创设健康、丰富的生活和活动环境帮助幼儿学习的,而幼儿是通过在环境中与他人共同生活获得经验的,他们在生活中发展,在发展中生活。第五条规定了幼儿园教育的内部原则,即幼儿园教育过程中必须遵循的基本原则,如尊重幼儿的人格和权利,尊重幼儿身心发展的规律和学习特点,以游戏为基本活动,保教并重,关注个别差异等,并提出了"促进每个幼儿富有个性的发展"的要求。

2．教育内容与要求

《纲要》指出幼儿园的教育内容是全面的、启蒙性的,并将幼儿学习范畴相对划分为健康、语言、社会、科学和艺术五个领域,同时强调了"各领域的内容相互渗透,从不同的角度促进幼儿情感、态度、能力、知识、技能等方面的发展"。每个领域均包含"目标""内容与要求"

和"指导要点"三个部分。

"目标"主要表明该领域重点追求什么,它主要的价值取向何在。在"目标"表述上较多地使用了"体验""感受""喜欢""乐意"等词语,突出了情感、兴趣、态度、个性等方面的价值取向,着眼于培养终身学习的基础和动力。例如健康领域的目标在于增强幼儿体质,培养健康生活的态度和行为习惯,具体的表述如"情绪安定""喜欢参加体育活动"等;科学领域的目标在于激发幼儿的好奇心和探究欲望,发展认识能力,在表述上有"能用适当的方式表达、交流探索的过程和结果"等。

"内容与要求"则主要阐述了为实现目标,教师应该做什么、如何做的问题。《纲要》遵循基础教育课程改革的精神,强调幼儿的主动学习,希望教师改革教学方式,不要把关注点过分集中在具体知识或技能的教学上,不要仅仅以固定的知识点为目标设计教学活动,而是要着力组织适合幼儿的活动,创造适宜的教育环境,从幼儿的实际生活中发现教学赖以开展的资源,通过作用于幼儿的活动对幼儿发生实质性的影响,让他们体验、获得一定的知识和技能。因此,《纲要》在每个领域中都没有单独列出知识点或技能要求的细目,而是从活动的角度附带提出知识或技能要求。如在语言领域的"内容与要求"中,要求教师"创造一个自由、宽松的语言交往环境,支持、鼓励、吸引幼儿与教师、同伴或其他人交谈,体验语言交流的乐趣,学习使用适当的、礼貌的语言交往","鼓励幼儿大胆、清楚地表达自己的想法和感受","引导幼儿接触优秀的儿童文学作品,使之感受语言的丰富和优美,并通过多种活动帮助幼儿加深对作品的体验和理解"等。

"指导要点"主要点明该领域的教和学的特点以及特别应当注意的普遍性的问题。如社会领域与科学领域所涉及的知识不同,教师所采取的组织方式也应不同;又如在健康领域,较严重地存在不顾幼儿身体发育特点而滥用训练、比赛的现象,因此在"指导要点"中明文予以禁止;再如在艺术领域中,过分强调技能训练而忽视幼儿的情感体验、遏制幼儿创造性的现象比较普遍,因此,就有针对性地提出了相应的解决措施,指出教师要理解并积极鼓励幼儿与众不同的表现方式,注意不要把艺术教育变成机械的技能训练。

3. 组织与实施

这部分包含11个条目,其中贯穿着尊重幼儿的权利,尊重教师的创造,尊重幼儿在学习特点、发展水平、个性特征等方面的差异,尊重幼儿身心发展的客观规律,尊重教育、教学的客观规律等理念与观点,突出了幼儿园教育组织实施中的教育性、主动性、开放性、针对性、灵活性等原则。

4. 教育评价

《纲要》的第四部分围绕幼儿园教育评价,提出了评价的发展性、合作性、标准的多元性,以及多角度、多立体、多方法,重视过程、重视差异等原则。明确规定了评价的目的是幼儿的发展、教师的成长和教育质量的提高。这就是说,幼儿园评价绝非用于筛选、排队,也不是用于给幼儿贴标签,伤害他们的自尊和信心,给他们的成长蒙上阴影。《纲要》在这一基础上分别明确指出了评价教育工作和评价幼儿发展状况的具体原则和注意事项。

如何落实《幼儿园教育指导纲要(试行)》?

四、《中华人民共和国学前教育法》解读

2024年11月8日,第十四届全国人民代表大会常务委员会第十二次会议表决通过《中华人民共和国学前教育法》(以下简称《学前教育法》),自2025年6月1日起施行。《学前教育法》是中国首部专门针对学前教育的法律,旨在保障学前儿童的教育权利,提升学前教育质量,促进教育公平。该法律包括共9章85条,涵盖了总则、学前儿童、幼儿园、教职工、保育教育、投入保障、监督管理、法律责任、附则的内容。

(1) 界定了学前教育的法律属性和定位

《学前教育法》规定,学前教育是指由幼儿园等学前教育机构对三周岁到入小学前的学前儿童实施的保育和教育。从教育性质看,学前教育是学校教育的组成部分。从教育对象看,学前教育主要针对3~6岁适龄儿童。从教育方式看,保育重在通过提供良好的膳食营养、体格锻炼、卫生保健、安全防护等,保护和增进幼儿身心健康。教育重在落实以游戏为基本活动,创设丰富的教育环境,将教育渗透在一日生活和游戏中,促进幼儿身心全面发展。[①]

(2) 凸显了"儿童利益最大化"的立法原则

《学前教育法》在篇章结构上专设"学前儿童"一章,对学前儿童权益保障进行全面系统的规范,对学前儿童生命健康和身心健康、受教育权、名誉权、隐私权和其他合法权益保护作出专门规定,"学前儿童享有生命安全和身心健康、得到尊重和保护照料、依法平等接受学前教育等权利。学前教育应当坚持最有利于学前儿童的原则,给予学前儿童特殊、优先保护"。《学前教育法》还对特殊儿童接受教育进行了规定,要求"尊重学前儿童人格尊严",对"学前儿童因特异体质、特定疾病等有特殊需求的,父母或者其他监护人应当及时告知幼儿园,幼儿园应当予以特殊照顾",这不仅体现了对国际法中"儿童利益最大化"原则的遵循[②],也从全面、全员、全过程对学前儿童权益予以保障。

(3) 强化落实政府学前教育发展责任

学前教育是重要的社会公益事业,要牢牢把握公益普惠基本方向,以政府举办为主,让学前教育改革发展成果更多更公平地惠及全体人民。《学前教育法》坚持促进学前教育普及普惠的立法导向,作出了一系列规定。一是明确发展原则,规定国家推进普及学前教育,构建覆盖城乡、布局合理、公益普惠、安全优质的学前教育公共服务体系。二是加大普惠资源供给,规定各级人民政府应当采取措施,扩大普惠性学前教育资源供给;政府要通过直接举办公办幼儿园、支持国有企事业单位等其他公有主体举办公办幼儿园、扶持和规范社会力量举办普惠性民办幼儿园等方式,促进学前教育普惠发展。三是强化投入保障,规定学前教育实行政府投入为主、家庭合理负担保育教育成本、多渠道筹措经费的投入机制,强调各级人民政府要加大学前教育财政投入,有条件的地方逐步推进实施免费学前教育。四是关注特殊地区和群体,规定国家采取措施,倾斜支持农村地区、革命老区、民族地区、边疆地区和欠发达地区发展学前教育事业;保障适龄的家庭经济困难儿童、孤儿、残疾儿童和农村留守儿童等接受普惠性学前教育。五是明确法律责任,规定了有关主体未按照规定提供普惠性幼

---

① 解读《中华人民共和国学前教育法》[J].江西教育,2025(05):67—69.
② 侯莉敏.为学前儿童立法:学前教育法对儿童发展的保障与落实[J].人民教育,2024(22):15—18.

儿园建设用地、未将新建居住区配套幼儿园举办为普惠性幼儿园等行为应当承担的法律责任。

(4) 对幼儿园的规划和举办提出了明确要求

在规划布局上,规定以县为单位制订幼儿园布局规划,科学配置学前教育资源;在农村构建以公办幼儿园为主的学前教育公共服务体系,在城镇首期建设的居住区"同步规划、同步设计、同步建设、同步验收、同步交付使用"配套幼儿园,用于举办普惠性幼儿园,确保有效满足需求的同时,避免资源浪费。在审批管理上,规定设立幼儿园应经县级教育行政部门依法审批,取得办学许可证后,依法进行法人登记。在举办限制上,规定任何单位和个人不得利用财政性经费、国有资产、集体资产或者捐赠资产举办或者参与举办营利性民办幼儿园。公办幼儿园不得转制为民办幼儿园。社会资本不得通过兼并收购等方式控制公办幼儿园、非营利性民办幼儿园,幼儿园不得作为企业资产在境内外上市。①

(5) 对幼儿园的办学条件及师资力量提出了严格的标准

《学前教育法》第二十九条明确指出,幼儿园应根据国家有关标准配置相应的教学设施和器材,并提供充足的室内外活动空间,以满足儿童多样化的活动需求。该法还着重强调要建立一支高素质的专业教师队伍,对幼儿园教师的任职资格、职业道德及教学能力进行全面、严格的审核与评估,继而加快新时代高素质、专业化幼儿园教师队伍建设。此外,《学前教育法》第七十四条还规定教育行政部门应当对幼儿园进行定期的质量评估,并将评估结果向社会公众公开,以便家长及社会各界对幼儿园进行有效的监督。这一举措不仅显著提升了幼儿园的办学透明度,还进一步激发了幼儿园不断提升教育质量的内在动力与积极性,助力学前教育质量的全方位提高。②

(6) 对托育和幼儿园以及小学教育衔接做了规定

针对未来人口发展规划,《学前教育法》指出幼儿园提供托育服务要坚持积极稳妥原则,根据相应的标准和要求举办托班,但必须确保安全,解决好场地、设施、人员等问题,在硬件、软件方面均需达到低龄幼儿看护要求。同时招收的幼儿要有一定自理能力,能听得明白、说得清楚基本要求,能适应集体生活。关于幼儿园和小学教育衔接问题,明确要求"幼儿园与小学应当互相衔接配合,共同帮助儿童做好入学准备和入学适应";但"幼儿园不得采用小学化的教育方式,不得教授小学阶段的课程,防止保育和教育活动小学化"。③

《学前教育法》的出台为学前教育提供了法律保障,明确了各方责任,有助于推动学前教育的普及与质量提升,促进教育公平,为儿童健康成长奠定基础。

本章小结

我国学前教育政策法规建设始于1903年《奏定蒙养院章程及家庭教育法章程》的颁布,至今已有一百多年的历史。我国学前教育政策法规的历史沿革历经了蒙养院(园)制度的确立、幼儿园制度的建立、改革开放至今不同的历史发展时期,各个时期的学前教育政策法规

---

① 解读《中华人民共和国学前教育法》[J].江西教育,2025(05):67—69.
② 龚向利,娄秉文.《中华人民共和国学前教育法》的时代意义、现实挑战与实施进路[J].学前教育研究,2025(01):21—33.
③ 徐辉.关于《中华人民共和国学前教育法》立法的回顾与思考[J].教育研究,2024,45(11):13—19.

都具有鲜明的时代特征。《幼儿园工作规程》是学前教育规章,《幼儿园教育指导纲要(试行)》是为了贯彻《幼儿园管理条例》《幼儿园工作规程》,指导幼儿园深入实施素质教育的指导性文件,既是幼儿园教育工作的科学纲要,也是新时期我国幼儿园课程改革的方向和指南。《学前教育法》是中国首部专门针对学前教育的法律。通过对四个重大政策法规的解读,深刻认识依法治园、依法执教的要求和内涵。

 思考与练习

1. 简述我国学前教育政策法规的不同时期的内容。
2. 简述改革开放初至今我国学前教育政策法规发展的特点。
3. 中华人民共和国成立后我国学前教育政策价值取向体现在哪些方面?
4. 简述《幼儿园管理条例》的主要内容。
5. 简述《幼儿园工作规程》的主要内容。
6. 简述《幼儿园教育指导纲要(试行)》的主要内容。
7. 简述《中华人民共和国学前教育法》的立法要点。

第三章 学前教育的管理体制

学习目标

1. 了解我国的学前教育行政管理体制。
2. 理解我国学前教育机构的内部管理体制。
3. 联系实际,认真思考如何完善学前教育机构的内部管理体制。

情境案例

县域学前教育一体化管理实践与探索[①]

　　学前教育是基础教育的基础,是国民教育中最重要的部分。在 2014 年全国两会中,全国人大常委会委员庞丽娟教授提出了构建"省级统筹,以县为主"的学前教育管理体制的建议,指出教育部门要完善政策,制定标准,充实管理,加强对学前教育的科学指导和监督。然而,很多地区学前教育仍然存在着管理部门职责不明确、专门专业管理力量薄弱、管理制度衔接不畅、民办园管理归属空档等突出问题。构建和规范管理系统,因地制宜地建立管理长效机制,势在必行。

　　湖南安化县是武陵山片区扶贫开发重点县,教学资源薄弱,城乡差距很大。自实施教育强县战略以来,安化县在发展学前教育上大力改革创新,**采用"一体化"管理,有效化解区域内学前教育难题**。主要举措包括:

　　(1)创建一体,合理规划发展路径。坚持政府主导,主动统筹谋划,把学前教育列入地方"十三五""十四五"发展规划。大力发展公办园,规范发展民办园,不断提高办园质量,努力让农村幼儿在家门口享受到普惠优质的学前教育。

　　(2)批管一体,全面纳入监管体系。为了提高办园质量,安化采用"批管一体"模式,遵循"谁审批谁管理"的原则,将学前教育机构全面纳入管理体系。点面结合,构建城乡评价网络,打造评价团队,制订评价方案,形成评价机制,探索评价方法和策略,形成常态化管理。

　　(3)城乡一体,点面结合集团发展。安化是山区教育大县,地域广,幼儿园分布相对分散,内涵发展难度大。为进一步推进县域学前教育均衡、优质、快速发展,必须加强学前教育共同体建设,破解发展中的难题打破发展瓶颈。结合县域学前教育发展实际,安化县教育局确定了以乡镇公办中心园为龙头,区域捆绑发展的

[①] 安化县教育局.湖南首届基础教育创新案例:县域学前教育一体化管理实践与探索[EB/OL].(2023-09-19)[2024-03-10]. http://news.hnjy.com.cn/content/646743/53/13066519.html.有删减。

建设思路。

(4) 研训一体,多措并举提升内涵。学前教育要与时俱进,立足新发展阶段,贯彻新发展理念,教师研训是关键。安化县学前教育采用"多维研训"的方式,夯实研训效果。每年年初,教育局制订年度工作计划和研训实施方案,按照四级研训网络,构建研训长效机制。

通过"一体化"管理,安化学前教育质量得到了很大的提升。到 2023 年年初,全县 23 个乡镇,每个乡镇至少有一所优质的公办园,其中 12 个乡镇没有民办园,普惠性覆盖率达 94.32%。安化县教育局以内涵提质为导向,加强学前教育共同体建设,强化科研引领作用,以教育管理为抓手,以集团办园为路径,画学前教育同心圆,开创了山区学前教育的发展之路。

> **想一想**
>
> 我国政府在发展学前教育上应承担哪些职责?

第一节 学前教育的行政管理体制

学前教育行政管理体制是我国学前教育事业发展的核心和关键,它体现了国家对学前教育事业的宏观管理和重视程度。新颁布的《学前教育法》明确规定了学前教育实行国务院领导,省级人民政府和设区的市级人民政府统筹,以县人民政府为主、乡镇人民政府和街道参与的管理体制。

教育行政管理体制的确定不仅与国家政权的性质、政体有着十分密切的关系,还受国家经济、文化、传统等方面的影响。学前教育行政管理体制是教育行政管理体制的组成部分,因此同样受到这些影响和制约。

一、改革开放以来我国学前教育行政管理体制的历史回顾

改革开放以来,经济体制的改革极大地解放了生产力,有力地促进了我国经济和社会的全面发展。伴随着经济体制改革和政府机构改革,我国基础教育的改革取得了巨大成就,基础教育水平全面提升,基础教育行政管理体制改革不断深化和向前推进。学前教育作为基础教育的有机组成部分,其行政管理体制也经历了一个不断改革和完善的过程。

(一)恢复重建阶段(1978—1985):强调统一领导和直接管理

党的十一届三中全会召开后,为了恢复和重建学前教育,解决当时全国托幼工作没有受到应有的重视、没有纳入国家计划、缺乏统一的领导和管理等一系列问题,1979 年 10 月 11 日,中共中央、国务院转发《全国托幼工作会议纪要》,提出"建议国务院设立托幼工作领导小组,由教育部、卫生部、计委、全国妇联等单位的负责同志组成。各省、市、自治区设立相应的

托幼工作领导小组,由有关部门组成"①,同时规定教育部门、卫生部门、劳动部门和商业部门等单位在托幼工作中的职责权限。同年11月8日,教育部印发的《城市幼儿园工作条例(试行草案)》规定:"各级党委要加强对幼儿教育的领导。各级教育行政部门应建立幼儿教育的领导机构或专职干部,领导本地区各种类型幼儿园(包括机关、部队、学校、厂矿、企业、事业单位主办的和民办的幼儿园)的保教业务、师资培训和科研工作。""机关、部队、学校、厂矿、企业、事业单位及民办幼儿园的设立、变更、停办要报当地教育行政部门备案。"同时指出"幼儿园园长在上级党委和教育行政部门领导下负责领导全园工作"。②

至此,我国重将学前教育纳入政府的重要议事日程,并且确立了由政府部门牵头、其他各部门互相配合共同管理的体制,为学前教育事业的恢复和重建提供了全局联动的保障机制,学前教育由此迈入新的阶段。③《城市幼儿园工作条例(试行草案)》是"文化大革命"后国家层面颁布的第一个学前教育政策性文件,进一步从政策层面对学前教育管理体制进行了梳理和明确,在强调地方党委和教育行政部门管理职责的同时,确立了"园长负责制",为迅速恢复幼儿园正常工作秩序提供了具有可操作性的政策保障。④

在城镇学前教育事业稳步恢复和发展的过程中,针对广大农村地区学前教育发展存在的问题,1983年9月21日,教育部发布了《关于发展农村幼儿教育的几点意见》,指出:"发展幼儿教育必须坚持'两条腿走路'的方针。农村应以群众集体办园为主,充分调动社(乡)、队(村)的积极性;县镇则应大力提倡机关、厂矿企事业、街道办园,并支持群众个人办园。与此同时,要积极恢复和发展教育部门办的幼儿园。""农村幼儿园(班)实行社(乡)办社(乡)管,队(村)办队(村)管;附设在小学的,也可实行队(村)办校管"。⑤将农村学前教育的管理机构细化到"社(乡)队(村)",这对农村学前教育的发展起到了积极作用。

这一时期政策出台的社会背景是:改革开放后,全国工作重点都转移到社会主义现代化建设上,随着生产力的发展和国民经济体制的改革,生活服务事业逐步走向社会化,但仍处于过渡转型的初期。因此,这一时期的政策精神与当时的计划经济体制是互相适应的,尽管提出了公办和民办"两条腿走路"的方针,但总体上实行和强调的还是中央部门和地方政府直接管理的统一领导体制。这一时期学前教育管理政策是恢复、整顿、发展和提高,尤以整顿为核心,强调重建学前教育正常管理秩序。同时,为解决当时学前教育资源供给不足这一迫在眉睫的现实问题,国家提倡和鼓励机关、工矿、企事业单位恢复和重建托幼机构,这些政策与当时的改革氛围是一致的。

(二) 调整变革阶段(1985—1997):实行地方负责和分级管理

经济基础决定上层建筑,随着我国经济体制和科技体制改革的推进,教育体制的改革也势在必行。1985年中共中央、国务院颁布的《中共中央关于教育体制改革的决定》明确提出要"实行基础教育由地方负责、分级管理的原则",进而规定中央和地方关于基础教育管理权限与职责的具体划分。1987年10月国家教委等在《关于明确幼儿教育事业领导管理职责分

---

① 中华人民共和国幼儿教育重要文献汇编[M].北京:北京师范大学出版社,1999.
② 同上.
③ 魏军.对我国学前教育管理体制政策的回顾及其特点分析[J].内蒙古师范大学学报(教育科学版),2013(2):22—25.
④ 同上.
⑤ 中华人民共和国幼儿教育重要文献汇编[M].北京:北京师范大学出版社,1999.

工的请示》中提出幼儿教育事业"必须在政府统一领导下,实行'地方负责,分级管理'和有关部门分工负责的原则";"幼儿园的行政领导由主办单位负责"。同时,还规定了幼儿教育事业主要由地方各级人民政府负责和领导,并进而明确了教育、卫生、计划、财政等有关部门的职责分工。至此,我国长期实行的"统一领导,分级管理"的学前教育管理体制得到了进一步明确,全国学前教育管理体制基本理顺,学前教育纳入各地区经济和社会发展规划。在这一政策的指引下,"全国大多数省市建立起省、地、县、乡四级学前教育行政管理体系……这种由上而下的统一领导、分级管理、分工负责的管理新机制的建立,实现了学前教育管理的地方化"[①]。

1989年9月《幼儿园管理条例》颁布,其第六条指出:"幼儿园的管理实行地方负责、分级管理和各有关部门分工负责的原则。"第二十二条规定:"各级教育行政部门应当负责监督、评估和指导幼儿园的保育、教育工作,组织培训幼儿园的师资,审定、考核幼儿园教师的资格,并协助卫生行政部门检查和指导幼儿园的卫生保健工作,会同建设行政部门制定幼儿园园舍、设施的标准。"[②]《幼儿园管理条例》的颁布为我国学前教育管理体制改革的进一步深化提供了国家层面上的法理依据,我国学前教育事业的发展开始迈向新的阶段。

由于时代的发展和社会的需要,学前班已成为我国学前教育不可缺少的一种组织形式,为改进和加强学前班的领导和管理,提高学前教育质量,1991年6月17日国家教委发布了《关于改进和加强学前班管理的意见》,提出:"学前班的领导和管理,应根据《幼儿园管理条例》的规定,在行政上由主办单位及其上级部门管理。农村学前班可实行乡办乡管或村办村管;附设在小学的,可实行乡(村)办校管。在业务上归当地教育行政部门统一管理。教育行政部门应由主管幼儿教育的机构负责此项工作。"[③]重申了农村学前教育管理的职责和权限。尽管在长期计划经济体制的影响下,这一阶段的管理体制改革局限于权限的调整和重新划分,但是从适应社会经济发展的角度出发,这些改革依然有力地促进了幼儿教育事业的发展。

1992年党的十四大召开,确定我国经济体制改革的目标是建立社会主义市场经济体制。随着经济体制、政治体制和科技体制改革的深化,我国原有的与计划经济体制相适应的学前教育管理体制暴露出一些弊端。在这种形势下,我国学前教育管理体制改革的重心有了新的转向,即在坚持"统一领导,分级管理"的基础上,开始探索适应社会主义市场经济体制的学前教育管理体制。1993年中共中央、国务院印发的《中国教育改革和发展纲要》指出:"国家对社会团体和公民个人依法办学,采取积极鼓励、大力支持、正确引导、加强管理的方针。"同时要求"继续完善分级办学、分级管理的体制"。

1997年7月17日,国家教委发布《全国幼儿教育事业"九五"发展目标实施意见》(以下简称《意见》)。《意见》指出:"幼儿教育事业具有很强的地方性和群众性。发展这项事业必须由地方政府统一领导,坚持国家、集体和公民个人一起办的方针,按照'地方负责,分级管理和有关部门分工负责'的原则。"[④]明确要求各级政府充分认识幼儿教育工作的重要性,切

[①] 庞丽娟. 中国教育改革30年(学前教育卷)[M]. 北京:北京师范大学出版社,2009.
[②] 中华人民共和国幼儿教育重要文献汇编[M]. 北京:北京师范大学出版社,1999.
[③] 同上.
[④] 同上.

实加强对于幼儿教育工作的领导,将幼儿教育工作纳入各级政府、教育行政部门和有关部门的重要议事日程,列入地方经济、社会发展的总体规划。这又一次从政府行政管理的角度强调了学前教育管理的重要性,再次明确了各级政府部门对学前教育管理的职责和分工,为学前教育的跨世纪发展提供了强有力的政策保障。[①]

在市场化、社会化的形势下,这一阶段的学前教育管理政策由于管理权责不明、管办评不分,仍未形成有效的新型管理体制和运行机制。特别是在国有企事业单位深化改革、剥离教育职能的关键时期,政府公办园数量不足,我国学前教育的发展受到冲击。学前教育管理出现政府责任缺失、监管失范的局面,亟须进一步的深化改革。

(三)深化改革阶段(1997年至今):完善分级管理,强化省级统筹

进入新世纪,与社会转型相适应的学前教育管理体制尚未建立,学前教育的规模发展及质量提升面临前所未有的困难和挑战。为扭转这一局面,2003年3月4日国务院办公厅转发了教育部等部委联合发布的《关于幼儿教育改革与发展的指导意见》(以下简称《意见》),《意见》指出:"坚持实行地方负责、分级管理和有关部门分工负责的幼儿教育管理体制。"首次提出了从中央、省、地、县、乡到村委会的职责和任务,建立了我国学前教育自上而下的较为完整的管理体系。明确了农村学前教育的管理体制,即由县负责举办公办园、乡镇负责举办乡镇中心幼儿园、村要发展多种形式的学前教育,包括幼儿班、非正规的教育形式,即形成三级办学、二级管理(县、乡政府二级)的管理体制。实现了农村学前教育管理体制的重心下移,为农村学前教育事业的健康发展提供了体制保障。[②] 同时,《意见》中再次明确了教育部、财政部、建设部、劳动保障部等部门的职能和任务,进一步理顺和明确了学前教育的宏观管理体制。

2010年7月29日,备受关注的《国家中长期教育改革和发展规划纲要(2010—2020年)》(以下简称《纲要》)正式发布。《纲要》在管理体制方面对中央政府和地方政府的教育管理权限职责分工做了进一步的说明,从政策的高度再次强调了地方政府尤其是省级政府对学前教育的统筹和管理,明确了相关部门履行各自职责的要求,扫除了教育管理体制改革道路上的障碍。

同年11月,《国务院关于当前发展学前教育的若干意见》(以下简称《意见》)下发,再次强调学前教育体制建设调整的目标和方向,即政府主导、成本分担、以县为主。其实质是加强学前教育公办体制建设,大力发展公办幼儿园。该《意见》提出,"发展学前教育,必须坚持公益性和普惠性,努力构建覆盖城乡、布局合理的学前教育公共服务体系","各级政府要……将大力发展学前教育……作为建设社会主义和谐社会的重大民生工程,纳入政府工作重要议事日程",首次将学前教育纳入政府民生工程,明确了其公益性和普惠性原则,从政府层面为学前教育的发展提供了政策支持和原初动力。

这一阶段政策的基本方向是进一步明确和完善各级政府和有关部门在学前教育管理上的责权划分,转变政府职能,提高公共教育服务水平,以满足民众的教育需求。我国学前教育行政管理体制的逐步改进和完善,为其质量和效益的提升提供了制度方面

---

① 魏军.对我国学前教育管理体制政策的回顾及其特点分析[J].内蒙古师范大学学报(教育科学版),2013(2):22—25.
② 庞丽娟.中国教育改革30年(学前教育卷)[M].北京:北京师范大学出版社,2009.

的保障。

二、我国现行的学前教育行政管理体制

通过回顾改革开放以来我国学前教育行政管理体制改革的历史,可以发现,我国学前教育行政管理体制经历了从强调政府的直接领导到主张政府主导、社会参与的格局转变。我国现行的学前教育行政管理体制可以完整地表述为:学前教育事业实行地方负责、分级管理,教育部门主管,各有关部门分工负责的管理体制。

(一) 地方负责、分级管理

《教育法》第十四条规定:"国务院和地方各级人民政府根据分级管理、分工负责的原则,领导和管理教育工作。"《学前教育法》第八条也明确指出:"国务院领导全国学前教育工作。省级人民政府和设区的市级人民政府统筹本行政区域内学前教育工作,健全投入机制,明确分担责任,制定政策并组织实施。县级人民政府对本行政区域内学前教育发展负主体责任,负责制定本地学前教育发展规划,统筹幼儿园建设、运行,加强公办幼儿园教师配备补充和工资待遇保障,对幼儿园进行监督管理。乡镇人民政府、街道办事处应当支持本辖区内学前教育发展"。

学前教育是基础教育的有机组成部分,应该贯彻上述《教育法》规定。《幼儿园管理条例》第六条也明确规定:"幼儿园的管理实行地方负责,分级管理和各有关部门分工负责的原则。"

上述学前教育行政管理体制的确定立足于我国经济、文化发展不平衡的国情,能够使学前教育事业的发展既具有统一性和规范性,又发挥地方灵活性,从各地方的特殊实际出发,采取不同的方法措施。有利于充分发挥地方和各有关部门的积极性建设和管理幼儿园,发展学前教育事业。[①]

(二) 教育部门主管

《教育法》第十五条规定:"国务院教育行政部门主管全国教育工作,统筹规划、协调管理全国的教育事业。县级以上地方各级人民政府教育行政部门主管本行政区域内的教育工作。"这表明从国务院到县级人民政府所设立的教育行政部门,是政府管理教育的职能部门,对教育实现组织、计划、决策、指导、监督、评价、协调的职能。

《学前教育法》第九条明确规定了"县级以上人民政府教育行政部门负责学前教育管理和业务指导工作,配备相应的管理和教研人员。县级以上人民政府卫生健康行政部门、疾病预防控制部门按照职责分工负责监督指导幼儿园卫生保健工作"。该法以法律的形式明确了各级教育行政部门对学前教育的管理职能。

(三) 各有关部门分工负责

学前教育涉及方方面面,做好学前教育工作,需要动员全社会及各有关部门、有关方面互相配合,密切合作。《教育法》第十五条规定:"县级以上各级人民政府其他有关部门在各

---

① 孙葆森,刘惠容,王悦群.幼儿教育法规与政策概论[M].北京:北京师范大学出版社,1998:64.

自的职责范围内,负责有关的教育工作。"对各级人民政府有关部门的职责,国务院规范性文件做了详细规定:

《学前教育法》第九条指出"县级以上人民政府卫生健康行政部门、疾病预防控制部门按照职责分工负责监督指导幼儿园卫生保健工作"。"县级以上人民政府其他有关部门在各自职责范围内负责学前教育管理工作,履行规划制定、资源配置、经费投入、人员配备、待遇保障、幼儿园登记等方面的责任,依法加强对幼儿园举办、教职工配备、收费行为、经费使用、财务管理、安全保卫、食品安全等方面的监管"。

案例 3-1

青岛市深化幼儿园管理体制改革 构建普惠学前教育公共服务体系[①]

青岛市按照国家、省关于理顺学前教育管理体制和办园体制的部署要求,积极推进党政机关、群团组织所办幼儿园脱钩改革,逐步建立了教育部门统一管理、公益普惠、运转高效的公办幼儿园管理体制。

一是明确目标,稳步推进。在广泛借鉴上海、广州、珠海等市将机关办园统一移交教育部门管理、加大财政投入、确保幼儿园向社会提供普惠服务的经验做法的基础上,研究印发了《青岛市级党政机关、群团组织所办幼儿园脱钩改革方案》,明确将市公安局、市民政局、市卫计委、市妇联等单位举办的6所市属公办幼儿园的11个园区全部移交各园区所在行政区,由各园区所在行政区的教育行政部门进行统一规划管理,与举办单位彻底脱钩。

二是完善机制,加强领导。成立幼儿园脱钩改革领导小组,负责协调和指导开展改革工作,统筹协调、研究解决幼儿园脱钩改革过程中出现的问题。此外,工作小组还制定了移交接收的程序、办法及人事与资产的移交事项,明确规定了相关部门职责,机构编制部门负责幼儿园机构编制划转工作;财政部门负责基数划转并协助办理资产移交等方面工作;人社部门负责人事、工资、档案等工作;国土、城乡建设、规划等部门负责幼儿园房舍产权登记、变更等工作。工作小组还提出了深化认识、加强领导、严守纪律的工作要求,务求从多角度着力保障改革工作顺利、高效进行。

三是理顺体制,属地管理。本次脱钩改革的核心就是深入转变政府职能,全面厘清教育与非教育部门职责边界,纳入改革范围的幼儿园与举办单位分离脱钩,即不再具有隶属关系和行政管辖权限,逐步建立市级统筹、区市为主的学前教育管理体制,实现幼儿园教育属地化管理。改革过程中,按照人、财、物、事整体移交的原则,由幼儿园举办单位与相关区政府签订移交协议书,明确移交的时间节点和双方的责权利。对在不同区具有园区的幼儿园,各园区分别移交给园区所在区的教育部门。幼儿园移交后,其人事管辖、经费保障、资产和业务管理等工作就由区政府相关部门负责,与原举办单位不

[①] 青岛市深化幼儿园管理体制改革 构建普惠学前教育公共服务体系[EB/OL].(2018-09-19)[2025-01-10].http://www.wfbb.gov.cn/zuixindongtai/show-18173.html.

再有任何关系。进一步规范移交后幼儿园的机构编制事项,幼儿园名称不再包含"政府、公安、民政、卫计委"以及其他不符合公平导向的字样,原财政拨款或财政补贴类幼儿园性质保持不变,经费自理类幼儿园原则上由相关区调整为财政补贴,加大政府投入,增强幼儿园向社会提供公益服务的能力。

第二节 学前教育机构的内部管理体制

教育机构内部管理体制是对其内部设立的主要管理机构及其职能的总称。建立健全科学合理的内部管理体制,是学校及其他教育机构健康发展的必然要求。

学前教育机构的内部管理体制是指学前教育机构内部管理系统的机构设置、职责权限、隶属关系、组织制度等多方面综合的结构体系。为了维护国家和社会的公共利益,保证教育质量,提高办学效益,特别是为了确立学校及包括幼儿园在内的其他教育机构的法人地位,国家已通过立法,对学校及其他教育机构的内部管理体制和管理活动作出明确规定。

《教育法》第三十一条规定:"学校及其他教育机构的举办者按照国家有关规定,确定其所举办的学校或者其他教育机构的管理体制。"《幼儿园工作规程》第五十六条明确规定:"幼儿园实行园长负责制。"园长负责制是指幼儿园在上级宏观领导下,以园长全面负责为核心,与党支部的保证监督、教职工民主管理有机结合,为实现幼儿园的工作目标充分发挥领导职能的三位一体管理格局。社会力量举办的幼儿园可以实行董事会领导下的园长负责制。《学前教育法》第三十八条最新提出:"国家推行幼儿园园长职级制"。推行幼儿园园长职级制,有助于提升园长的专业素养和管理能力,促进学前教育事业的高质量发展。[①]

园长负责制是一个结构概念,反映园内领导关系的结构方式,是个人负责与分方面制约关系的统一。实行园长负责制的目的是增强幼儿园的办园自主权,使幼儿园成为独立的办园实体,建立起统一高效的园内指挥系统。

一、园长全面负责幼儿园的各项工作

在幼儿园园长负责制的体制中,园长作为一园之长,对内是幼儿园的行政负责人,统一指挥和领导幼儿园工作,向全体教职工、幼儿负责;对外是幼儿园的法人代表,向举办者、幼儿家长和社区负责。同时,园长要遵循有关法规,服从上级教育行政部门和直接隶属行政部门的领导,接受幼儿园党组织和教代会的监督,充分调动全园教职工的积极性,努力办好幼儿园。

---

① 张建.《学前教育法》中幼儿园园长的三个专业问题审视[J].教师教育论坛,2020,33(09):7—9.

按照国家规定,幼儿园园长由举办者任命或聘任。非地方人民政府设置的幼儿园,其园长应报教育行政部门备案。经任命或聘任的园长,即具有上述法人代表的地位,依法行使决策指挥权、人事权、财权与奖惩权等。园长有权在园所统一规定的目标指导下,决定幼儿园的教育目标和规划幼儿园的发展,统筹安排幼儿园教育教学、卫生保健和总务行政工作;有权组织领导班子和建立幼儿园组织体系并确立职权关系;有权聘用工作人员,并进行考核评定与奖励;有权在国家规定的范围内支配幼儿园财经费用,规划和使用幼儿园的财产设备;有权在符合国家要求的范围内制定规章制度。园长的决策权、人事权、财务管理权和奖惩权是同他所担负的职责相一致的。

二、幼儿园基层党组织发挥政治核心作用

党的领导是办好园所的根本保证。《学前教育法》第三十二条规定:"学前教育机构中的中国共产党基层组织,按照中国共产党章程开展党的活动,加强党的建设。公办幼儿园的基层党组织统一领导幼儿园工作,支持园长依法行使职权。民办幼儿园的内部管理体制按照国家有关民办教育的规定确定"。

幼儿园党的基层组织即党支部的政治核心作用,主要体现在政治领导、思想领导和组织领导三个方面。

一是政治领导,即发挥监督保证作用。参与幼儿园的重要决策,在办园方向、园所发展规划、重大教育改革及职工福利等重大问题上主动参与讨论;对幼儿园干部的选拔、任免、晋升、培训、考核等进行监督;负责监督园长与行政部门贯彻执行党的路线方针政策的情况。

二是思想领导,即发挥模范带头作用。要以主要的精力加强自身的思想建设、组织建设和作风建设,使共产党员真正在幼儿园工作中发挥模范、骨干、带头作用。全面领导幼儿园的思想政治工作,包括定期开展马克思主义教育,加强时事政策教育;开展经常的、深入细致的思想工作,有针对性地解决群众的思想认识问题;支持园长与行政部门行使职权和履行职责,协助行政领导听取各方面意见,与园长共同保证幼儿园各项任务的完成。

三是组织领导,即加强对教代会、工会、共青团等群众组织的领导。根据各组织的特点,领导他们独立自主、生动活泼地开展活动,充分发挥其在组织、团结、教育群众中的纽带和助手作用。

三、教职工代表大会依法保障民主管理

实行园长负责制并不意味着园长可以为所欲为、独断专行,而应设置相应的民主管理和监督机制加以制约。教育机构实行民主管理既是由我国教育的社会主义性质决定的,也是由教职工所处的地位决定的。教职工既是管理的对象,也是管理的主体。为此,《教育法》规定:"学校及其他教育机构应当按照国家有关规定,通过以教师为主体的教职工代表大会等组织形式,保障教职工参与民主管理和监督。"教职工代表大会是幼儿园民主管理的主要形式之一,建立健全教职工代表大会制度是园长负责制的重要组成部分。《幼儿园工作规程》规定:"幼儿园应当建立教职工大会制度或者教职工代表大会制度,依法加强民主管理和监督。"教职工大会或教代会是广大教职工对园所工作积极进行民主管理和民主监督的组织

形式。

教职工大会或教代会可以建立定期会议制度,其主要功能是,维护教职工民主管理的权益。教代会的职责、工作内容具体包括以下方面。

第一,听取园长的工作报告,审议办园方针、发展规划、教育改革方案、管理制度以及经费使用等有关幼儿园建设和改革的重大问题,提出意见和建议。

第二,团结教育广大教职工,支持园长正确行使职权。

第三,关心教职工生活,决定有关教职工生活福利的重要事项。

第四,监督评议园长和其他幼儿园管理人员的工作和业绩。

随着园所体制改革的深入,教职工代表大会还有权依照教育行政部门所规定的园长任职条件,建议并推举深受广大教职工认可和拥戴的幼儿园园长人选。

除教职工代表大会外,幼儿园园务委员会是幼儿园日常管理民主化的重要形式。园务委员会是园长决策的咨询审议机构。根据《幼儿园工作规程》,"幼儿园应当建立园务委员会。园务委员会由园长、副园长、党组织负责人和保教、卫生保健、财会等方面工作人员的代表以及幼儿家长代表组成。园长任园务委员会主任"。园长定期召开和主持园务委员会会议(遇到重大问题可临时召集),园务委员会要对全园工作计划、工作总结、人员奖惩、财务预算和决算方案,规章制度的建立、修改、废除,以及其他涉及全园工作的重要问题进行审议,提高决策科学性,避免决策失误。不设园务委员会的幼儿园,上述重大事项由园长召集全体教职工开会商议。

总之,民主管理是园长负责制不可缺少的重要组成部分,是园长负责制的基础,园长负责制是民主管理的集中体现。要办好幼儿园,提高管理效率,必须依靠全体教职工,尊重和维护他们的民主权利,充分调动他们的积极性和创造性,发挥他们的监督和管理作用。

四、学前教育机构内部规章制度

学前教育机构内部规章制度,即幼儿园内部管理规则,是园内全体教职工需要掌握和遵守的工作规范。它包括以下制度:幼儿园的领导制度,幼儿园各类人员的岗位责任和奖惩制度;作息制度、学习制度、会议制度在内的工作制度;幼儿园一日生活制度、饮食管理制度、卫生消毒及隔离制度、卫生保健登记和统计制度在内的卫生保健制度;安全保护制度;教育、教研、科研活动制度;财产管理和财务制度;幼儿园与家长、与小学、与社区的联系制度等。[①]

幼儿园内部管理规章制度,是幼儿园依据法律、法规的规定以及主管行政部门批准的章程,在其办学自主权范围内制定的内部管理规范的总和。

制定幼儿园内部管理规章制度,需遵循以下原则。

第一,幼儿园内部管理规章制度在内容上必须符合法律、法规及规章的规定,不得与法律、法规、规章以及其他具有法律效力的规范性文件相抵触。凡是不符合现行法律、法规及规章规定的幼儿园内部管理制度都是无效的,应由相关部门予以撤销。

---

① 孙葆森,刘惠容,王悦群.幼儿教育法规与政策概论[M].北京:北京师范大学出版社,1998:98.

第二,幼儿园内部管理规章制度不能越权作出规定,即不能超越本园的职权或被授权的范围把本来应由法律、法规规定的内容规定在幼儿园内部的管理制度中。如幼儿园内部管理规章制度不能对政府、有关行政部门等提出义务性或禁止性规定。

第三,幼儿园要保障教职工依法参与管理。《中华人民共和国学前教育法》第三十三条明确规定:"幼儿园应保障教职工依法参与民主管理和监督",同时还"应当设立家长委员会"对幼儿园工作进行监督。教育行政部门不能干涉幼儿园依法制定内部管理规章制度和依据合法有效的规章制度进行的管理活动,但有权对幼儿园进行管理、监督、指导。对幼儿园制定的违反法律、法规和规章的内部管理规章制度,教育主管部门有权予以撤销。对因内部管理不当给当事人的合法权益造成损害的,幼儿园还应承担相应责任。

案例 3-2

北京一幼儿园状告劳动部门处罚不当一案终审有果[①]

2003 年 4 月 22 日,本报刊登了《用人单位的权益谁来保护——北京一幼儿园状告劳动部门处罚不当》的文章,反映北京市朝阳区一幼儿园因不服该区劳动部门处罚,向法院提起行政诉讼的案件。今年 3 月 5 日,北京市第二中级人民法院对此案作出终审判决。去年 1 月,北京市朝阳区劳动和社会保障局(以下简称劳动局)接到被朝阳区某幼儿园辞退的一员工举报,称幼儿园有收取员工领用物品抵押金的情况。劳动局经调查发现情况属实,便于 1 月 9 日下发了责令改正通知书,要求幼儿园于 1 月 16 日前改正其行为。为配合劳动部门的工作,幼儿园在劳动部门下发整改通知的前一天,将收取的抵押金如数退还给员工。1 月 20 日,劳动局以幼儿园违反了《北京市劳动合同规定》第二十四条规定的"订立劳动合同,用人单位不得以任何形式收取抵押金、抵押物、保证金、定金及其他费用"的有关规定为由,对幼儿园处以 25000 元罚款。

幼儿园对此高额处罚不服,于去年 3 月向朝阳区人民法院提起行政诉讼。去年 3 月 20 日,北京市朝阳区人民法院开庭审理了此案。原告幼儿园诉称,该园老师在从事教学工作中,涉及领取教学设备等贵重物品。在实际实施过程中,出现有的教师在领取工资后,不辞而别,并将领用物品偷偷带走的现象。基于上述情况,原告为便于园内的财务管理,在员工自愿、认可的前提下,规定凡领取教学设备的教师交纳 200 元人民币的物品抵押金。该行为是原告内部日常管理的一项措施,与《北京市劳动合同规定》中所认定的收取抵押金的情况性质完全不同,且收取抵押金并非该园与员工签订劳动合同时的附件或必需条件。原告认为,被告劳动局的行政处罚适用法律错误,严重侵害了原告的合法权益。

[①] 《学前教育政策与法规》典型案例[EB/OL].(2024-04-26)[2024-12-26]. https://wenku.so.com/d/b57c260b8527fb0225aaed4b-83e2b3a0.

被告劳动局在庭审答辩中强调,幼儿园为教学人员提供教学设备是在履行自己的义务。他们认为,在履行义务时不应当讨价还价,更不可以将自己在履行义务时可能承受的风险转嫁给权利人。

一审法院认为,原告幼儿园在履行与劳动者签订的劳动合同过程中,收取员工的园服和物品抵押金,违反了《北京市劳动合同规定》的相关规定,劳动行政部门可在政府赋予的处罚幅度内作出处罚决定。鉴于此案中原告幼儿园并未以收取抵押金作为订立劳动合同的条件,而是以防止物品流失为目的,以自愿为前提,在员工领取物品时收取部分抵押金,其数额亦明显低于物品价值本身,法院作出一审判决:被告朝阳区劳动局作出较高数额的处罚显失公正,依法酌情予以变更,将罚款数额从 25000 元变更为 2000 元。

幼儿园不服一审判决,以一审判决已认定该园收取物品抵押金是以员工自愿为前提,却仍作出对该园应予行政处罚的判决属认定事实和适用法律自相矛盾为由,向北京市第二中级人民法院上诉,请求撤销一审判决。

今年 3 月 5 日,北京市第二中级人民法院作出维持一审判决的终审判决,其中认为劳动局的行政处罚,明显违反了正确行使自由裁量权的原则。

二审宣判后,法官就此案作出解释。他认为,《北京市劳动合同规定》第二十四条规定中的"订立劳动合同"在理解上容易产生歧义。如果从狭义的角度上理解,就是指在订立劳动合同时,但从广义的角度上理解,应指从雇佣双方签订劳动合同开始,直到双方解除劳动合同为止。

由此可以看出,幼儿园在制定内部规章制度时一定要注意不能违反现行法律、法规的规定,由于内部管理不当对当事人合法权益造成损害的,幼儿园应承担相应的责任。与此同时,主管部门也应依法正确行使对幼儿园的监督和管理权,不可滥用职权或越权管理。

本章小结

学前教育行政管理体制是指学前教育管理部门,包括中央、地方及其他教育机构间的相互关系、职能权限、组织结构等方面的体系和制度。我国学前教育行政管理体制经历了从强调政府的直接领导到主张政府主导、社会参与的格局转变。我国现行学前教育事业的管理实行地方负责、分级管理,教育部门主管,各有关部门分工负责的原则。

学前教育机构的内部管理体制是指学前教育机构内部管理系统的职责权限、隶属关系、机构设置、组织制度等多方面综合的结构体系。《幼儿园管理条例》和《幼儿园工作规程》明确规定我国幼儿园实行园长负责制。园长负责制是指幼儿园在上级宏观领导下,以园长对园内工作全面负责为核心,同党支部保证监督、教职工民主管理有机结合,为实现幼儿园的工作目标,充分发挥领导职能的三位一体管理格局。社会力量举办的幼儿园可以实行董事会领导下的园长负责制。

思考与练习

1. 简述我国学前教育的行政管理体制。
2. 简述我国学前教育机构的内部管理体制。
3. 简述幼儿园园长的主要职责。
4. 学前教育机构制定内部规章制度时应遵循哪些原则?

第四章 学前教育机构的法律地位

学习目标

1. 理解学前教育机构法律地位的含义。
2. 掌握学前教育机构法律地位的特点。
3. 了解设立学前教育机构的基本条件和程序。
4. 掌握学前教育机构的基本权利和义务,并能有效运用法律规定维护、保护学前教育机构的合法权益。

情境案例

一位鞋厂老板办园梦的破裂①

有一个鞋厂老板办厂亏本后,停工了好几年。一次,镇中心幼儿园因为装修房子借用他的厂房当教室。老板看到老师每天只是带着孩子玩玩,觉得办幼儿园真是再简单不过了,心想何不把厂房改造一下办个幼儿园呢?于是,他投资100多万元将旧厂房拆除,建造了一所教学大楼,办起了幼儿园。但没想到,招聘教师、招收幼儿、教学计划制订、日常教学管理等困难接踵而至。

鞋厂老板本身文化水平有限,以前算是"农民企业家",如今却成了园长,每天要接触一些教育界人士,谈些教育话题,这可真有点"赶鸭子上架"了。于是,他就想了一招:招聘园长。把具体事情交给园长来做,他只要把把关就行了。但聘用了园长以后,情况并没有多大转变,相反,园长和老板之间、园长和老师之间,还产生了许多新的、微妙的、更难处理的关系。鞋厂老板无可奈何,只能把园长辞了,自己继续当园长。结果情况更不妙,不仅就读的幼儿不断减少,老师们也相继离开了。一年下来,幼儿园亏损了许多。如果再办下去,损失将会更大;如果不办下去,100多万元的投资将付之东流。思前想后,鞋厂老板最后还是决定关门大吉——把所有教学设备卖掉,把教室重新改为厂房。

开办幼儿园真的是那么简单的事情吗?任何人或组织是否都可以开办幼儿园?开办幼儿园需要符合哪些法律规定的条件?要经过怎样复杂的程序,才能圆鞋厂老板的办园梦呢?

---

① 资料来源:沈巧英.一位鞋厂老板办园梦的破裂[J].早期教育(教师版),2007(4):18.

第一节　学前教育机构法律地位概述

法律地位指法律主体在各种法律关系中所处的位置，它是法律主体在不同法律关系中享有权利和义务的总和表现。[①] 法律主体是法律关系的参加者，从类型上看，包括自然人和法人两种。

一、学前教育机构法律地位的含义

学前教育机构作为实施保育和教育活动的社会组织，是具有法律赋予的权利能力和行为能力的法人机构，具备法律主体资格。因此，学前教育机构的法律地位，主要是指其作为实施保育教育活动的法律主体在各种法律关系中所处的位置，主要体现为法律上的权利和义务。[②]

（一）学前教育机构法律地位的实质是其法律主体资格

作为生命体的自然人具有独立的人格，进而具有从事某种活动的相应的权利能力、行为能力和责任能力。法学上借用"人格"一词，将社会组织人格化，从法律上赋予组织机构以"人"的意义，即赋予它们一定的权利能力和行为能力，使它们能够像自然人一样享有权利和承担义务，进而具有成为法律关系主体的资格。学前教育机构作为实施保育和教育活动的社会组织，依法取得法人资格，作为法律关系主体参加相应的法律关系，并依照《民法典》及相关法律法规的规定，享有诸如法人财产权、知识产权以及名称权、名誉权、荣誉权等民事权利。当然，学前教育机构也要以独立法人的身份承担一切由自己的行为而招致的民事责任，如违反合同的民事责任、侵害其他社会组织和公民个人合法权益的民事责任等。

（二）学前教育机构的法律地位体现其任务、条件和特点

在民法中，社会组织权利能力的范围取决于成立该法人的宗旨和业务范围，法人无权进行违背其宗旨和超出其业务范围的民事活动。《教育法》规定了学校及其他教育机构的具体权利，明确了学校等教育机构培养社会主义建设者和接班人的育人宗旨。但学校等教育机构分为不同类型和不同层次，每一具体类型和层次的学校或教育机构，其权利义务的具体内容不完全相同，各具特点。如中小学、学前教育机构和高等教育机构分别具有不同的设置条件、任务和特点，享有不同的权利和承担不同的义务。因此，学前教育机构的法律地位取决于国家的教育决策和法律规定，更具体地取决于学前教育机构的社会价值和功能定位。学前教育机构的法律地位往往要体现其特定的任务、设立条件和外部特征。《幼儿园工作规程》规定："幼儿园是对3周岁以上学龄前幼儿实施保育和教育的机构，幼儿园教育是基础教育的重要组成部分，是学校教育制度的基础阶段。"表明学前教育机构要将保教结合的教育思想渗透于教育管理的全过程，这充分体现了学前教育机构法律地位的特定性。

（三）学前教育机构的法律地位是由法律规定赋予

学前教育机构作为具有法人资格的从事学制系统内保育、教育活动的社会组织，其法律

[①] 张乐天.学前教育政策与法规[M].北京:中央广播电视大学出版社,2011:57.
[②] 同上.

地位在形式上是由法律赋予的。那么,我国学校及其他教育机构成为法人的条件是什么,以及如何取得法人资格呢?我国《教育法》第三十二条对此进行了规定:"学校及其他教育机构具备法人条件的,自批准设立或者登记注册之日起取得法人资格。"这里所说的"法人条件"是依据《民法典》对一般法人应具备的条件的规定,包括以下四个方面:依法成立;有必要的财产或者经费;有自己的名称、组织机构或者场所;能够独立承担民事责任。学前教育机构只有同时具备了这四个条件,才有可能取得法人资格。因此,主管部门在批准设立幼儿园或为其进行登记注册时,应同时审核其是否具备上述法人条件,如具备,则应在批准或注册文件上载明具有法人资格。取得了法人资格,学前教育机构就可以以民事法律关系主体的身份参与与其宗旨相关的民事活动,并依法行使权利和承担义务。

需要指出的是,学前教育机构的法人地位与法律地位是两个不同的概念。《教育法》所规定的教育机构的法人地位,主要是其在民事法律关系中的法律地位,而学前教育机构的法律地位既包括其在民事法律关系中的法人地位,也包括其在行政法律关系中的法人地位。也就是说,学前教育机构具有多种法律关系主体资格,在不同的法律关系中以不同的主体资格参与活动。学前教育机构在行政法律关系中的法律地位,由《宪法》和行政法所规定。

二、学前教育机构法律地位的特点

学前教育机构是对幼儿实施保育和教育的社会组织,同其他法人相比,由于其宗旨和性质的特殊性,其法律地位具有以下三个方面的特点。①

(一) 公共性

许多国家都有"公法人"的概念。如德国规定,学校(幼儿园)是公共机构,同时也是国家机构。日本《教育基本法》规定:"法律所承认的学校(幼儿园)具有公共性质。"②我国的法律虽然没有"公法人"的明文规定,但在法学理论和司法实践中,存在公法人的观念区分。学校等教育机构(包括学前教育机构)是为公共利益而存在的主体,体现了公法人的公共性特点,主要表现如下。

第一,学前教育机构的法律地位是依据具有行政法性质的《教育法》确立的,具有特殊的设置程序,其设立、变更、终止都要经由教育行政部门审批决定或登记注册。

第二,教育机构设立的目的是提高全民族素质,为社会发展培养人才及促进物质文明和精神文明建设。各种教育机构的活动都要符合国家和社会公共利益的需要,对国家、社会和人民负责,不得损害国家、社会和人民的公共利益。因此,国家有权根据本国国情建立相应的教育制度,并为提高国民素质采取必要的教育措施。学前教育作为整个教育系统的奠基部分,无论是公办还是民办机构,都应接受国家和社会依法进行的管理和监督,维护国家的利益。同时,国家和政府也要为各类主体开办的学前教育机构提供必要的财政及政策扶持。

第三,教育机构行使的教育权实质上属于国家教育权的一部分。我国《教育法》第二十九条规定,学校、幼儿园等教育机构依法享有教育教学权、招生权、对受教者进行学籍管理权、实施奖励和处分权、对受教者颁发相应的学业证书的权利等。对于学前教育机构来说,

---

① 孙葆森,刘惠容,王悦群.幼儿教育法规与政策概论[M].北京:北京师范大学出版社,1998:69—70.
② 童宪明.幼儿教育法规与政策[M].3版.上海:复旦大学出版社,2021:51—52.

这种保育教育实施权,既是国家授予的权利,又是国家交予的任务,只能正确行使,不能放弃。

(二) 公益性

根据我国《民法典》的规定,法人依其设立目的和活动内容的不同,可以分为营利法人、非营利法人和特别法人。以取得利润并分配给股东等出资人为目的成立的法人,为营利法人。营利法人包括有限责任公司、股份有限公司和其他企业法人等。为公益目的或者其他非营利目的成立,不向出资人、设立人或者会员分配所取得利润的法人,为非营利法人。非营利法人包括事业单位、社会团体、基金会、社会服务机构等。机关法人、农村集体经济组织法人、城镇农村的合作经济组织法人、基层群众性自治组织法人,为特别法人。

把教育机构规定为公益性机构,保证其育人宗旨,限制其广泛参与各种民事活动,是世界各国的惯例。我国《教育法》规定:"以财政性经费、捐赠资产举办或者参与举办的学校及其他教育机构不得设立为营利性组织。"学前教育机构大多为非营利性法人。这就意味着,公办的幼儿园和捐资举办的民办幼儿园都属于非营利组织,不能像企业那样去营利,不能用其资产进行抵押、担保,幼儿园资产和举办者、捐赠者财产相分离,其参与民事活动的范围也要受其宗旨和业务范围的限制。与此同时,法律在许多方面规定了对教育机构的优惠政策,如勤工俭学、学校用地、教学仪器设备的生产和供应、图书资料等的进口等,体现了其公益性的法律地位。民办幼儿园实际上分为营利和非营利两种,营利的如早教机构等。但营利性民办教育机构的开办有着非常严格的审批程序和比例控制,因此并不影响教育整体的公益性。

(三) 普惠性

学前教育作为国民教育的重要组成部分,学前儿童依法平等接受学前教育权利的明确与保护,是将《宪法》和《教育法》保障的儿童受教育权利具体化,不仅是实现教育公平、推动社会进步的重要途径,也是确保每个学前儿童均能享受公平教育资源的必然要求。作为重要的社会公益事业,学前教育要牢牢把握公益普惠的基本方向,以政府举办为主,让学前教育改革发展成果更多更公平地惠及全体人民。2024年11月《学前教育法》的颁布充分体现了学前教育政策法规的普惠性。比如《学前教育法》在"总则"中第一条就规定"为了保障适龄儿童接受学前教育,规范学前教育实施,促进学前教育普及普惠安全优质发展,提高全民族素质,根据宪法,制定本法"。同时在专设的"学前儿童"一章中,明确了相关责任主体的保障义务,其中第六条明确规定"国家采取措施,倾斜支持农村地区、革命老区、民族地区、边疆地区和欠发达地区发展学前教育事业;保障适龄的家庭经济困难儿童、孤儿、残疾儿童和农村留守儿童等接受普惠性学前教育",在"幼儿园"部分的第二十三条指出"各级人民政府应当采取措施,扩大普惠性学前教育资源供给,提高学前教育质量。公办幼儿园和普惠性民办幼儿园为普惠性幼儿园,应当按照有关规定提供普惠性学前教育服务"。这不仅彰显了"平等普及,公益普惠"的核心要义,也是学前儿童受教育权深化、延伸的重要体现,为学前儿童的受教育权提供了更为广泛且坚实的保障。①

---

① 洪秀敏,宋菲燕,蒲明玥.强化学前儿童权利的法治保障:价值意蕴、核心要义与实践进路[J].学前教育研究,2025,(01):10—20.

三、学前教育机构与教育行政机关的法律关系

（一）学前教育机构与教育行政机关的法律关系性质

学前教育机构与教育行政机关的法律关系是一种行政法律关系。这是由学前教育的公益属性所决定的，学前教育机构是为社会公共利益服务的，是国家行政的一部分。因此，政府及教育主管部门与学前教育机构之间是领导与被领导、管理与被管理的行政管理关系。

（二）学前教育机构与教育行政机关的法律关系特征

1. 双方法律地位的不平等性

行政法律关系不同于民事法律关系的显著特点是，法律关系主体双方的法律地位是不平等的。行政法律关系中的一方主体是国家行政机关或其授权单位，另一方是行政管理相对人，这是行政法律关系的最本质特征。学前教育机构与教育行政机关或政府之间就存在着这样一种性质上的管辖关系。《教育法》严格规定了教育行政机关依法管理和监督各类学校及其他教育机构的权利。例如，学前教育机构的成立需要履行注册登记的管理程序。此时，教育行政机关是负责审核的管理主体，代表国家行使行政管理权，处于领导者和管理者的地位，而申请登记的学前教育机构是行政管理相对人，处于被管理者的地位，二者的法律地位是不平等的，存在一种管理与被管理的行政隶属关系。再如，当教育行政机关依法实施某种管理行为时，学前教育机构没有拒绝接受管理的权利，而且当其拒绝执行教育行政机关的某些决定时，教育行政机关还可以采取措施强制执行；但当教育行政机关不履行其职责时，学前教育机构只能请求其履行，或者向人民法院提起行政诉讼，却不能强制教育行政机关履行职责。学前教育机构与教育行政机关这种权利和义务不对等的关系，正是由主体双方不同的法律地位所决定的。

2. 行政法律关系产生的特定性

学前教育机构与教育行政机关之间发生的法律关系并不一定都是行政法律关系，二者之间的行政法律关系只有在教育行政机关行使职权的过程中才能发生。在有些法律关系中，即使教育行政机关是其中一方的当事人，但它并非行使职权，而是参与一般的民事活动，如与学前教育机构签订师资培训合同，这种法律关系就不是行政法律关系，而属于民事法律关系。

3. 双方权利义务的法定性

行政法律关系中学前教育机构与教育行政机关双方的权利义务是由教育法律法规预先规定的，双方当事人都没有自由选择的余地。例如，在学前教育机构设置的有关规定中，幼儿园的园舍面积、教师资格、人员编制、卫生保健标准、玩教具配备等都是由法律法规规定的，幼儿园没有变动的权利，也不能同教育行政机关协商变动。法定性意味着，作为学前教育机构，应当遵守以上规定，不得以任何理由降低标准；作为教育行政机关，审批和管理学校教育机构时也必须严格遵守法律的具体规定，倘若在相关法律法规条款未被改动的情况下，同意其管辖下的学前教育机构降低标准办园，也是违规违法行为。在民事法律关系中则不存在这种双方权利义务的法定性，民事主体双方可以在法律规定的范围内自行协商双方的权利和义务。

4. 纠纷解决机制的多元性

当学前教育机构与教育行政机关发生纠纷、争议时,既可以由教育行政机关按照相关程序予以解决,若学前教育机构对行政机关的处理不服,再根据法律规定向人民法院提起行政诉讼;也可以不经行政机关,由学前教育机构依法直接向人民法院起诉。教育行政机关与学前教育机构之间既有管理与被管理的关系,又有相互制约的关系。学前教育机构可以通过申诉、行政复议或诉讼渠道对教育行政机关实行监督;教育行政机关则对学前教育机构进行法律监督和业务监督,但要尊重学前教育机构的办学自主权,并支持、鼓励其自主管理内部事务。

知识链接 4-1　教育申诉制度

教育申诉制度是指作为教育法律关系主体的公民,在其合法权益受到侵害时,向国家机关申诉理由,请求处理的制度。是各级各类学校的教师和学生对学校、其他教育机构或政府有关部门做出的影响其利益的处理决定不服,或在其合法权益遭受侵害时,依法行使申诉权,向法定的国家机关声明不服、申诉理由、请求复查或重新处理的一项法律制度。其特点是:① 它由教师申诉制度和学生申诉制度组成;② 它是一项正式的法律救济制度;③ 它是一项专门性的申诉制度;④ 它是一项非诉讼意义上的行政申诉制度。

申诉书的内容包括:① 申诉主体的姓名、性别、年龄、民族、籍贯、职业、住址等,委托代理的应含指定代理人的相关情况;② 被申诉主体的名称、地址,法定代表人的姓名、性别、职务、住址等;③ 申诉要求(申诉主体认为被申诉主体侵犯了其合法权益或不服被申诉主体的处理决定,而要求受理机关进行处理的具体要求);④ 申诉理由(写明被申诉主体侵害其合法权益或不服被申诉主体的处理决定的事实依据、法律依据并陈述相应理由);⑤ 附项(写明并附交有关的物证、书证或复印件等)。

第二节　学前教育机构的设置

一、举办学前教育机构的主体资格①

举办学前教育机构的主体资格是指对哪些组织和公民可以举办学前教育机构的能力限定。我国《宪法》第十九条规定,"国家举办各种学校","发展各种教育设施","鼓励集体经济组织、国家企业事业组织和其他社会力量依照法律规定举办各种教育事业"。《教育法》第二十六条规定:"国家制定教育发展规划,并举办学校及其他教育机构。国家鼓励企业事业组织、社会团体、其他社会组织及公民个人依法举办学校及其他教育机构。国家举办学校及其他教育机构,应当坚持勤俭节约的原则。以财政性经费、捐赠资产举办或者参与举办的学校及其他教育机构不得设立为营利性组织。"《民办教育促进法》第十条规定:"举办民办学校的社会组织,应当具有法人资格。举办民办学校的个人,应当具有政治权利和完全民事行为能

---

① 孙葆森,刘惠容,王悦群.幼儿教育法规与政策概论[M].北京:北京师范大学出版社,1998:82—84.

力。"这些法律对我国的办学体制、举办学校的原则和办学主体资格作了限定。

根据以上相关法律,国家及其各级政府、企事业组织、社会团体、其他社会组织及公民个人具有举办学前教育机构的主体资格,可依法举办学前教育机构。由此确立了多种渠道,多种方式,共同参与并促进我国学前教育事业发展的多元办园体制。

同时,以上法律规定也说明了以下组织和公民不得举办学前教育机构:不具有法人资格的社会组织;被主管教育行政部门给予停办处罚的教育机构;限制民事行为能力或无民事行为能力者;被剥夺政治权利者或被判处有期徒刑以上刑罚的正在服刑者。

二、设立学前教育机构的基本条件

有关学前教育机构设置条件的法律规定,较早的是1989年颁布的《幼儿园管理条例》,其中第二章对学前教育机构的设置条件和审批程序作了相应的规定。1995年颁布实施并经3次修订的《教育法》对设立学校及其他教育机构的基本条件作了全面的规定。现行《教育法》第二十七条规定:在我国境内"设立学校及其他教育机构,必须具备下列基本条件:有组织机构和章程;有合格的教师;有符合规定标准的教学场所及设施、设备等;有必备的办学资金和稳定的经费来源"。2002年颁布的《民办教育促进法》针对社会力量办学的实际,对我国境内民办教育机构的设立又作了具体规定。2024年《学前教育法》第三章详细地确定了幼儿园设立的法律要件。

根据《教育法》《民办教育促进法》《幼儿园管理条例》《学前教育法》等相关法律规范,在我国境内设立学前教育机构必须具备以下四个实体要件。

(一)必须有组织机构和章程

健全的组织机构和合理的人员配备,是学前教育机构得以正常运转的重要保证。只有建立适宜的机构及活动规则,确定领导关系和职权分工,将学前教育机构所拥有的人力、物力等组织起来,才能较好地实现幼儿园的任务目标。学前教育机构的组织机构一般包括园长、保教室、办公室、财务室、后勤、教职工代表大会等。《幼儿园工作规程》强调幼儿园应当建立园务委员会。园务委员会由园长、副园长、党组织负责人和保教、卫生保健、财会等方面工作人员的代表以及幼儿家长代表组成。园务委员会承担幼儿园日常运行中方方面面的问题的审议和决策工作,主要包括对规章制度的建立、修改、废除,全园工作计划、工作总结、人员奖惩、财务预算和决算方案,以及其他涉及全园工作的重要问题进行审议。在一定的环境条件下,这些组织机构按一定形式与层次组成机构体系,形成有机结合的活动功能系统,对内维系不同人群集合体的内部关系,对外处理与特定机构和社会系统的外部关系。

学前教育机构的章程,是指为了保证机构正常运行,主要就学前教育机构的宗旨、内部管理体制、财务活动等重大的、基本的问题,作出全面规范而形成的自律性文件。《教育法》规定章程是设立学校及其他教育机构的重要条件之一,《学前教育法》第二十九条指出设立幼儿园的第一要件是"有组织机构和章程";章程应载明本机构的名称、地址、开办宗旨、办园模式、保教工作的主要任务、内部机构设置和管理机制、园务委员会组成和职责、园长职责及产生、教师及其他工作人员的权利和义务、财务管理制度、人事管理制度、章程变更程序及其他需要说明的事项等。①幼儿园的章程是幼儿园一切活动的"宪法",它对于落实幼儿园的法律地位和办学自主权,实行依法治教,建立幼儿园自我发展、自我约束的良性运行机制,具有重大意义。② 幼儿园章程自幼儿园被批准开办之日起生效,其内容不得违背相关法律法规的规定。

(二) 有符合规定的幼儿园园长、教师、保育员、卫生保健人员、安全保卫人员和其他工作人员

《学前教育法》对幼儿园的园长、教师、医务人员、保育员及其他工作人员的资质和条件作了明确的规定。《学前教育法》第三十七条规定"担任幼儿园教师应当取得幼儿园教师资格;已取得其他教师资格并经县级以上地方人民政府教育行政部门组织的学前教育专业培训合格的,可以在幼儿园任教"。第三十八条进一步规定,幼儿园园长还需要"由其举办者或者决策机构依法任命或者聘任,并报县级人民政府教育行政部门备案"。"幼儿园园长应当具有本法第三十七条规定的教师资格、大学专科以上学历、五年以上幼儿园教师或者幼儿园管理工作经历。"

教师是学前教育机构最重要的人力保障,是组织实施教育教学活动的主体。幼儿教师是引领幼儿走出家庭,走向社会,进入正规学习生活的重要中介和桥梁。③ 幼儿教师的好坏能影响幼儿一生的发展,幼儿园是否有合格的幼儿教师是其成败的关键。④ 拟申请设立的学前教育机构要保证聘请的教师具备《教师法》规定的教师资格,取得相应的教师资格证书,持有健康证和卫生证,教师数量足够,教师队伍的学科结构、年龄结构、学历结构、职称结构等合理,否则,不符合法律规定的学前教育机构设立条件。

关于幼儿教师资格的认定条件,《教师法》第十条规定:"国家实行教师资格制度。中国公民凡遵守宪法和法律,热爱教育事业,具有良好的思想品德,具备本法规定的学历或者经国家教师资格考试合格,有教育教学能力,经认定合格的,可以取得教师资格。"第十一条规定:"取得幼儿园教师资格,应当具备幼儿师范学校毕业及其以上学历。"从以上规定可以看出,以往我国对于幼儿教师认定的学历要求不高,只需中专毕业即可。而英美等发达国家对于幼儿教师学历的要求则普遍较高,一般需要大学本科毕业并取得相应的学士学位。⑤ 2010年党中央、国务院颁布的《国家中长期教育改革和发展规划纲要(2010—2020年)》明确提出:"国家制定教师资格标准,提高教师任职学历标准和品行要求。建立教师资格证书定期登记制度。"2011年,教育部颁发《关于开展中小学和幼儿园教师资格考试改革试点的指导意见》提出:旨在完善并严格实施教师职业准入制度,建设高素质专业化教师队伍。2013年印发的《中小学教师资格考试暂行办法》和《中小学教师资格定期注册暂行办法》,确立幼儿园教师资格考试此后实行全国统考,且新规定了教师资格定期注册的评审制度,改变了以往取得教师资格便可一劳永逸的状况,加强了国家对幼儿教师任教资格长期持续的考核监督,也确保了幼儿教师的职后培训与终身发展。

---

① 童宪明.幼儿教育法规与政策[M].3版.上海:复旦大学出版社,2021:54.
② 周小虎.学前教育政策与法规[M].北京:中国人民大学出版社,2022:98—99.
③ 张燕.幼儿教师专业发展[M].北京:北京师范大学出版社,2006:3.
④ 周小虎.学前教育政策与法规[M].北京:中国人民大学出版社,2022:102.
⑤ 同上,102—103.

一个合格的幼儿教师不仅要学历达标,具备必备的专业知识和技能,还需要有良好的职业道德。对此,《幼儿园工作规程》规定:"幼儿园教职工应当尊重、爱护幼儿,严禁虐待、歧视、体罚和变相体罚、侮辱幼儿人格等损害幼儿身心健康的行为。"中小学幼儿园教师如果有以上违反职业道德的行为,将会因为行为性质、情节、危害程度的不同,从轻到重面临警告和记过处分,降低专业技术职务等级、撤销专业技术职务或者行政职务处分,甚至开除处分。新颁布的《学前教育法》第三十六条要求"幼儿园教师应当爱护儿童,具备优良品德和专业能力,为人师表、忠诚于人民的教育事业"。①

幼儿园具有其保教合一的特殊性,教职工还包括了保育人员、医务人员及其他工作人员。《幼儿园管理条例》规定"医师应当具有医学院校毕业程度,医士和护士应当具有中等卫生学校毕业程度,或者取得卫生行政部门的资格认可","保健员应当具有高中毕业程度,并受过幼儿保健培训","保育员应当具有初中毕业程度,并受过幼儿保育职业培训",且教师、保育员、医务人员的数量应和幼儿园的规模、任务相适应。《幼儿园管理条例》还强调,慢性传染病、精神病患者不得在幼儿园工作。

(三)必须有符合规定标准的且与保育、教育要求相适应的教育场所和设施、设备

园舍、场地、设备、设施是学前教育机构办学的物质条件。《教育法》规定设立学校及其他教育机构,必须有符合规定标准的教学场所及设施、设备等。《幼儿园管理条例》第八条规定:"举办幼儿园必须具有与保育、教育的要求相适应的园舍和设施。幼儿园的园舍和设施必须符合国家的卫生标准和安全标准。"《幼儿园工作规程》的第六章对此也作了更为详细的规定。

1. 园址、环境方面的要求

环境是影响幼儿健康成长的重要因素之一,因此,幼儿园的选址应充分考虑环境因素对幼儿的影响。为此,《幼儿园管理条例》第七条专门规定:"举办幼儿园必须将幼儿园设置在安全区域内。严禁在污染区和危险区内设置幼儿园。"这里所讲的安全区域,一般是指不会出现危险和事故,不会使幼儿身心受到威胁的区域;污染区,通常是指有粉尘污染、大气污染、水质污染、噪声污染的区域;危险区,一般是指危及人们健康和生命的区域。②

此外,国家教委、城乡建设环境保护部联合颁发的《托儿所、幼儿园建筑设计规范》也对托儿所、幼儿园的地址选择作了如下要求:一、应远离各种污染源,并应符合国家有关卫生、防护标准的要求;二、方便家长接送,避免交通干扰;三、日照充足,场地干燥,排水通畅,环境优美或接近城市绿化地带;四、能为建筑功能分区、出入口、室外游戏场地的布置提供必要条件。

2. 园舍方面的要求

《幼儿园工作规程》第三十四条规定:"幼儿园应当按照国家的相关规定设活动室、寝室、卫生间、保健室、综合活动室、厨房和办公用房等,并达到相应的建设标准。有条件的幼儿园应当优先扩大幼儿游戏和活动空间。寄宿制幼儿园应当增设隔离室、浴室和教职工值班室等。"第三十五条规定:"幼儿园应当有与其规模相适应的户外活动场地,配备必要的游戏和

---

① 周小虎.学前教育政策与法规[M].北京:中国人民大学出版社,2022:104.
② 张乐天.学前教育政策与法规[M].北京:中央广播电视大学出版社,2011:74.

体育活动设施,创造条件开辟沙地、水池、种植园地等,并根据幼儿活动的需要绿化、美化园地。"第三十七条规定:"幼儿园的建筑规划面积、建筑设计和功能要求,以及设施设备、玩教具配备,按照国家和地方的相关规定执行。"

3. 设施、设备方面的要求

考虑到幼儿身心发展的特点,相关法律法规对学前教育机构的玩具、教具及生活用具也作了相应的规定。《幼儿园工作规程》第三十六条规定:"幼儿园应当配备适合幼儿特点的桌椅、玩具架、盥洗卫生用具,以及必要的玩教具、图书和乐器等。玩教具应当具有教育意义并符合安全、卫生要求。幼儿园应当因地制宜,就地取材,自制玩教具。"为此,原国家教委还专门颁发了《幼儿园玩教具配备目录》,为各地学前教育机构配备、选购玩教具提供参考。

(四)必须有必备的办园资金和稳定的经费来源

必备的办园资金和稳定的经费来源是学前教育机构进行正常的保育、教育活动的物质保障,也是其作为法律关系主体,进行各种民事活动,独立享受权利和承担义务的物质基础。《幼儿园管理条例》第十条规定:"举办幼儿园的单位或者个人必须具有进行保育、教育以及维修或扩建、改建幼儿园的园舍与设施的经费来源。"《幼儿园工作规程》第四十六条规定:"幼儿园的经费由举办者依法筹措,保障有必备的办园资金和稳定的经费来源。"所谓必备的办园资金和稳定的经费来源,是指学前教育机构要有自己独立的财产,这种财产与其业务性质、规模、范围大体相适应。申请设立学前教育机构时,举办者须根据所办机构的要求,做好办园经费的收、支预算,并保证通过财政拨款或自由资金以及社会捐赠等合法渠道筹集到设立学前教育机构所必备的最低启动资金,同时,应确保学前教育机构设立后,有稳定的经费来源。《学前教育法》第六章第六十条至六十六条,明确规定了学前教育实行政府投入为主、家庭合理负担保育教育成本多渠道筹措经费的投入机制,强化了投入保障。

通常,学前教育机构的经费来源于财政拨款、举办者投入、家长缴纳的教育保育费、社会捐助以及学前教育机构的自创收入五个渠道。其中,公办学前教育机构的经费来源以财政拨款为主,民办学前教育机构的经费来源以举办者投入和家长缴费为主。2025年7月31日国务院办公厅《关于逐步推行免费学前教育的意见》要求,从2025年秋季学期起逐步免除学前教育保育教育费,该文件对免保育教育费对象、标准、财政补助方式、财政补助资金分担方式等方面做出了具体的规定。该项政策 将惠及上千万家庭,对于促进教育公平、推动学前教育普及普惠发展、提升学前教育质量等方面具有重大意义。

知识链接4-2　设立幼儿园应当具备下列基本条件

《中华人民共和国学前教育法》第二十九条　设立幼儿园,应当具备下列基本条件:

(一)有组织机构和章程;

(二)有符合规定的幼儿园园长、教师、保育员、卫生保健人员、安全保卫人员和其他工作人员;

(三)符合规定的选址要求,设置在安全区域内;

(四)符合规定的规模和班额标准;

(五)有符合规定的园舍、卫生室或者保健室、安全设施设备及户外场地;

（六）有必备的办学资金和稳定的经费来源；

（七）卫生评价合格；

（八）法律法规规定的其他条件。

三、学前教育机构的设置程序

各级政府、企事业单位、社会团体、其他社会组织和公民个人在我国境内出资举办学前教育机构，并取得《教育法》规定的合法地位，除了需要满足前述的基本条件外，还需要执行相应的设立审批程序。对此，《教育法》第二十八条规定："学校及其他教育机构的设立、变更和终止，应当按照国家有关规定办理审核、批准、注册或者备案手续。"《幼儿园管理条例》第十一条规定："国家实行幼儿园登记注册制度，未经登记注册，任何单位和个人不得举办幼儿园。"

（一）登记注册制度

登记注册制度是指主管部门对申请者提交的申请设立教育机构的报告进行审核，如未发现有违背法律、法规的情形，只要拟办的教育机构符合地区教育发展的需求，都必须予以登记注册，使其获得合法的地位；对不符合设置标准的，予以拒绝，并以书面形式通知申请者。[①] 登记注册制度的实质是确认拟办学前教育机构的法律地位或事实。

（二）学前教育机构登记注册的一般程序

根据《幼儿园管理条例》第十一、十二条及《民办教育促进法》第十一条到十八条的规定，学前教育机构登记注册的一般程序如下：

1. 举办者向审批机关提出举办学前教育机构的申请，并提交相关申办材料

申办材料一般包括：申办报告；拟办学前教育机构的章程和发展规划；举办者身份证及资格证明；拟任园长、教师及工作人员的资格证明、健康证明；拟办学前教育机构的资产（含场地）及经费来源的证明；审批机关要求提供的其他材料等。其中，社会力量举办学前教育机构，应根据《民办教育促进法》的规定首先申请筹设，为办学做准备，待办学条件成熟时，再申请正式设立。根据《民办教育促进法》第十二条和第十四条的规定，申请筹设时应提交以下材料：申办报告，内容应当主要包括举办者、培养目标、办学规模、办学层次、办学形式、办学条件、内部管理体制、经费筹措与管理使用等；举办者的姓名、住址或者名称、地址；资产来源、资金数额及有效证明文件，并载明产权；属捐赠性质的校产须提交捐赠协议，载明捐赠人的姓名，所捐资产的数额、用途和管理方法及相关有效证明文件。申请正式设立时须提供的材料如下：筹设批准书；筹设情况报告；学校章程、首届学校理事会、董事会或者其他决策机构组成人员名单；学校资产的有效证明文件；校长、教师、财会人员的资格证明文件。对于一些具备办学条件，达到设置标准的，也可以直接申请正式设立，并提交《民办教育促进法》第十二条和第十四条（三）、（四）、（五）项规定的材料。

2. 审批机关对举办学前教育机构的申请进行审核

在接到举办者的申办材料后，审批机关需要依据法律规定的设置学前教育机构的基本

[①] 童宪明.幼儿教育法规与政策[M].3版.上海：复旦大学出版社，2021：58.

条件,对举办者提交的申办材料进行审核,并核实所提供材料的真实性。

3. 审批机关经审核后对举办学前教育机构的申请作出答复

对申请筹设学前教育机构的,审批机关应当自受理筹设申请之日起三十日内以书面形式作出是否同意的决定。同意筹设的,发给筹设批准书。不同意筹设的,应当说明理由。筹设期不得超过三年。超过三年的,举办者应当重新申报。完成筹设后,举办者提出正式设立申请,审批机关应当自受理正式设立申请之日起三个月内以书面形式作出是否批准的决定,并送达申请人。对批准正式设立的民办学前教育机构发给办学许可证,并依照有关的法律、行政法规进行登记注册;审批机关对不批准正式设立的,应当说明理由。

(三)学前教育机构登记注册的机关

《学前教育法》第三十条、第三十一条也对幼儿园设立、变更、终止等做了明确的确定。《学前教育法》第三十条更加明确要求"设立幼儿园经县级人民政府教育行政部门依法审批、取得办学许可证后,依照有关法律、行政法规的规定进行相应法人登记"。至于学前教育机构的变更和撤销,不管出于何种原因,也都必须向原登记注册机构办理注销备案手续。第三十一条规定"幼儿园变更、终止的,应当按照有关规定提前向县级人民政府教育行政部门报告并向社会公告,依法办理相关手续,妥善安置在园儿童"。

案例 4-1

幼儿园注册管理执法案例[①]

某市某区某街道办事处筹办红光幼儿园,未经登记注册,便招收了45名幼儿。区教育局在处理中认为,兴办幼儿园对于促进幼儿身心和谐发展,为实施九年义务教育打好基础是十分必要的,但根据相关规定,举办幼儿园应履行必要的登记注册手续,经调查,红光幼儿园未经登记注册就招生,违反了《教育法》和《幼儿园管理条例》(以下简称《条例》)的有关规定,故应根据有关规定予以停止办园的行政处罚。

【评析】

《条例》第五条规定:"地方各级人民政府可以依据本条例举办幼儿园,并鼓励和支持企业事业单位、社会团体、居民委员会、村民委员会和公民举办幼儿园或捐资助园。"同时,为了加强幼儿园的管理,保证办园的基础条件,该《条例》规定了举办幼儿园的审批程序,即第十一条规定:"国家实行幼儿园登记注册制度,未经登记注册,任何单位和个人不得举办幼儿园。"这些规定体现了《教育法》第二十八条关于"学校及其他教育机构的设立、变更和终止,应当按照国家有关规定办理审核、批准、注册或者备案手续"的要求。某街道办事处筹办幼儿园,应按上述规定履行必要的注册手续。红光幼儿园未经登记注册就招生,违反了《教育法》和《条例》的有关规定,故应根据《教育法》第七十六条和《条例》第二十七条的有关规定予以停止办园的行政处罚。

---

① 幼儿教育中的法律责任[EB/OL]. (2013-11-26)[2025-01-10]. http://www.baby611.com/jiaoan/qt/2013/120243_4.html. 有修改。

> **想一想**
> 学前教育机构的设立程序与其他教育机构的设立程序一样吗?

第三节 学前教育机构的权利和义务

学前教育机构的权利与义务是保障其法律地位的重要条件。学前教育机构作为依法成立的实施保育和教育活动的专门机构,为完成其基本职能,必须依法享有不同于其他社会组织的特定的权利,这是保障学前教育机构法律地位的重要条件。

一、学前教育机构的基本权利

学前教育机构作为社会组织的一部分,在不同的法律关系中所具有的能力与资格是不同的,所享有的权利也是不同的。当学前教育机构以民事主体身份参与相关的民事活动时,则享有民法规定的民事权利;当学前教育机构作为行政对象参与行政管理活动时,则享有行政法所规定的权利。教育法所规定的学前教育机构的权利不同于民法或行政法所规定的权利,它是学前教育机构在法律上所享有的,为实现其办园宗旨,独立自主地实施保育教育活动的资格和能力。表现为其在教育活动中能够做出或不做出一定行为的权利,并要求相对人相应做出或不做出一定行为的许可和保障。①

根据《教育法》《幼儿园管理条例》和《幼儿园工作规程》《学前教育法》等有关法律规范,凡经合法手续设立的学前教育机构,具有按照章程自主管理权、组织实施保育教育权、招收学生权、学籍管理权、聘任并管理教师和其他职工权、管理和使用本单位设施与经费权、拒绝任何组织和个人对保教活动的非法干涉权等基本权利。

(一)按照章程自主管理的权利

学前教育机构与学校一样享有自主权,有权根据其依法设立时所确定的章程进行内部管理。即可以按照章程确立的办园宗旨、管理体制及各项重大原则,自主制定具体的管理制度和发展计划,自主地做出管理决策,并建立、完善自身的管理系统,组织实施管理活动,不必事无巨细地向主管部门和举办者请示。主管部门和举办者无权干涉学前教育机构的符合其章程规定的管理行为。

(二)组织实施保育教育的权利

《幼儿园工作规程》规定,幼儿园要"按照保育与教育相结合的原则,遵循幼儿身心发展特点和规律,实施德、智、体、美等方面全面发展的教育,促进幼儿身心和谐发展。"学前教育机构有权根据其办园宗旨和任务,根据国家主管部门的有关规定,自行决定和实施本机构的保育和教育计划,决定具体的课程模式和教学方法,决定选用何种教材,决定一日活动的安排,组织保教活动评比、检查评议等。② 这项权利的确定,既可以保证学前教育机构在全面贯彻教育方针、全面实施学前教育法规中,享有设计、安排、开展保育教育活动的自主权利,又可以

---

① 张乐天.学前教育政策与法规[M].北京:中央广播电视大学出版社,2011:62.
② 孙葆森,刘惠容,王悦群.幼儿教育法规与政策概论[M].北京:北京师范大学出版社,1998:86.

防止外部力量对学前教育机构保教活动的冲击和对学前教育机构正常的保教秩序的干扰。

(三) 招收学生的权利

学前教育机构一旦被《教育法》确认为具有进行保育教育活动的权利能力的法人,那么招收学生作为其组织实施保育教育活动的必要环节,就被认定为其所具有的特殊的法定权利。这一权利体现为学前教育机构根据自己的办园宗旨、培养目标、任务及办学条件和能力,依据《幼儿园工作规程》中有关"幼儿园每年秋季招生。平时如有缺额,可随时补招"等有关招生编班的规定,有权制定本机构具体的招生办法,发布招生广告,确定招生范围和来源,决定招生的具体数量和人员等。招生权是学前教育机构的一项特殊的法定权利,同时也是学前教育机构的基本权利,当然,学前教育机构在行使这一权利时,也要遵守国家规定,不要擅自突破国家有关招生、编班的规定,造成学额过多,影响幼儿身心健康,影响管理工作。主管部门如非法限制或取消学前教育机构的自主招生权,则属侵权行为,必须制止和纠正。

(四) 学籍管理的权利

根据有关规定,学前教育机构有权确定有关幼儿报名注册的管理办法,并建立幼儿名册,实施幼儿学籍管理活动。幼儿学籍管理档案包括幼儿花名册、幼儿登记表、幼儿身心发展状况记录等。幼儿学籍档案的建立,便于学前教育机构对各年龄班加强管理,也便于教师全面掌握幼儿的情况,利于因材施教。此项权利是学前教育机构依法实施教育活动的权利的一部分,是加强对在园幼儿教育、管理职能,维护教学秩序、保证教育教学质量的需要。

(五) 聘任并管理教师和其他职工的权利

根据国家有关教师和其他教职工管理的法律、规章和主管部门的规定,学前教育机构有权制定本园的教师和其他职工的聘任办法,签订和解除聘任合同,可以从本园的办学条件、办学能力和实际编制情况出发,自主决定是否聘任、解聘有关教师和其他职工,并有权对教师和其他职工实施包括奖励、处分在内的具体管理活动。此项权利有利于保障学前教育机构根据自身情况加强教师队伍建设,调动教职工的积极性,提高办园质量和效益。

知识链接 4-3　有关教师聘任和管理的规定

《教师法》第十七条:学校和其他教育机构应当逐步实行教师聘任制。教师的聘任应当遵循双方地位平等的原则,由学校和教师签订聘任合同,明确规定双方的权利、义务和责任。

《教师法》第二十二条:学校或者其他教育机构应当对教师的政治思想、业务水平、工作态度和工作成绩进行考核。

《教师法》第二十四条:教师考核结果是受聘任教、晋升工资、实施奖惩的依据。

《教师法》第三十三条:教师在教育教学、培养人才、科学研究、教学改革、学校建设、社会服务、勤工俭学等方面成绩优异的,由所在学校予以表彰、奖励。

《学前教育法》第四十三条:幼儿园应当与教职工依法签订聘用合同或者劳动合同,并将合同信息报县级人民政府教育行政部门备案。

《学前教育法》第四十四条:幼儿园聘任(聘用)园长、教师、保育员、卫生保健人员、安全保卫人员和其他工作人员时,应当向教育、公安等有关部门查询应聘者是否具有虐待、性侵害、性骚扰、拐卖、暴力伤害、吸毒、赌博等违法犯罪记录;发现其有前述行为记录,或者有酗酒、严重违反师德师风行为等其他可能危害儿童身心安全情形的,不得聘任(聘用)。

幼儿园发现在岗人员有前款规定可能危害儿童身心安全情形的,应当立即停止其工作,依法与其解除聘用合同或者劳动合同,并向县级人民政府教育行政部门进行报告;县级人民政府教育行政部门可以将其纳入从业禁止人员名单。

(六)管理和使用本单位设施与经费的权利

学前教育机构管理和使用本单位的设施和经费,既是一项从物质上保证保育教育活动正常进行的重要的办园自主权,又是一项机构法人依法享有的维持自身生存和发展基础的法人财产权。学前教育机构对其占有的场地、教室、宿舍、教学仪器设备、办学经费以及其他有关财产,享有财产管理权和使用权,必要时可对其占有的财产进行处理。① 但学前教育机构在行使这项权利时也有一定的限制,即需要遵守国家有关国有资产管理、教育经费投入及幼儿园财务活动的管理规定,符合国家和社会公共利益,有利于学前教育机构的发展和实现办园宗旨,有利于合理利用教育资源,不得妨碍学前教育机构保育教育活动的正常进行,不得侵害举办者、投资者等有关权利人的财产权利。

(七)拒绝任何组织和个人对保教活动的非法干涉的权利

依据《教育法》第二十九条规定,学前教育机构有权"拒绝任何组织和个人对教育教学活动的非法干涉"。即学前教育机构对来自一切行政机关、企事业组织、社会团体、个人等任何方面的非法干涉保育教育活动的行为,有权拒绝和抵制。所谓"非法干涉",是指行为人违背法律、法规和有关规定,做出的不利于保教活动的行为。如乱收费、乱罚款、乱摊派的行为,强行占用幼儿园教育和活动场地,随意妨碍幼儿园正常的保教活动的行为等。对此,学前教育机构可以行使本项权利予以抵制并要求教育部门会同当地公安、司法、纪检监察等部门,及时予以查处。

(八)法律、法规规定的其他权利

除前述权利外,学前教育机构还享有现行法律、法规等赋予的其他权利,以及将来制定出台的法律、法规所确定的有关权利。此项规定是对学前教育机构所享有的前述7项权利以外的合法权利的补充概括,有利于未来进一步制定和完善相关教育法律法规、保障学前教育机构的办学自主权。

案例 4-2

幼儿园保教秩序不得扰乱②

一天,在幼儿园户外活动时间里,许多幼儿都在各种游戏设施上玩耍。带班老师几次告诉玩转椅的孩子,不要把腿伸到转椅下面,以免发生危险。但幼儿王某出于好奇,趁老师照顾其他小朋友时,把腿伸到转椅下面玩,致使一条腿骨折。出事后,幼儿园园长和有关教师很快将王某送到医院治疗,并垫付了费用。在幼儿住院治疗期间,幼儿园

---

① 杨颖秀.教育法学[M].北京:中国人民大学出版社,2014:162.
② 童宪明.幼儿教育法规与政策[M].3版.上海:复旦大学出版社,2021:66—67.

每日都派老师在医院照顾孩子,还买了许多营养品。王某伤愈出院后,其家长拿来许多票据让幼儿园报销,其中包括幼儿住院期间家长开的营养药品、保健药品等,还提出让幼儿园支付其误工费、营养费、陪床费以及精神损害赔偿金等。幼儿园未满足家长的全部要求。王某的家长遂多次纠集一些亲属到幼儿园大吵大闹,不但严重扰乱了幼儿园的工作秩序,而且也使得一些在园的幼儿受到惊吓,造成了很恶劣的影响。

【评析】

该案例反映了当前幼儿园工作中经常遇到的问题,即如何正确处理幼儿在园内的人身伤害的责任承担以及如何依法维护幼儿园自身合法权益的问题。

幼儿园作为对学龄前幼儿实施保育和教育的机构,最为重要的职责之一便是保护幼儿的人身安全和健康。同时,《幼儿园工作规程》第十五条特别强调:"幼儿园教职工必须具有安全意识,掌握基本急救常识和防范、避险、逃生、自救的基本方法,在紧急情况下应当优先保护幼儿的人身安全。幼儿园应当把安全教育融入一日生活,并定期组织开展多种形式的安全教育和事故预防演练。"

本案例中,幼儿园的教师已多次提醒幼儿注意安全,应当说履行了法定的安全教育职责。但幼儿有好奇心理以及年幼无知,偏要避开老师的视线尝试一下,结果导致了伤害后果的发生。应当说幼儿王某自身存在着未听从教师要求的错误,并且这个错误直接导致了事故的发生,因此受害方应当承担一部分责任。此外,幼儿园的教师虽然在游戏时已提醒幼儿注意安全,但未能采取更加有效的措施防止事故的发生,也应承担管理、教育不周的责任。根据我国《民法典》第一千一百六十五条所确立的侵权行为的"过错责任"原则,即"行为人因过错侵害他人民事权益造成损害的,应当承担侵权责任"的规定,幼儿园方面也应承担一定的责任。据此,幼儿园在事故发生后支付了主要的医疗费用,并积极、及时地救治和照顾幼儿,可以说已承担了主要的责任。对于受伤幼儿的家长无理要求幼儿园支付其他费用,幼儿园完全有权拒绝。家长认为事故发生在幼儿园,园方就要负全部责任是不符合法律规定的。我国《民法典》第一千一百七十三条规定:"被侵权人对同一损害的发生或者扩大有过错的,可以减轻侵权人的责任。"可见,受伤幼儿的监护人也应承担一定的责任。

此外,当幼儿家长与幼儿园意见不一致时,家长可能会采取大吵大闹甚至殴打幼儿园工作人员、损坏园舍与设施等方法以达到目的。对此,幼儿园一定要学会以法律手段维护自身的合法权益,不允许任何人为达到自己的目的而扰乱幼儿园正常的保教秩序。《幼儿园管理条例》第二十八条规定,干扰幼儿园正常工作秩序的单位或者个人,"由教育行政部门对直接责任人员给予警告、罚款的行政处罚,或者由教育行政部门建议有关部门对责任人员给予行政处分","情节严重,构成犯罪的,由司法机关依法追究刑事责任"。这些规定为维护幼儿园正常的保教秩序、维护幼儿园的合法权益提供了法律依据。

本案例中,对于王某家长的行为,幼儿园还可以向当地的公安机关寻求法律保护。因为他们的行为已损害到其他未成年人的合法权益,破坏了幼儿园正常的保教秩序,公安机关可依据《中华人民共和国治安管理处罚条例》第十九条的规定,对扰乱公共秩序,致使教学工作不能正常进行的,"处十五日以下拘留、二百元以下罚款或者警告"。总之,幼儿园应树立依法行政的观念,增强依法治教的意识,正确处理发生在保教工作中的各种问题,依法承担应当承担的责任,同时,禁止任何人以幼儿园工作中的疏漏为借口,或因与幼儿园不能达成一致意见,而对幼儿园的正常工作秩序进行破坏。幼儿园对此不能息事宁人,而应当通过正当的法律途径解决问题,以保护自身的合法权益。

二、学前教育机构的基本义务

权利与义务是相统一的,学前教育机构在享有权利的同时,必须履行相应的法定义务。学前教育机构的义务是指学前教育机构在保育教育活动中必须履行的法定义务,即依据法律规定,学前教育机构在保育教育活动中,必须做出一定行为,或不得做出一定行为的约束。任何法律义务的履行均以国家强制力为保障。规定学前教育机构履行法律义务的意义在于:一是为了保证学前教育机构实现其办园宗旨,满足其实施保育教育活动的需要;二是为了保护幼儿和教师合法权益的需要,尤其是为了保障受教育者受教育权利的实现。依据《教育法》相关规定,学前教育机构应履行以下基本义务。

(一)遵守法律、法规

遵守法律、法规的义务是基于《宪法》的规定,是《宪法》对一切公民和法人的一般要求。《宪法》第五条规定:"一切国家机关和武装力量、各政党和各社会团体、各企业事业组织都必须遵守宪法和法律。一切违反宪法和法律的行为,必须予以追究。""任何组织或者个人都不得有超越宪法和法律的特权。"学前教育机构作为实施保育教育活动的法人组织,遵守法律、法规是其必须履行的基本义务。这里所讲的学前教育机构的守法义务包含两个层面的意思:一是学前教育机构作为一般的社会组织所应履行的法律义务,如遵守宪法、刑法、民法、行政法、经济法等;二是学前教育机构作为特殊的教育组织所应履行的特定的法律义务,如遵守教育方面的法律法规,履行教育法所规定的法律义务。此外,学前教育机构自行制定的内部管理制度也必须符合现行的法律、法规的规定,不得与之相抵触,也不得超越本园的职权或授权的范围。

(二)贯彻国家教育方针,执行国家保育教育标准,保证保育教育质量

国家的教育方针是教育机构培养人的方向,国家规定的保育教育标准是保证保育教育质量的依据。学前教育机构在实施保育教育的过程中,要始终坚持社会主义办学方向,贯彻《教育法》所规定的教育方针,按照《幼儿园工作规程》所规定的保育教育目标,面向全体幼儿,实施德、智、体、美等方面全面发展的教育,促进其身心和谐发展。要执行国家关于学前教育机构的保育教育标准,努力改善办园条件,加强育人环节,保证不断提高教育质量。履行此项法律义务,有利于保证学前教育机构的社会主义性质,克服当前出现的诸如"小学化""特长培养"等违背全面发展的教育方针的不良教育倾向。

(三)维护受教育者、教师及其他员工的合法权益

受教育者、教师及其他员工都是教育法律关系的参加者,同样享有相应的权利。《学前

教育法》第四十五条至第四十七条,对教职工的身心状况、福利待遇、职称评定等方面做了具体规定,以专门法的方式对幼儿教师及职工的合法权益进行了法律保障。

(四)以适当方式为幼儿监护人了解幼儿的发展状况及其他有关情况提供便利

学前教育机构的受教育者是6(7)周岁以下的幼儿,属于完全无民事行为能力人,因而其权利的维护需要监护人的介入方可实现,这就要求学前教育机构应以适当方式为幼儿监护人了解幼儿的发展状况及其他有关情况提供便利。一方面,学前教育机构不得拒绝幼儿监护人了解幼儿在园情况的请求;另一方面,学前教育机构应当提供便利条件,帮助幼儿监护人了解幼儿在园情况。如以设立家长接待日、家长会、家园联系本、家长园地、家庭访问、家长咨询室、幼儿作品展、家长开放日等合法、正当的方式保障幼儿监护人了解幼儿在园情况的知情权。学前教育机构在履行此项义务时应特别注意避免侵犯受教育者的隐私权、名誉权等合法权益。

(五)遵照国家有关规定收取费用并公开收费项目

学前教育机构是公益性组织,收取费用必须具有法律依据。学前教育机构应当按照省、自治区、直辖市或市级教育行政部门会同有关物价部门制定收费项目和标准,按照成本分担的原则,公平、合理地确定本园的收费项目和标准,维护教育机构的公益性。

(六)依法接受监督

为了保证学前教育事业的社会主义方向,贯彻国家教育方针,执行国家保育教育标准,学前教育机构应自觉把保育教育工作和管理活动置于主管部门和社会的监督之下,接受并积极配合各级权力机关、行政机关依法进行的检查监督以及社会各界依法进行的监督,不得拒绝,更不得妨碍检查、监督工作的正常进行。

需要注意的是,《民办教育促进法》第五条规定:"民办学校与公办学校具有同等的法律地位。"《关于幼儿教育改革与发展的指导意见》第七条也规定:"社会力量举办的幼儿园,在审批注册、分类定级、教师培训、职称评定、表彰奖励等方面与公办幼儿园具有同等地位。"可见,民办学前教育机构与公办学前教育机构享有同等的权利,履行相同的义务。

案例 4-3

幼儿园小学化[①]

研究者对一所农村民办幼儿园(以下称"J园")进行了长达3个月的实习观察和调查,了解到当前幼儿园"小学化"的表现主要集中以下方面。

在园所环境上,J园教室里的每一面墙都呈白色,未见环境创设的痕迹,教室中格外显眼的是黑板上的"田、天、日"等文字。中班和大班都摆满了固定的桌椅,教室内没有娃娃家、建构区等活动区。在一日活动方面,教师每天为幼儿讲授课程内容,课堂非常安静,幼儿户外游戏活动的时间非常少,每天绝大部分时间用于学习拼音、汉字和算数

---

① 洪秀梅.幼儿园教师应知的政策与法规:案例式解读[M].北京:北京师范大学出版社,2022:80—81.

等内容。同时,幼儿每日离园回家后需完成家庭作业。在教师教育观念和行为方面,教师备有教鞭,对于调皮捣蛋的幼儿,教师往往采取教鞭体罚或者恐吓的方式进行管教。每个班级都存在不听话的幼儿被体罚的现象。

案例分析:

《学前教育法》第五十九条明确规定:"幼儿园不得采用小学化的教育方式,不得教授小学阶段的课程,防止保育和教育活动小学化"。

案例中的幼儿园无论是在园所环境的布置方面还是教师的教学内容、教育方式、活动安排方面,都违反了幼儿身心发展的规律,存在严重的"小学化"倾向。在环境方面,《幼儿园工作规程》指出:"创设与教育相适应的良好环境,为幼儿提供活动和表现能力的机会与条件。"而J园却缺少基本的幼儿教具、玩具,且环境创设单一、枯燥,无法为幼儿提供基本的游戏条件。在教学内容和方法上,《幼儿园教育指导纲要(试行)》规定,幼儿园教学要以"游戏为基本活动,保教并重,关注个别差异,促进每个幼儿富有个性地发展"。J园幼儿一日生活以学习为中心,采取灌输式的教学方法,剥夺了幼儿游戏的权利和时间。除此之外,在教育方式上,《新时代幼儿园教师职业行为十项准则》第六项规定,"不得体罚和变相体罚幼儿"。J园教师用教鞭体罚和恐吓的方式管教幼儿,对幼儿的身心健康产生了不良影响。

幼儿的学习与发展是一个连续的过程,幼儿园教育和小学教育也具有一定的连续性,幼儿园的教育任务之一便是做好幼小衔接,为幼儿进入小学学习做好准备。

具备幼小衔接的有关知识是幼儿园教师的专业要求之一。幼儿园教师要会使用幼小衔接的教育方法,帮助幼儿做好身心、生活、社会和学习上的入学准备。

如果你要举办一个幼儿园,应做哪些准备工作?

本章小结

学前教育机构的法律地位,主要是指其作为实施保育教育活动的法律主体在各种法律关系中所处的位置,主要体现为法律上的权利和义务。同其他法人相比,学前教育机构的法律地位具有公共性、公益性和普惠性特征。

根据我国相关法律规定,国家、企事业组织、社会团体、其他社会组织及公民个人具有举办学前教育机构的主体资格,可依法举办学前教育机构。但以下组织和公民不得举办学前教育机构:不具有法人资格的社会组织;以营利为目的,被主管教育行政部门给予停办处罚的;限制民事行为能力或无民事行为能力者;被剥夺政治权利的或被判处有期徒刑以上刑罚正在服刑者。在我国境内设立学前教育机构必须具备以下四个实体要件:必须有组织机构和章程;必须有合格的保育、幼儿教育、医务及其他工作人员;必须有符合规定标准的且与保育、教育要求相适应的教育场所和设施、设备;必须有必备的办园资金和稳定的经费来源。

在我国境内出资举办学前教育机构,并取得《教育法》上的合法地位,除了需要满足法律规定的基本条件外,还需要执行相应的设立审批程序。

学前教育机构的权利与义务是保障其法律地位的重要条件。学前教育机构享有的主要权利有按照章程自主管理权、组织实施保育教育权、招收学生权、学籍管理权、聘任并管理教师和其他职工权、管理和使用本单位设施与经费权、拒绝任何组织和个人对保教活动的非法干涉权等基本权利。学前教育机构应履行的主要义务有遵守法律、法规,贯彻国家教育方针,执行国家保育教育标准,保证保育教育质量,维护受教育者、教师及其他员工的合法权益,以适当方式为幼儿监护人了解幼儿的发展状况及其他有关情况提供便利,遵照国家有关规定收取费用并公开收费项目,依法接受监督等基本义务。

 思考与练习

1. 学前教育机构法律地位具有哪些特征?
2. 设立学前教育机构需要具备哪些基本条件?
3. 简述学前教育机构的基本权利。
4. 简述学前教育机构的基本义务。

第五章 学前教育机构中幼儿的权利与保护

学习目标

1. 了解幼儿的基本权利和义务。
2. 明确保护幼儿权利的主体并了解其职责。
3. 掌握保护幼儿权利的原则。
4. 理解幼儿与幼儿园的法律关系。

情境案例

警方取证找晶晶,园长依法可拒绝[①]

幼儿园大班的晶晶跟奶奶一起住,他们家所在的胡同只住了两户人。两天前,邻居家来的客人将一个装有手机和几千元现金的提包落在了停在门口的摩托车上,几分钟后想起来再回去取时,提包已经不见了。邻居向派出所报案,并提出可能是晶晶的奶奶拿走了提包。由于事发当天晶晶因病没有去幼儿园,留在家里跟奶奶在一起,负责办案的警察便希望通过询问晶晶以获得线索。不过,警察来到幼儿园要求找晶晶了解情况时,幼儿园园长却拒绝了他们的要求。

幼儿园园长的做法合法吗?

【评析】

本案涉及对幼儿进行法律保护的原则。

幼儿法律权利保障的原则是我们学习、解释、适用保障幼儿权利法律规范的基础,特别是当法律缺少明确规定时,可以对法律适用起指导作用。在我国,对儿童权利的保护包含两方面:一方面,国家根据儿童身心发展的需要及特点,将关于保护儿童权利的愿望与意志集中起来,以法律形式固定下来,从而转化为国家的意志,用以调整家庭、学校、社会各方面及公民个人同儿童权利保护之间的关系。另一方面,对儿童权利负有义务的组织和个人,必须严格执行和遵守国家法律关于儿童权利保护的各项规定,按照作为或不作为的要求,确保儿童权利法律保护的实现。为了保障幼儿身心全面发展,根据《儿童权利公约》及相关法律法规,对幼儿法律权利的保障应遵循以下基本原则:

(1) 儿童优先原则。

[①] 周天枢.幼儿园100个法律问题[M].广州:新世纪出版社,2010:4—6.有删改。

(2) 公平、平等,儿童不受任何歧视的原则。
(3) 保障儿童生存、生命和发展的原则。
(4) 尊重儿童的原则。
(5) 社会责任原则。

据此不难判断,本案中警察的要求是不适当的。根据儿童优先原则,成人或社会做决定时,应优先考虑对儿童权益最大限度的保护。一方面,未成年人生理和心理发展不成熟,这决定了他们不具备完全的辨认能力,而只可能回答那些与他们的年龄和智力状况相适应的问题。另一方面,作为办案人员的警察应考虑到儿童的身心承受能力,应防止为了追查案件而可能导致的对未成年人的不利影响或侵害。

同理,幼儿园园长拒绝警察的要求是合法的。社会责任原则要求全社会通过在法律上承担义务、履行相关职责来实现对幼儿的保护。《未成年人保护法》明确规定了家庭、学校和社会对保护未成人所应承担的各种义务。幼儿园作为保育、教育机构,在保育、教育的过程中,除了要求本园的各类工作人员依法从教,尊重、保护幼儿的各项合法权益,还应特别注意在保教工作中防范社会上的其他人员(如家长、其他部门的人员等)对幼儿合法权益可能造成的侵害。

【建议】
(1) 幼儿园和家长要遵循儿童法律权利保障的原则,切实保护儿童。
(2) 幼儿园和家长应防范社会上的其他人员对幼儿合法权益可能造成的侵害。

第一节 幼儿的法定权利与义务

改革开放以来,我国已将儿童权利保护纳入国家法治轨道。国家以《宪法》为核心,制定了一系列有关儿童生存、保护与发展的法律、法规和政策措施,形成了较为完备的保护儿童权益的法律体系。但在现实生活中,这些法律、法规尚未得到全面落实。人们对于相关法律知识的缺失,导致幼儿权益无法得到切实的保障,幼儿被侵权事件频频发生。在此情况下,幼儿教师必须严格遵守法律,以重点保障幼儿权利的实现。了解幼儿的权利是幼儿教师保障幼儿权利的前提。教师只有明确幼儿所享有的各项法律权利,才能有效避免侵权现象的发生,真正做到依法育儿、依法施教、依法治园。

一、幼儿的法定权利

幼儿作为民事主体具有权利能力,依法享有法律法规规定的合法权益。幼儿是父母的希望、祖国的未来,尊重、保障幼儿的法定权利,是每一名幼儿教育工作者不容推辞的职责。根据我国现行的法律法规,幼儿的权利很多,本节仅涉及与幼儿园工作密切相关的部分权利和义务,供幼教工作者参照。

(一) 生命、身体、健康权[①]

生命、身体、健康权,在我国民法中一般统称为生命健康权。《民法典》第一千零二条规定:"自然人享有生命权。自然人的生命安全和生命尊严受法律保护。任何组织或者个人不得侵害他人的生命权。"生命权是以自然人的生命安全利益为内容的权利,生命安全是自然人从事民事和其他一切活动的前提和基本要求。《民法典》第一千零三条规定:"自然人享有身体权。自然人的身体完整和行动自由受法律保护。任何组织或者个人不得侵害他人的身体权。"身体权是以保持自然人身体组织器官的完整性为内容的权利。身体是生命的物质载体,生命是自然人身体的活动能力,自然人的躯体只有在具有生命的前提下才能成为其身体。身体权因创伤而受损,生命权因死亡而受损。《民法典》第一千零四条规定:"自然人享有健康权。自然人的身心健康受法律保护。任何组织或者个人不得侵害他人的健康权。"健康权是以保持自然人身体机能安全为内容的权利,健康包括肉体组织、生理及心理机能三个方面的健康。无论对哪一方面的侵害都构成对自然人健康权的侵害。

《儿童权利公约》第六条规定:"缔约国确认每个儿童均有固有的生命权。"第十九条规定:"缔约国应采取一切适当的立法、行政、社会和教育措施,保护儿童在受父母、法定监护人或其他任何负责照管儿童的人的照料时,不致受到任何形式的身心摧残、伤害或凌辱,忽视或照顾不周,虐待或剥削,包括性侵犯。"生命权是自然人维护其生命安全利益的权利,主要表现为生命安全维护权:当他人非法侵害自身生命安全时,自然人有权依法自卫和请求司法保护。凡致人死亡的非法行为均属侵害生命权的行为。我国对儿童的人身权和生命权的保护与《儿童权利公约》的精神是基本一致的。我国《宪法》规定禁止虐待儿童。《未成年人保护法》第三十五条规定:"学校、幼儿园不得在危及未成年人人身安全、身心健康的校舍和其他设施、场所中进行教育教学活动。"第二十七条还规定:"学校、幼儿园的教职员工应当尊重未成年人人格尊严,不得对未成年人实施体罚、变相体罚或者其他侮辱人格尊严的行为。"最新颁布的《学前教育法》第十三条首先明确了"学前儿童享有生命安全和身心健康、得到尊重和保护照料、依法平等接受学前教育的权利。"这些足以表明我国对保护幼儿生命健康的重视。

幼儿的生命健康权是幼儿得以发展的最基本的条件,任何人不得非法剥夺和侵害。幼儿园作为幼儿在园期间人身权法律关系的义务主体,对儿童的生命健康安全等负有保障的义务。因此,幼儿园应不断完善管理制度,加强对幼教工作人员的职业教育。在师资培训中,要加强儿童权利保护内容的传递与渗透,深化保护幼儿权利的意识,使每个幼儿园教师不仅是幼儿的教育者、看护者,同时也是幼儿各种基本社会权利实现的保障者。此外,幼儿园硬件设施应尽量考虑到幼儿的特点,避免活动中可能造成的伤害事故。

---

① 童宪明.幼儿教育法规与政策[M].3版.上海:复旦大学出版社,2021:54—55.

> **案例 5-1**
>
> **5 岁男童和同学抢铅笔左眼被戳伤,幼儿园和同学家长被判赔偿**[1]
>
> 2019 年 7 月 9 日,家住攀枝花仁和区的袁先生发现儿子小袁眼睛出现异样,"孩子老是揉眼睛,眼睛里面有白色的东西"。7 月 10 日,袁先生带着小袁到医院检查,经诊断为眼角膜损伤。后来,袁先生到幼儿园查看监控视频才发现,小袁的眼睛是被一名同学戳伤的。监控视频显示,7 月 8 日上午 10 点 32 分左右,小袁和同学小王在教室内抢夺一支铅笔,小袁的左眼被铅笔戳中。事发当时,教室内只有一名老师。经过住院治疗,小袁的视力逐渐恢复,但是眼睛留下了伤痕。"眼睛视力恢复了,但医生也不能保证今后有没有问题。"事后,袁先生将幼儿园及小王起诉至攀枝花仁和区人民法院,请求赔偿医疗费、护理费、后续治疗费等 32342 余元。
>
> 同年 11 月 9 日,攀枝花仁和区人民法院开庭审理了此案。最终,攀枝花仁和区人民法院根据各方的过错程度,依法判决:小王的监护人应承担 30% 的赔偿责任,赔偿 2274 余元;幼儿园应承担 70% 的赔偿责任,赔偿 5307 余元。
>
> **案例分析:**
>
> 这是一起幼儿健康权受到损害引起的纠纷案。根据 2010 年修改的《学生伤害事故处理办法》的相关规定,幼儿在园就读期间,幼儿园和教师对幼儿依法负有教育、管理和保护的义务。2018 年发布的《新时代幼儿园教师职业行为十项准则》第五条也明确指出教师应"增强安全意识,加强安全教育,保护幼儿安全,防范事故风险"。考虑到幼儿年龄小、身心发展不成熟,教师应该采取一定的预防和保护措施。
>
> 法院认为,小王用铅笔戳伤小袁的眼睛,因小王系无民事行为能力人,故应由小王的监护人承担侵权责任;幼儿园未及时采取有效的安全防范措施,未没收铅笔或阻止幼儿抢夺,未对两幼儿的不规范行为进行有效制止,同时仅安排一名教师和一名未取得资质的保育员组织两个班的集体教学活动,案发后未及时联系幼儿父母沟通处理,幼儿园未尽到教育、管理、保护职责,对小袁所受损伤应承担责任。《民法典》第一千一百九十九条规定:"无民事行为能力人在幼儿园、学校或者其他教育机构学习、生活期间受到人身损害的,幼儿园、学校或者其他教育机构应当承担侵权责任;但是,能够证明尽到教育、管理职责的,不承担侵权责任。"《学生伤害事故处理办法》第二十三条规定:"对发生学生伤害事故负有责任的组织或者个人,应当按照法律法规的有关规定,承担相应的损害赔偿责任。"因此,法院判决该幼儿园承担主要责任并进行赔偿。

(二)受教育权

《宪法》第四十六条规定:"中华人民共和国公民有受教育的权利和义务。国家培养

---

[1] 洪秀梅.幼儿园教师应知的政策与法规:案例式解读[M].北京:北京师范大学出版社,2022:2—3.

青年、少年、儿童在品德、智力、体质等方面全面发展。"受教育权是指公民享有从国家接受文化教育的机会和获得受教育的物质帮助的权利。它是宪法赋予公民的一项基本人权,是由国家保障实现的公民接受教育的权利,也是公民享受其他文化教育的前提和基础。

受教育权是法律赋予幼儿的一项重要权利,是幼儿顺利成长和发展所必需的基本权利,对于保障幼儿的健康发展有重要意义。具体而言,幼儿的受教育权分为受教育机会权、受教育条件权和受教育认可权。《教育法》第九条规定:"公民不分民族、种族、性别、职业、财产状况、宗教信仰等,依法享有平等的受教育机会。"幼儿园要平等对待每个幼儿,不得因性别、家庭经济状况、相貌和身体状况等歧视他们,不得因上述原因而拒绝其入园上学,切实保障幼儿的受教育权。《未成年人保护法》第十六条规定:未成年人的父母或者其他监护人应当"尊重未成年人受教育的权利"。家长在幼儿受到不公平待遇时,要勇于维护其合法权益。《学前教育法》专设"学前儿童"一章,新增"学前儿童因特异体质、特定疾病等有特殊需求的,幼儿园应当予以特殊照顾"等内容,进一步细化了对特殊儿童的保护。

 知识链接 5-1 侵害幼儿受教育权的表现

一、对幼儿受教育机会权的侵害

受教育机会权是指个体有权通过学习和受教育获得生存与发展的机会,它是受教育权存在与发展的前提性与基础性权利,又细分为入学机会权、选学机会权、升学机会权等多项权利。《教育法》第九条规定:"公民不分民族、种族、性别、职业、财产状况、宗教信仰等,依法享有平等的受教育机会。"这为保护公民的受教育机会权提供了基本的法律保障。

当前,一些地方幼儿园由于社会声望好,报名入园人数严重超标。为了控制入园人数,这些幼儿园普遍采用考试择优选拔的招生方式,不仅对幼儿的选学机会权构成了一定的损害,还助长了家长盲目对孩子进行所谓潜能开发的风气。此外,幼儿园高收费的情况也越来越普遍,已经超出了许多家庭的承受范围,一些工薪阶层家长面临着因交不起费用而孩子无法入园的困境,这在侵害幼儿入学机会权的同时,也从最基础的层面加剧了受教育机会的不平等。

残疾儿童接受幼儿园教育的现状也不容乐观。2019年,教育部对《第二期特殊教育提升计划(2017—2020年)》的落实情况进行调查,发现我国3~6岁残疾儿童总数为13.5907万,其中,在园残疾儿童数量为5.86万,入园率为43.12%。按国家统计局划分的四大区域,对3~6岁残疾儿童学前教育情况进行统计,西部地区3~6岁残疾儿童数量最多,达47678人,但在园残疾儿童仅16833人,入园率最低,仅35.31%。东部地区残疾儿童数量位列第二,为45529人,在园残疾儿童21866人,入园率最高,为48.03%。中部地区残疾儿童数量位列第三,为37757人,在园残疾儿童18014人,入园率稍低于东部地区,为47.71%。东北部地区残疾儿童数量最少,仅4943人,在园残疾儿童1891人,入园率为38.26%。总体而言,我国四大区域间残疾儿童入园率稍有差异,但均在较低水平,西部地区问题尤其明显。

这种情况显然有违《教育法》和《残疾人教育条例》的精神，对残疾儿童的入学机会权构成了侵害。可见，提升残疾儿童入园率是我国各大区域当前面临的紧迫问题。①

二、对幼儿受教育条件权的侵害

受教育条件权指的是受教育者有要求教育机构举办者提供符合国家要求的教育设施、设备，保障教育教学正常运转的权利。它又具体包括教育条件的要求权和利用权。从该权利的内容和特点看，该权利的实现主要依赖教育机构举办者履行义务的自觉性和积极性。《学前教育法》充分保障了受教育条件权，如第六十条规定"学前教育实行政府投入为主、家庭合理负担保育教育成本、多渠道筹措经费的投入机制"。

但现实中，学前教育领域仍存在政府投入不足，教学质量低下的情况。部分民办幼儿园以营利为目的，在教学投入上能省则省，同时无法保证教育经费来源的稳定性，对幼儿的受教育条件要求权构成了一定的损害，不利于幼儿的健康发展。有些幼儿园盲目扩招，幼儿人数远远超过国家规定的班额数量，导致一些教育教学活动无法开展。有些幼教机构为了增加盈利，对本应正常安排的艺术和体育类课程单独收费，这些现象不仅造成了教育过程的不平等，还对幼儿的受教育条件利用权构成了侵害。

三、对幼儿受教育认可权的侵害

受教育认可权，包括获得公正评价权和获得学业学位证书权，具体是指公民在受教育的过程中或完成了受教育行为后有获得公正评价的权利，如果接受学历教育，还应有获得相关证书的结果性的权利。《教育法》第四十三条规定受教育者有"在学业成绩和品行上获得公正评价"的权利，这是对幼儿受教育认可权中获得公正评价权的有力保障。

对幼儿获得公正评价权的侵害主要集中在品行评价方面。在成人眼里幼儿的一些不成熟行为近似"问题行为"，如说谎、偷窃、攻击他人等，一些幼教工作者在不了解幼儿的心理特点、未弄清这些行为实质的情况下，就简单地将他们定性为"小偷""品质差""坏孩子"。一些幼教工作者根据个人喜好将幼儿分为三六九等，区别对待，甚至故意在集体教育中孤立那些特立独行的孩子，使这些孩子在班级中长期被忽视，对其身心健康造成严重的不良影响。这样的定性和评价完全无视幼儿应该享有的获得公正评价的权利，显然有违法律规定和教师职业道德的要求。

（三）名誉权

名誉权，是自然人或法人就其自身特征所表现出来的社会价值而获得社会公正评价的权利。它是人格权的一种。名誉意味着直接关联人格尊严的名声，是人格的重要内容，受法律的保护。我国《学前教育法》第二十一条规定："学前儿童的名誉、隐私和其他合法权益受法律保护，任何单位和个人不得侵犯"。

幼儿具有独立的人格，依法享有名誉权。任何侮辱、诽谤、捏造事实、散播流言蜚语损害幼儿名誉的行为，都是违法行为，同时也侵害了幼儿的人格尊严。

---

① 梁梦君,宋国语,陈夏尧,徐思思,王雁.我国残疾儿童学前教育发展现状、问题与对策[J].残疾人研究,2020(02):13—14.

> **案例 5-2**
>
> **小聪尿床无错，老师斥骂侵权**[①]
>
> 幼儿小聪有遗尿的习惯，这引起了保育员张某的反感。一天午睡醒来后，小聪又尿床了。张某不悦，大声斥骂："你真是个窝囊废！你再尿床，就切掉你的小鸡鸡！"小朋友们哄堂大笑，小聪觉得无地自容，不肯再上幼儿园。小聪妈妈认为张某的行为伤害了孩子的自尊心，损害了小聪的名誉权，张某应当赔礼道歉。而张某则认为：小孩子有什么名誉权！自己只是随口说了一句，没有那么严重。
>
> **【评析】**
>
> 本案中的小聪因为遗尿而遭到了保育员的辱骂。幼儿遗尿的确会增加保育员的工作量，但保育员不应因此而对幼儿进行斥责，导致幼儿的自尊心受损。我国《宪法》第三十八条规定："中华人民共和国公民的人格尊严不受侵犯。禁止用任何方法对公民进行侮辱、诽谤和诬告陷害。"《未成年人保护法》第四条规定："尊重未成年人人格尊严。"《新时代幼儿园教师职业行为十项准则》第六项规定：幼儿园教师应"关心爱护幼儿。呵护幼儿健康，保障快乐成长"。幼儿虽然年纪较小，心智发育还不成熟，但也与成人一样具备人格，一样享有人格尊严权。幼儿在成长的过程中，不仅需要成人的细心关怀和爱护，更需要受到人格上的尊重。教师需要树立正确的儿童观，要尊重幼儿应有的人格权利。
>
> 张某因为小聪是幼儿而无视其人格尊严，在其同伴面前辱骂小聪，造成小聪名誉的贬损，侵犯了小聪的名誉权和人格尊严，给小聪造成了一定的精神伤害。依照《民法典》第九百九十五条的规定："人格权受到侵害的，受害人有权依照本法和其他法律的规定请求行为人承担民事责任。受害人的停止侵害、排除妨碍、消除危险、消除影响、恢复名誉、赔礼道歉请求权，不适用诉讼时效的规定。"
>
> 这也提醒我们，幼儿园要把好人员招聘关，招聘素质高、责任心强、耐心细心的人员从事保教工作。要使保教人员在思想上真正树立起尊重幼儿、保护幼儿的观念，不讲粗俗语言，严守职业道德。

(四) 姓名权

在法律上，姓名的意义主要体现在两个方面：其一，姓名是自然人特定的社会标志，特定的姓名代表特定的民事主体，姓名是民事主体资格的外在表现；其二，姓名是自然人维持其个性所必不可少的要素，是自然人必须具备的人格利益。

姓名权是自然人依法享有的决定、变更和使用自己的姓名并得以排除他人干涉或非法使用的权利。此外，姓名包括户籍上的姓名和曾用名、艺名、笔名，乳名原则上不属于姓名。

---

① 周天枢.幼儿园 100 个法律问题[M].广州：新世纪出版社，2010：16—17.

《民法典》第一千零一十二条规定:"自然人享有姓名权,有权依法决定、使用、变更或者许可他人使用自己的姓名,但是不得违背公序良俗。"第一千零一十四条规定:"任何组织或者个人不得以干涉、盗用、假冒等方式侵害他人的姓名权或者名称权。"上述规定明确了权利主体依法享有的权利,任何不特定的人都负有不得侵害和不妨碍权利人行使姓名权利的义务。幼儿的姓名由其监护人决定或变更。幼儿园应正确使用幼儿的姓名,不得随意改变其姓名。

(五)肖像权[①]

肖像权是自然人对自己的肖像享有利益并排斥他人侵害的权利。肖像权所保护的客体是肖像上所体现的人格利益。它直接关系到自然人的人格尊严及其形象的社会评价,是自然人所享有的一项重要人权。

《民法典》第一千零一十八条规定:"自然人享有肖像权,有权依法制作、使用、公开或者许可他人使用自己的肖像。"第一千零一十九条规定:"任何组织或者个人不得以丑化、污损,或者利用信息技术手段伪造等方式侵害他人的肖像权。未经肖像权人同意,不得制作、使用、公开肖像权人的肖像,但是法律另有规定的除外。未经肖像权人同意,肖像作品权利人不得以发表、复制、发行、出租、展览等方式使用或者公开肖像权人的肖像。"幼儿的肖像权由其监护人行使,幼儿园应切实维护其权益,未经同意不得将幼儿的肖像自取或给第三方做广告宣传之用,也不得非法毁损、玷污、丑化幼儿的肖像。

案例 5-3

幼儿的肖像权不可侵犯[②]

上海某幼儿园在为中班幼儿过集体生日时拍了一组照片,效果相当好,一家蛋糕店老板恰好看到了这些照片,准备选两张作为宣传广告。幼儿园认为这样的宣传对自己有益无损,故为蛋糕店老板提供了照片。宣传画贴出后,幼儿父母即向蛋糕店老板提出其侵权的问题。蛋糕店老板认为是幼儿园同意自己使用这些照片的,自己不存在侵权之嫌。幼儿父母于是向幼儿园提出侵权赔偿的交涉。幼儿园这才意识到自己的行为侵害了幼儿的肖像权。最后通过调解,蛋糕店老板把贴出的宣传画全部收回并销毁,给予了幼儿家长一定的经济赔偿;幼儿园也向幼儿家长进行了赔礼道歉。

【评析】

这是一起幼儿肖像权受到侵害引起的法律纠纷案。侵害肖像权的民事责任包括停止侵害、消除影响、赔礼道歉、赔偿损失。本案中,蛋糕店老板用幼儿的照片做广告,纯粹出于营利目的,又没有征得幼儿父母(监护人)的同意,毫无疑问构成侵权。通过三方协商,幼儿园进行了赔礼道歉,蛋糕店老板给予了经济赔偿,家长也做了一定的退让,本案才得以解决。

---

① 童宪明.幼儿教育法规与政策[M].3版.上海:复旦大学出版社,2021:33.
② 洪秀敏.幼儿园教师应知的政策与法规:案例式解读[M].北京:北京师范大学出版社,2022:5.

(六) 著作权

著作权也称版权,是指作者及其他著作权人对其创作的文学、艺术和科学等作品所享有的权利。著作权包括人身权和财产权两大类。其中,著作人身权包括公开发表权、姓名表示权及禁止他人以扭曲、变更方式,利用著作损害著作人名誉的权利。著作财产权是无形的财产权,是基于人类智识所产生的权利,属于知识产权的一种。《中华人民共和国著作权法》(以下简称《著作权法》)第十条规定:"财产权包括作者对其作品依法所享有的使用和获得报酬的权利。"

我国公民,不论其民族、性别、年龄、职务、地位和文化程度等,依法平等具有民事权利能力。因此,只要其作品符合《著作权法》的有关规定,即形成著作权,不能以幼儿尚未成年为由剥夺其著作权。幼儿园如要发表幼儿作品,必须与其监护人协商,征得其同意,并按合同支付其稿酬。

> **案例 5-4**
>
> **幼儿的作品也有著作权**[①]
>
> 某幼儿园的学生李某很有绘画天赋,他的画多次在儿童画展上获奖。一家出版社计划出版《儿童优秀美术作品选》,经该幼儿园老师的推荐,使用了李某的作品。但出版印刷时,作品署名只有"××幼儿园供稿字样"。李某家长知道后,联系出版社索要样书、稿酬及作者证明。出版社答复说,样书可以给,作者证明可以开,但选登李某的画得到了幼儿园的同意,稿酬已统一支付给了幼儿园。幼儿园则认为李某的画作得到了幼儿园老师的指导,又经其推荐出版,这对李某来说已经是一种荣耀,家长不应再索要稿酬。
>
> **【评析】**
>
> 依据《著作权法》的规定,创作作品的公民就是该作品的作者,依法享有著作权。年龄的大小虽能影响人的行为能力,但不能影响人的权利能力。由于李某为无民事行为能力人,该权利由其监护人代为行使。幼儿园在未经作者监护人许可的情况下,将作品提供给出版社且没有给作品署名,幼儿园和出版社共同侵犯了李某的著作权,理应将稿酬支付给李某的家长。而且,如果家长追究,出版社和幼儿园还应承担赔偿责任。
>
> 现实中,由于幼儿年龄小,其著作权往往会被忽视。在出版物刊登幼儿创作的绘画作品及诗歌、童话等文学作品时,因为这些作品多为幼儿园集中投稿,作者的姓名、地址常被遗漏。对此,幼儿园老师在给孩子们投稿时,应及时征求家长的书面意见,标记清楚作者的姓名、地址,妥善处理稿酬的正确发放,避免不必要的纠纷。

---

① 转引自:孙明. 幼儿的作品也有著作权[EB/OL]. (2010-05-02)[2025-01-14]. http://www.baby611.com/jiaoan/yjzl/jyzc/201005/0264280.html

（七）财产权

财产权是指财产所有人依法对自己的财产享有的占有、使用、收益和处分的权利。《宪法》第十三条明确规定："公民的合法的私有财产不受侵犯。"国家依照法律规定保护公民的私有财产权和继承权。幼儿在幼儿园学习期间，其财产应该得到幼儿园的管理和保护。幼儿园没有尽到保护职责，致使幼儿财产受到损害的，应当承担相应的民事责任。如遇幼儿将自己家中的玩具带进幼儿园，教师应依法进行处理或管理，不得任意损坏、没收、抵押、占有、使用等。

（八）宗教信仰权

宗教信仰自由是《宪法》赋予公民的一项基本权利。法律规定公民享有宗教信仰自由，即公民有依据内心的信念，自愿地信仰宗教的自由。

《宪法》第三十六条规定："中华人民共和国公民有宗教信仰自由。任何国家机关、社会团体和个人不得强制公民信仰宗教或者不信仰宗教，不得歧视信仰宗教的公民和不信仰宗教的公民。"联合国《儿童权利公约》第三十条规定："在那些存在有族裔、宗教或语言方面属于少数人或原为土著居民的人的国家，不得剥夺属于这种少数人或原为土著居民的儿童与其群体的其他成员共同享有自己的文化、信奉自己的宗教并举行宗教仪式，或使用自己的语言的权利。"幼儿园应该尊重幼儿不同的民族生活习惯和宗教信仰。保教人员不得以自己的意愿要求幼儿改变习俗，做有违其民族生活习惯、宗教信仰的事情。

（九）游戏权

游戏与娱乐是幼儿的一项基本社会权利。《儿童权利公约》规定："缔约国确认儿童有权享有休息和闲暇，从事与儿童年龄相宜的游戏和娱乐活动，以及自由参加文化生活艺术活动。"

游戏有利于幼儿身体、智力、语言、情感、社会性等多方面的发展。《幼儿园工作规程》指出，游戏是"对幼儿进行全面发展教育的重要形式"。要使学前儿童身心全面、健康、协调地发展，必须保障幼儿游戏的权利，使游戏真正成为学前儿童的基本活动。《幼儿园工作规程》还提出幼儿园应"以游戏为基本活动"，这就从教育行政立法的角度，切实保障了幼儿的游戏权。

二、幼儿的法定义务

幼儿的权利与义务是同时存在的，享受一定的权利就要履行一定的义务。但是，幼儿是无民事行为能力人和无刑事责任人，其应当履行的法定义务与成人有相当大的不同。《宪法》和《教育法》规定幼儿应履行以下义务：

遵守幼儿行为规范，尊敬师长，养成良好的思想品德和行为习惯；热爱祖国、热爱家乡，有民族自豪感和自尊心；遵守幼儿园的作息制度和学习纪律；遵守国家的法律、法规；爱护幼儿园公共设施，不蓄意破坏等。

幼儿的法定权利与成人的法定权利主要有哪些不同？

第二节 幼儿权利的保护

《儿童权利公约》明确指出:"儿童因身心尚未成熟,在其出生以前和以后均需要特殊的保护和照料,包括法律上的适当保护。"近年来,我国以《宪法》为核心,制定了一系列有关儿童生存、保护与发展的法律以及相应的法规和政策措施,形成了较为完备的法律体系。然而,尽管我国在司法与立法方面已经做了较为完善的工作,但仍然不能保障幼儿权利的充分实现,社会现实生活中依然存在大量有法不依、有法难依的现象。从根本上来讲,立法与司法保障是一种政府职能与政府行为,但是儿童权利的保护涉及社会生活的各个方面,也是每一个公民的责任和义务。因此,保护幼儿的权利不应该仅仅是法律的责任,更是社会、幼儿园、家庭的责任。

一、保护幼儿权利的主体[①]

(一)家庭保护

家庭是以婚姻关系、血缘关系或收养关系为基础的一种社会生活组织形式,是社会这一庞大有机体的重要组成"细胞",不仅具有繁衍后代等功能,还有教育后代、保护后代的社会职责。家庭保护是通过父母或其他监护人对幼儿依法行使监护权,履行对幼儿进行抚养教育、保护和法律规定的其他义务而完成的。家庭中的其他成年人,有协助幼儿的监护人行使保护的责任。

父母或其他监护人要以健康的思想、文明的言行和正确的方法教育幼儿,保护幼儿的合法权利,使其沿着健康的方向成长。为保护幼儿权利,幼儿监护人应重点做到以下几个方面。

第一,尊重幼儿接受学前教育的权利,不应剥夺幼儿接受教育的权利,不得使在幼儿园的幼儿辍学。

第二,关心幼儿的日常生活和在幼儿园的活动,不让幼儿接触不适合他们的视、听、读的相关资料,不带幼儿进入不适合、不安全的活动场所。

第三,教育幼儿遵纪守法,尊敬师长;要求幼儿讲真话,讲实话,不说谎话,不骗人。

第四,接受家长学校或幼教机构的指导,学习掌握教育幼儿的科学方法。

第五,对于重新组合的家庭或非婚生幼儿,继父母必须依法履行抚养、教育保护的权利,不得歧视、虐待、辱骂乃至遗弃幼儿。

> **案例 5-5**
>
> **自己的孩子,一样不准打**[②]
>
> 某镇幼儿园小班的凤凤今年只有4岁,从外地刚到本地幼儿园就读。因语言不通,凤凤常常沉默寡言,甚至连想要大小便也表达不清,经常拉在裤裆里。有一次幼儿园老

---

① 童宪明.幼儿教育法规与政策[M].3版.上海:复旦大学出版社,2021:156.
② 周天枢.幼儿园100个法律问题[M].广州:新世纪出版社,2010:17.

师帮她清洗时,发现凤凤身上有皮下淤血,多处又青又紫。老师询问凤凤伤口产生的原因,凤凤只是大哭,什么也不说。后来老师通过凤凤的邻居了解到,凤凤的母亲因为嫌自己生的是女孩,觉得没有面子,又嫌凤凤做事笨、不爱说话,管教她就靠打骂。凤凤几乎每天都会遭到母亲的责打,有时甚至被打得浑身是伤。

【评析】

本案涉及对幼儿进行家庭暴力伤害的法律责任问题。

家庭暴力,是发生在家庭成员间的暴力伤害行为,是指行为人以殴打、捆绑、残害、强行限制人身自由或者其他手段,给其家庭成员的身体、精神等方面造成一定伤害后果的行为。对未成年人实施家庭暴力往往直接侵害了未成年人的身体健康、人身自由和人格尊严,显然与法律的规定相悖,是一种违法行为;经常、连续地对未成年人实施家庭暴力,且情节恶劣的,构成虐待罪,应依法承担刑事责任。

虐待罪是指对共同生活的家庭成员,经常以打骂、冻饿、禁闭、有病不医、强迫超体力劳动或者其他方法进行摧残、折磨等情节恶劣的行为。《宪法》规定,公民的人身权利不受侵犯。未成年人作为我国公民的一部分,作为独立的法律主体,同样享有这一权利,具体包括身体健康不受伤害、生命不得剥夺、人身自由不受限制和剥夺、人格尊严不受侵犯等几方面。

我国《未成年人保护法》规定:"未成年人的父母或者其他监护人应当学习家庭教育知识,接受家庭教育指导,创造良好、和睦、文明的家庭环境。共同生活的其他成年家庭成员应当协助未成年人的父母或者其他监护人抚养、教育和保护未成年人。"不得"虐待、遗弃、非法送养未成年人或者对未成年人实施家庭暴力。"这是禁止对未成年人实施家庭暴力的法律依据,不管是谁,即使是未成年人的亲生父母,不管出于什么动机,亦不管是经常性、连续性的,还是偶尔的行为,凡对未成年人实施家庭暴力的,均构成违法,视情节轻重,须承担相应的责任直至刑事责任。本案中凤凤母亲的行为已属违法行为,但是否构成虐待罪,则应视其情节是否恶劣。如果有证据证明其行为属于情节恶劣,即构成虐待罪。根据《刑法》第二百六十条规定:"对未成年人、老年人、患病的人、残疾人等负有监护、看护职责的人虐待被监护、看护的人,情节恶劣的,处三年以下有期徒刑或者拘役。"

同时,幼儿园可依据《未成年人保护法》第十一条"任何组织或者个人发现不利于未成年人身心健康或者侵犯未成年人合法权益的情形,都有权劝阻、制止或者向公安、民政、教育等有关部门提出检举、控告"的规定,对凤凤母亲的行为进行法律追究。

 知识链接 5-2　侵权纠纷的解决途径[①]

幼儿的合法权利受到侵犯后,监护人可以通过多种途径解决,具体的方法有协商、调解、仲裁、复议、诉讼。当事人可以根据具体的侵权情况选择解决的途径。

---

① 童宪明.幼儿教育法规与政策[M].3版.上海:复旦大学出版社,2021:9.

1. 协商

幼儿的权利遭到侵害,其监护人可以根据我国法律的有关规定,向侵权人提出赔偿损失、赔礼道歉等合法请求。侵权方如认为合情合理合法,愿意接受对方提出的请求,并予履行,协商即告成功。

2. 调解

纠纷发生后,在有关组织和有关人员的主持下,依据国家的法律法规及相关政策,根据双方当事人的请求及实际情况,运用说服教育的方法,劝导纠纷双方当事人通过自愿协商解决纠纷。

主持调解人,可以是人民调解委员会,也可以是行政机关或司法机关,可以是当事人所在的单位、居委会、工会、妇联组织,也可以是接受委托的律师。

3. 仲裁

双方当事人在争议发生前,或争议发生后达成协议,自愿将争议交给仲裁庭做出裁决,并有义务执行仲裁裁决的方法。仲裁必须建立在自愿基础上,仲裁的范围有一定的限制。依据《中华人民共和国仲裁法》规定,婚姻、收养、监护、抚养、继承纠纷,以及依法应由行政机关处理的行政争议不能仲裁。

4. 复议

这里主要指行政复议。幼儿监护人认为行政机关的具体行政行为侵犯了孩子的合法权益,可以向行政机关提出行政复议申请,行政机关依据《中华人民共和国行政复议法》受理复议申请,并做出行政复议决定。

5. 诉讼

简而言之,诉讼即上法院"打官司",当事人一方向法院提出有关的诉讼请求,由法院做出判决。从我国现行的法律制度来看,凡符合民事诉讼法、行政诉讼法和刑事诉讼法受案范围的,都可以通过诉讼途径解决侵权纠纷。根据案件的性质不同,诉讼分为民事诉讼、行政诉讼、刑事诉讼三大类。

6. 特殊情况的说明

如果幼儿受到监护人的虐待、拘禁、毒打等,造成一定的身体伤害及较坏的社会影响,那么儿童维权组织、街道、居委会、村委会、妇联、监护人所在的工作单位,应该对监护人进行批评教育,及时纠正和制止其不法侵权行为,并采取相应的措施对幼儿的伤害进行医治。如果其性质已经触犯刑律,那么就由监察机关提出公诉,追究监护人的刑事责任。

(二) 幼儿园保护

幼儿园是专门从事幼教工作的场所,也是保护幼儿受教育权的主要部门。幼儿工作者应当尊重幼儿的受教育权,关心爱护幼儿;应当尊重幼儿的人格尊严,不得实施体罚、变相体罚以及侮辱人格的行为。应为幼儿提供健康安全的活动器材和教育设施。幼儿园保护的具体内容有如下几个方面。

第一,幼儿教师应为人师表,以自身良好的言行影响和教育学生。对调皮、不听话的幼儿应当耐心教育,不得放任不管或任意剥夺其参加各项活动的权利。

第二,幼儿园要为幼儿提供合格、卫生的教学和生活设施,要保证幼儿活动、饮食的健康与安全,保证幼儿充足的休息时间。

第三,教师应尊重幼儿的合法权益,维护幼儿的合法权利,对于损害幼儿权利的行为,可以通过合法的途径交涉处理。

第四,幼儿园应与家长密切联系并对家长进行家庭教育的指导,共同探讨教育幼儿的有效方法。

第五,对于残障幼儿,教师应采取保护性措施,帮助他们克服学习、生活、文体活动等方面的困难,教育其他幼儿要尊重他们、关心他们、爱护他们。

> **案例 5-6**
>
> ### 幼儿园安全管理"三六九"[①]
>
> 由于幼儿年龄小,认知水平比较低,自我安全意识和防护意识较弱,因此幼儿园的安全工作就成了重中之重。家长把孩子送到幼儿园,是信任幼儿园,是将一份责任托付给了幼儿园,幼儿园就有责任照顾好、教育好孩子。
>
> 江苏省某幼儿园把安全工作作为幼儿园文化建设的一部分,融入教师的意识理念、日常行为和幼儿的整体工作中,逐渐建立起"三六九"的安全工作长效管理机制,即"三个常""六个一""九个不"。
>
> "三个常"是指常规、常态、常效。即幼儿园应当建立满足幼儿年龄特点需要的常规,将安全工作从应付上级检查转变为常态化安全管理,进一步推动安全工作全面深入、效果长久。安全工作的全覆盖,实现了事事有人做,时时有人防,人人都参与,处处都安全。
>
> "六个一"是指一个理念、一个原则、一个小组、一班人马、一本制度、一套程序。其中,一个理念是指全园上下树立让师生员工"高高兴兴进幼儿园,平平安安回到家"的安全工作理念,一个原则是指坚持安全工作人人参与、人人有责的原则。"六个一"的做法,贯穿幼儿在园一日生活的各个环节,落实在教师一天工作的各个方面,体现在幼儿园安全管理的各个层面。
>
> "九个不"是指设施安全不惜重金、安全隐患不许疏漏、食品安全不能马虎、安全教育不厌其烦、师生安全不得轻视、接送安全不容忽视、活动安全时时加强、教育安全不断改善、家庭安全不能忽视。
>
> 安全问题是幼儿园教育的重中之重,幼儿园务必把保护幼儿的生命和促进幼儿的健康放在工作首位,关注每一个幼儿在园的点点滴滴,确保他们在园健康快乐地成长。幼儿年龄较小,生活自理能力差,生活经验少,最容易发生危险,需要成人及时的帮助和指导。因此,幼儿在园全覆盖的安全工作十分重要,只有在确保幼儿安全的前提下才能真正实现幼儿在园的主体地位。

---

① 洪秀梅.幼儿园教师应知的政策与法规:案例式解读[M].北京:北京师范大学出版社,2022:24—25.

案例分析：

这是江苏省某幼儿园的幼儿园安全管理机制，充分体现了幼儿园把保证幼儿生命安全放在首位的良好理念。幼儿的安全问题是重中之重，幼儿园要时刻将幼儿的安全放在首位，不仅要创设一个健康安全、舒心愉快的环境，还要建立长效的安全管理机制，将安全管理常态化，落实到日常工作的点滴之中。幼儿园教师有责任保证幼儿在园的生命安全和健康成长。

我国2012年颁布的《托儿所幼儿园卫生保健工作规范》具体对幼儿园的各项卫生保健安全工作做了明确的规定，包括幼儿园的卫生保健工作职责、一日生活中的卫生保健内容与要求、儿童膳食、体格锻炼、健康检查、卫生消毒、传染病防控、常见病预防、伤害预防、健康教育、健康信息收集等。《3～6岁儿童学习与发展指南》和《幼儿园教育指导纲要（试行）》也对幼儿健康领域的教育做了规定，比如，身体健康方面要培养幼儿的平衡能力、协调能力、力量和耐力、卫生习惯等，心理健康方面要培养幼儿的安全感、信任感、自主性、自信心和对环境的适应能力与安定愉快的情绪等。幼儿园教师应认真执行和贯彻以上的政策条文，全面了解保证幼儿健康安全的具体做法，对幼儿进行健康安全方面的教育，将幼儿的生命安全放在首要位置，将促进幼儿的身心发展作为首要任务。

（三）社会保护

社会，是以共同的物质生产为基础而相互联系的人们的总体，社会保护就是要给幼儿提供良好的条件、场所、环境，禁止他们参加一些不利于其成长的活动。具体包括以下内容。

第一，影视、文化、出版以及其他有关单位和人员，要为幼儿创作适合幼儿特点，并有利于其身心健康的影视、录音、录像、书籍、报刊、图画、文艺节目和其他精神产品。凡提供精神产品的单位和个人，都应对其内容负责，禁止提供不适宜幼儿身心健康发展的产品。

第二，儿童乐园、公园等公共娱乐场所中为幼儿提供的设施环境，应符合幼儿的特点，保证其安全健康，一些需在父母陪同下才可进行的活动项目，应有明显标志，并禁止幼儿单独参与。

第三，社区内的企事业单位要与幼儿园配合，为幼儿园的教育工作提供人力或物质上的帮助，并尽可能地降低收费或免费。

第四，各级工会、妇联、体协应把保护幼儿的健康成长列为经常性的工作，经常会同教育部门建立家庭教育指导机构，提供幼儿教育的咨询服务，提供家庭教育的各种指导。

第五，居民委员会、村民委员会应在有关政府的指导下，开展保护幼儿的活动，利用寒暑假，进行有益于身心健康的文体活动。

第六，公民有义务帮助有困难的幼儿，对于家庭暴力、虐待幼儿的行为，任何公民、组织均有义务向有关部门反映以保护幼儿的合法权益。

（四）立法保护

无论是家庭、幼儿园还是社会的保护，都必须以法律为后盾、以法律为依据，否则将于法无据,不可能真正保护幼儿应有的权利。在我国的社会主义法治不断健全的今天,保护幼儿权利的法律基础已得到日益完善。

1990年8月29日中国政府正式签署了联合国《儿童权利公约》。1991年12月29日第七届全国人民代表大会常务委员会第二十三次会议决定批准中国加入该公约,1992年4月2日该公约正式在中国生效。该公约规定18岁以下儿童的基本权利有四种,即生存权、发展权、保护权、参与权。

1991年9月4日,全国人民代表大会常务委员会通过了《未成年人保护法》,并于2006年修订,2012年修正和2020年修订。该法第二到七章的有关条款对幼儿的保护做出了专门的规定。1995年3月我国颁布的《教育法》(后经2009年、2015年和2021年三次修订)规定了学前教育的性质、任务,以及幼儿园的保育规范、卫生保障规范和幼儿保护规范。在《中华人民共和国残疾人保障法》中有相应条款对残疾幼儿的教育做了规定。

《幼儿园管理条例》和《残疾人教育条例》作为行政法规,对学前儿童的保护制定了相应的条款,2016年实施的规章《幼儿园工作规程》也有相关的条款。许多地方政府及地方人大,为了保护幼儿的合法权益也出台了不少地方性法规和规章。如1997年2月实施的《广州市幼儿教育管理规定》,1998年12月实行的《青岛市托幼管理条例》。

《学前教育法》是中国首部专门针对学前教育的法律。旨在保障学前儿童的教育权利,提升学前教育质量,促进教育公平。

由此可见,随着国家法制工作的不断健全与完善,有关幼儿权利保护的法规、章程也纷纷颁布实施,对幼儿合法权益的保护起了积极的作用。

二、幼儿权利保护的基本原则

(一)非歧视原则

非歧视原则是保护儿童权利的一项基本原则,该原则在儿童权利保护的领域中处于首要和基础性的位置。非歧视原则在《儿童权利公约》中是这样规定的:

"缔约国应尊重本公约所载列的权利,并确保其管辖范围内的每一儿童均享受此种权利,不因儿童或其父母或法定监护人的种族、肤色、性别、语言、宗教、政治或其他见解、民族、族裔或社会出身、财产、伤残、出生或其他身份而有任何差别。

"缔约国应采取一切适当措施确保儿童得到保护,不受基于儿童父母、法定监护人或家庭成员的身份、活动、所表达的观点或信仰而加诸的一切形式的歧视或惩罚。"

相应地,我国《未成年人保护法》第三条规定:"未成年人依法平等地享有各项权利,不因本人及其父母或者其他监护人的民族、种族、性别、户籍、职业、宗教信仰、教育程度、家庭状况、身心健康状况等受到歧视。"

由这些法律法规可知,非歧视原则的基本内涵是权利的平等。即任何儿童的权利都是平等的,我们不应该因其国籍、宗教、性别、身份、语言或其他种族、文化、社会特性方面的差异而对其差别对待。显然,这一原则对儿童权利的保护不是一种理想保护,而是一种最低限度的标准。更确切地讲,非歧视原则是这样一种理念:不歧视儿童,无差别尊重儿童,是儿童权利实现的最低限度的要求。

在非歧视原则的指导下,成人应努力保证儿童不因年幼而受到成人的歧视、剥夺、虐待、侮辱和其他不平等的待遇；不应该因为儿童年幼而使用讽刺、挖苦性的语言侮辱儿童，更不应因儿童没有抵抗和还击的能力而将儿童作为发泄怨气和打击报复的对象。

（二）儿童优先原则

儿童期特别是儿童早期是儿童生理、心理发展的关键时期，也是儿童从不成熟逐步走向成熟的时期。为儿童成长提供必要的条件，给予儿童必需的保护、照顾和正确的教育，将使儿童获得良好的人生开端，为儿童一生的发展奠定良好基础。另外，早期投入对于开发人力资源、提高国民素质、提高经济和社会效益具有重要意义。国家对于儿童早期的投入，可以节省成年以后用于补偿教育、医疗保健、康复和社会保障等方面的费用，减轻国家的经济负担。因此，任何有远见的政府都应该把儿童放在最优先考虑的位置，在处理有关儿童的一切事务时，将儿童的利益放在第一位，使儿童的利益得到最先的尊重与保护。

儿童优先原则是《儿童权利公约》的最大利益原则在我国的具体表现。《中国儿童发展纲要（2010—2020年）》明确规定儿童发展优先原则，要求国家各部门，在制定法律法规、政策规划和配置公共资源等方面优先考虑儿童的利益和需求。再如，《未成年人保护法》第五十九条有关"任何人不得在学校、幼儿园和其他未成年人集中活动的公共场所吸烟、饮酒"的规定，第一百一十条有关"人民法院开庭审理涉及未成年人案件，未成年被害人、证人一般不出庭作证；必须出庭的，应当采取保护其隐私的技术手段和心理干预等保护措施"的规定等均昭示未成年人权益在我国法律体系上的重要地位。这些法律法规把儿童保护纳入了法制的轨道，使中国在保护儿童权益方面有了坚实的法律基础，进一步完善了这一领域的法律体系。同时，也结合中国的具体情况，使儿童利益的保护范围进一步扩大化、具体化。

知识链接 5-3　　儿童最大利益原则[①]

第一，最大利益原则是具有本源性的、全面指导性的一项原则。最大利益，简言之，就是将儿童的利益最大化，包括国家在制定各项政策、处理涉及儿童事务中，均应优先考虑儿童的利益。首先，从运用的角度分析，最大利益原则被理解为处理儿童事务的准则。其次，从立法的角度看，最大利益条款是保护儿童权利的纲领性条款。最后，也是最重要的，从该原则的意蕴和文化的视角探察，最大利益原则蕴涵着将儿童视为拥有权利的个体的理念。正如澳大利亚学者菲利普·奥斯通（Philip Alston）所指出的，"最大利益"标准超出了传统的权利保护的概念，开辟了新的保护儿童权利的发展方向和法理解释。这种非传统的概念和新的法理解释便是儿童作为权利个体的权利理念。同时，我们还注意到，要想对最大利益的内容做一个超文化的、全面的、确定的解释是不现实的，只有在不同的文化背景下，针对不同的具体情况，才能确定儿童保护的最大利益的标准。从理论上说，儿童的身体、精神、心智、道德和社会性的发展是考虑儿童最大利益所要达到的目的。在具体的传统文化的环境中，考察儿童的最大利益标准既要考虑具体环境中儿童身心、道德和社会性的全面发展，又要参照《儿童权利公约》的精神，履行作为缔约国的义务。

[①] 王雪梅.儿童权利保护基本原则评析[J].中国妇运，2007(06)：87.

最大利益原则集中体现在《儿童权利公约》第三条,该条规定:"关于儿童的一切行动,不论是由公私社会福利机构、法院、行政当局或立法机构执行,均应以儿童的最大利益为一种首要考虑。"根据本条规定,最大利益原则不是优先原则,也不是最大限度地考虑儿童的利益,而是把儿童的最大利益放在首要考虑的地位。我们还认为,不仅要在处理有关儿童的一切事务中优先考虑儿童的最大利益,在制定国家政策、社会政策中也要优先考虑儿童的最大利益,如关于法治建设问题,关于社会持续发展与环保问题,关于金融政策、教育政策、住房政策、商业政策等。优先考虑儿童的最大利益在涉及儿童的事务中对于保护儿童的利益具有全面的指导意义。

(三)尊重儿童原则

对儿童的尊重包括尊重儿童的基本权利和基本自由,具体来说,就是要尊重儿童的人格尊严,尊重儿童的观点和意见,尊重儿童的身心发展规律和特点,以儿童的生存和健康发展为重。

《儿童权利公约》第十二条是关于尊重儿童意见原则的规定:"缔约国应确保有主见能力的儿童有权对影响到其本人的一切事项自由发表自己的意见,对儿童的意见应按照其年龄和成熟程度给以适当的看待。为此目的,儿童特别应有机会在影响到儿童的任何司法和政策诉讼中,以符合国家法律的诉讼规则的方式,直接或通过代表或适当机构陈述意见。"在涉及儿童的事务时要先听取儿童的意见,发挥儿童的主观能动性,让儿童的意见得到应有的尊重,进而实现儿童享有的宪法规定的言论自由的权利。

尊重儿童的人格,既要尊重儿童的人格尊严,又要尊重儿童的隐私。所谓隐私,又称个人秘密,指个人生活中不愿为他人知悉的秘密,包括私生活、日记、照相簿、生活习惯、储蓄、财产状况、通信秘密等。《儿童权利公约》第十六条规定,"儿童的隐私、家庭、住宅或通信不受任意或非法干涉,其荣誉和名誉不受非法攻击。"该条规定对儿童隐私、家庭、住宅或通信自由予以特别保护,这就使儿童获得了积极维护个人人格尊严的权利的保障。

尊重儿童的基本权利,是指尊重所有儿童所享有的生存和发展的权利,最大限度地确保儿童的生存和发展。正如《儿童权利公约》第六条明确规定了对儿童生存与发展权的尊重:① 缔约国确认每个儿童均有固有的生命权。② 缔约国应最大限度地确保儿童的存活与发展。

知识链接5-4　隐私权主要内容及侵犯隐私权范畴

一、隐私权内容①

(一)个人生活自由权

权利主体按照自己的意志从事或不从事某种与社会公共利益无关或无害的活动,不受他人干预、破坏或支配。

(二)个人生活情报保密权

个人生活情报,包括所有的个人信息和资料。如身高、体重、女性三围、病历、身体缺陷、

---

① 隐私权以及隐私权的种类是什么?[EB/OL].(2019-02-18)[2024-12-12]. https://china.findlaw.cn/ask/baike/145419.html.

健康状况、生活经历、财产状况、婚恋、家庭、社会关系、爱好、信仰、心理特征等。权利主体有权禁止他人非法使用个人生活情报资料,例如,不许偷看公民身体的隐秘部分、日记等,未经他人同意不得强制披露其财产状况、社会关系以及过去和现在的其他不为外界知悉传播或公开的私事等。

(三)个人通信秘密权

权利主体有权对个人信件、电报、电话、传真及谈论的内容加以保密,禁止他人非法窃听或窃取。隐私权制度的发展在很大程度上是与现代通信的发达联系在一起的,信息处理及传输技术的飞速发展,使个人通信的内容可以轻而易举地被窃听或窃取,因而,保障个人通信的安全已成为隐私权的一项重要内容。

(四)个人隐私利用权

权利主体有权依法按自己的意志利用其隐私,以从事各种满足自身需要的活动,如利用个人的生活情报资料撰写自传、利用自身形象或形体供绘画或摄影的需要等。这些活动不能被非法干涉,但隐私的利用不得违反法律的强制性规定,不得有悖于公序良俗,即权利不得滥用。例如利用自己身体的隐私部位制作淫秽物品,即被认定为非法利用隐私,从而构成违法行为。

二、侵犯隐私权范畴[①]

我国《民法典》第四编述及的人格权益范围中包括了隐私权。根据我国国情及国外有关资料,下列行为可归入侵犯隐私权范畴:

未经公民许可,公开其姓名、肖像、住址和电话号码。

非法侵入、搜查他人住宅,或以其他方式破坏他人居住安宁。

非法跟踪他人,监视他人住所,安装窃听设备,偷拍他人私生活镜头,窥探他人室内情况。

非法刺探他人财产状况或未经本人允许公布其财产状况。

私拆他人信件,偷看他人日记,刺探他人私人文件内容,以及将它们公开。

调查、刺探他人社会关系并非法公之于众。

干扰他人夫妻性生活或对其进行调查、公布。

将他人婚外性生活向社会公布。

泄露公民的个人材料或公之于众或扩大公开范围。

收集公民不愿向社会公开的纯属个人的情况。

(四)多重保护原则

国家、社会和家庭对儿童权利的保护承担了义不容辞的责任,如若没有国家、社会和家庭的多重保护,儿童权利的保护和实现只能是理想主义者的美好设想,所以,我们有必要将国家、社会和家庭的保护确立为儿童权利保护的一项基本原则。

我国社会正处于转型阶段,社会保障机制、教育机制等还不十分健全,因此对儿童这样一个弱势群体的保护更需要国家权力作为后盾,依靠社会力量的帮助和家庭的共同努力,从

---

① 转引自:侵犯隐私权范畴[EB/OL]. (2019-01-08)[2025-01-14]. http://www.lawtime.cn/info/sunhai/jsshyinsiq/2011030294199.html.

而实现对儿童实施特别保护的目标。正如《未成年人保护法》第六条所规定的,保护未成年人,是国家机关、武装力量、政党、人民团体、企业事业组织、社会组织、城乡基层群众性自治组织、未成年人的监护人以及其他成年人的共同责任。

《儿童权利公约》第十八条规定:"缔约国应尽其最大努力,确保父母双方对儿童的养育和发展负有共同责任的原则得到确认。父母或视具体情况而定的法律监护人对儿童的养育和发展负有首要责任。儿童的最大利益将是他们主要关心的事。"社会也同样需要承担相应的责任,包括为儿童提供满足儿童生长和发展所需要的物质和文化资料、信息等,并对儿童的社会化进程提供正确而合理的指导,而这些对于儿童权利的保护都极为重要。

多重责任原则是儿童权利保护的基本原则,与儿童权利保护的要求相适应。实际上也只有把它确立为基本原则,才能更好地保护儿童的权利。

幼儿教师应如何保障幼儿的权利?

第三节 幼儿与幼儿园的法律关系

幼儿园与入园幼儿的法律关系是确定幼儿园的权利与义务,以及处理幼儿园事故责任的基础。目前理论界对于这一问题存在着诸多观点,无论在教育界还是法学界,均没有形成一个统一的答案。一般说来,对幼儿园与在园幼儿法律关系的认识主要有以下两种观点。

一、监护关系

把幼儿与幼儿园之间的法律关系定性为监护关系一度是传统学术观点的主流做法,对学前教育理论的研究产生了很大的影响。关于监护责任是因何种原因由幼儿园承担,持监护关系观点的学者提出了不同的理由,他们的观点可分为三类:"监护转移说""监护代理说"和"委托监护说"。

持"监护转移说"的学者认为,依照法律,家长为学生的监护人,但当学生进入学校学习时,本属于家长的监护责任就由此转移至学校,从而使学校成为监护责任的主体。某个行为能力人或限制民事行为能力人在学校、幼儿园或精神病院学习、生活、治疗时致人损害,对此种情况一般不宜认定其父母、配偶等具有过错,因为父母、配偶等将未成年子女和精神病人送进幼儿园、学校或精神病院,实际上已将监护职责转移给上述单位,这些单位在特定的时间和区域内负有监护之责。

少数学者认为,家长仍然在名义上是学生的监护人,但学校在法律上承担着监护学生的义务,学校相当于监护代理人,这就是"监护代理说"的主要观点。学校与学生之间是以监护代理关系为基础的民事法律关系,学生家长是监护人,学校是监护代理人,而学生是第三人……学校以履行教育职责为主,同时履行监护人授权的其他管理事宜,所以说,学校只不过是代理监护人在履行某些监护职责而已。

在坚持幼儿园是幼儿的监护人这一基础上,持"委托监护说"的学者认为,幼儿园是幼儿的委托监护人,这是基于幼儿在园接受教育这一事实上的委托。教育及其他教育机构和教师对未成年人负有被委托监护的责任,对因管理失当等而导致未成人受到伤害或者给他人造成损害的事故应承担一定的民事法律责任。

然而,根据我国现行法律法规,如《民法典》中规定,未成年人的法定监护人首先应当由其父母担任,如父母死亡或者无监护能力的,由以下人员中有监护能力的人担任监护人:① 祖父母、外祖父母;② 兄、姐。③其他愿意担任监护人的个人和组织,但是须经未成年人住所地的居民委员会、村民委员会或者民政部门同意。根据上述法律规定来看,把幼儿园确定为幼儿的监护人并承担相应的监护责任是没有法律依据的。《学生伤害事故处理办法》第七条也明确指出:"学校对未成年学生不承担监护职责,但法律有规定的或者学校依法接受委托承担相应监护职责的情形除外。"由此可见,幼儿园不能成为幼儿暂时或临时的监护人,因为幼儿的父母并没有明确将监护职责委托给幼儿园。事实上幼儿园也不能接受这种委托。

案例 5-7

保育保护,不等于监护①

一天,某幼儿园的老师组织该园中(2)班的小朋友在教室外上游戏课,游戏课活动场所的地板选用的都是防滑砖,任课老师也一直在旁边组织、观察小朋友们的活动。但突然间,意外还是发生了——张强小朋友在蹦跳时意外摔倒。老师马上将他送到医院检查,经医生诊断,张强右手骨折,医药费花去1800多元。

事后,张强的家长要求幼儿园承担全部的赔偿责任,理由是:虽然孩子摔倒属于意外,但毕竟事情发生在幼儿园内,幼儿园就是暂时或临时的监护人,在这段时间内幼儿园没照顾好孩子,理应承担医药费、营养费及家长误工费的赔偿。幼儿园则不同意家长的赔偿要求,认为幼儿和幼儿园之间并不存在监护关系。

幼儿与幼儿园之间到底是什么样的法律关系?张强父母的要求有没有道理呢?

【评析】

本案涉及幼儿与幼儿园之间监护法律关系的认定。

法律关系是指经过法律规范调整形成的法律主体之间的权利和义务关系。一些人认为,幼儿园与幼儿之间的法律关系是监护关系,其实不正确。《民法典》第二十七条规定:"父母是未成年子女的监护人。"据此,幼儿的父母是其当然的法定的监护人,其监护人的资格从幼儿出生之时起当然取得,不需经过任何程序。就算父母把自己的孩子送入幼儿园,也不能理所当然地认为幼儿园就是幼儿的暂时或临时的监护人并应尽到监护人的全部职责。

---

① 转引自:幼儿园法定义务:保育保护,不等于监护[EB/OL]. (2023-04-29)[2025-01-15]. http://www.unjs.com/youjiao/yuanzhang/20080502165609_96241.html

幼儿与幼儿园之间的关系应是一种教育、管理和保护关系。《学生伤害事故处理办法》第七条规定:"学校对未成年学生不承担监护职责,但法律有规定的或者学校依法接受委托承担相应监护职责的情形除外。"由此可见,幼儿园的身份是管理人,不是监护人,父母把幼儿送到幼儿园,并没有明确将监护职责委托给幼儿园。因此,认为幼儿进入到幼儿园,幼儿园就成为幼儿的暂时或临时监护人的观点从法律的角度看是没有依据的。

不过,幼儿园虽不是幼儿的法定监护人,但在接收幼儿之后,就应依其职责承担相应的管理责任,当它未依法尽到管理责任导致幼儿伤害时,就应依法承担责任。

《最高人民法院关于审理人身损害赔偿案件适用法律若干问题的解释》第七条规定:"对未成年人依法负有教育、管理、保护义务的学校、幼儿园或者其他教育机构,未尽职责范围内的相关义务致使未成年人遭受人身损害,或者未成年人致他人人身损害的,应当承担与其过错相应的赔偿责任。"

对本案的处理,应当按过错责任原则来确定幼儿园的责任。张强在幼儿园游戏课上意外摔伤,幼儿园对此并无过错,并且幼儿园在游戏场所的修建上也注意到了安全问题,同时老师在整个游戏活动中也始终在观察、组织,忠于职守,履行了注意、管理和保护的职责,因此无须承担责任。

【建议】

(1) 正确认识幼儿与幼儿园之间的法律关系。在一般情况下,家长或监护人没有明确地将监护职责委托给幼儿园时,幼儿园对幼儿不承担监护职责。但法律有规定的或者幼儿园依法接受委托承担相应监护职责的情形除外。

(2) 幼儿园为避免和减少事故的发生,应认真、全面、切实地履行对幼儿教育、管理和保护的职责。

(3) 家长不能认为把孩子送到幼儿园后就都是幼儿园的事,平时也应加强对幼儿的安全意识教育,做到防患于未然。

二、教育、管理和保护关系

随着我国法律制度的完善及理论探讨的深入,监护关系的观点受到了越来越多的质疑。而《教育法》规定学校对学生负有教育、管理和保护责任,因此,教育、管理和保护关系这个提法是有法律依据的。

《幼儿园工作规程》第三条规定:"贯彻国家的教育方针,按照保育与教育相结合的原则,遵循幼儿身心发展特点和规律,实施德、智、体、美等方面全面发展的教育,促进幼儿身心和谐发展。"第四十二条规定,保育员"在教师指导下,科学照料和管理幼儿生活,并配合本班教师组织教育活动"。此外《幼儿园工作规程》第四章与第五章分别介绍了幼儿园的卫生保健以及幼儿园的教育的基本要求。《幼儿园管理条例》第十九条还规定:"幼儿园应当建立安全防护制度,严禁在幼儿园内设置威胁幼儿安全的危险建筑物和设施,严禁使用有毒、有害物质制作教具、玩具。"《未成年人保护法》第二十六条规定:"幼儿园应当做好保育、教育工作,遵循幼儿身心发展规律,实施启蒙教育,促进幼儿在体质、智力、品德等方面和谐发展。"第三十五条规定:"学校、幼儿园不得在危及未成年人人身安全、身心健康的校舍和其他设施、场所中进行教育教学活动。学校、幼儿园安排未成年人参加文化娱乐、社会实践等集体活动,应当保护未成年人的身心健康,防止发生人身伤害事故。"2002年6月,教育部出台的《学生伤害事故处理办法》,以部门规章的形式,明确规定教育机构对未成年学生不承担"监护职责",学校与未成年学生之间是"教育、管理和保护"关系。中华人民共和国民法典》第一千一百九十九条无民事行为能力人在幼儿园、学校或者其他教育机构学习、生活期间受到人身损害的,幼儿园、学校或者其他教育机构应当承担侵权责任;但是,能够证明尽到教育、管理职责的,不承担侵权责任。《中华人民共和国民法典》第一千二百条限制民事行为能力人在学校或者其他教育机构学习、生活期间受到人身损害,学校或者其他教育机构未尽到教育、管理职责的,应当承担侵权责任。《学前教育法》第五十一条也规定了"幼儿园应当把保护儿童安全放在首位,对学前儿童在园期间的人身安全负有保护责任"。以上法律法规均说明了幼儿园对幼儿的关系为教育、管理和保护关系。

幼儿园与幼儿的关系,是教育、管理和保护的关系,但这并不意味着幼儿在幼儿园发生事故,幼儿园没有相应的责任。《民法典》第一千一百九十九条规定:"无民事行为能力人在幼儿园、学校或者其他教育机构学习、生活期间受到人身损害的,幼儿园、学校或者其他教育机构应当承担侵权责任;但是,能够证明尽到教育、管理职责的,不承担侵权责任。"最高人民法院《关于贯彻执行〈中华人民共和国民法通则〉若干问题的意见(试行)》第一百六十条作了明确具体的规定:"在幼儿园、学校生活、学习的无民事行为能力人或者在精神病院治疗的精神病人,受到伤害或者给他人造成损害,单位有过错的,可以责令这些单位适当给予赔偿。"这一司法解释明确指出,幼儿园在赔偿问题上实行的是"过错原则"即有过错应适当赔偿,没有过错就不予赔偿。在司法实践中,法院也是以此为依据来作裁决的。

判定幼儿园是否尽到教育、管理职责的依据是相关法律法规规章等规定,包括《教育法》《未成年人保护法》《中小学幼儿园安全管理办法》和《学生伤害事故处理办法》《学前教育法》等法律法规规章中对教育机构教育、管理职责的规定。

幼儿园应认真、全面、切实地履行对幼儿教育、管理和保护的职责,切实保障幼儿的合法权利,避免和减少事故的发生。

案例 5-8

幼儿园未尽到职责 承担法律责任[①]

幼儿胡某与幼儿韦某系某县某乡中心学校所属幼儿园在校学生。2020年10月23日上午11:30,庞老师带领孩子上厕所回来,洗手准备吃饭,胡某与韦某直接奔到滑梯上玩耍,在玩耍时胡某受伤。下午2:30左右,胡某出现呕吐现象,被紧急送到徐州市儿童医院住院治疗,经诊断为急性中性颅脑损伤、颅内出血、枕骨骨折。胡某的父母将韦某和某县某乡中心学校告上法庭。

---

① 洪秀梅.幼儿园教师应知的政策与法规:案例式解读[M].北京:北京师范大学出版社,2022:39—40.

法院认为,根据相关法律法规的规定,学校与未成年学生之间存在法定的教育关系,基于这种教育关系而产生特定的教育、管理和保护义务,本案为教育机构责任纠纷。胡某系某县某乡中心学校所属幼儿园在校学生,事发时系无民事行为能力人。无民事行为能力人在幼儿园、学校或者其他教育机构学习、生活期间受到人身损害的,幼儿园、学校或者其他教育机构应当承担侵权责任。某县某乡中心学校未提供证据证明尽到教育、管理职责,应承担责任。

　　故法院判决,某县某乡中心学校承担原告胡某因为本次事故造成的合理损失,包括医疗费、护理费、住院伙食补助费、营养费、救护费等,合计 18 159.65 元。

案例分析:

　　《民法典》第一千一百六十五条规定:"行为人因过错侵害他人民事权益造成损害的,应当承担侵权责任。依照法律规定推定行为人有过错,其不能证明自己没有过错的,应当承担侵权责任。"第一千一百九十九条规定:"无民事行为能力人在幼儿园、学校或者其他教育机构学习、生活期间受到人身损害的,幼儿园、学校或者其他教育机构应当承担侵权责任;但是,能够证明尽到教育、管理职责的,不承担侵权责任。"第一千一百七十九条规定:"侵害他人造成人身损害的,应当赔偿医疗费、护理费、交通费、营养费、住院伙食补助费等为治疗和康复支出的合理费用,以及因误工减少的收入。造成残疾的,还应当赔偿辅助器具费和残疾赔偿金;造成死亡的,还应当赔偿丧葬费和死亡赔偿金。"本案例中该中心学校未尽到教育和管理职责,故应当承担侵权责任。除此之外,《学生伤害事故处理办法》第九条明确规定,因下列情形之一造成的学生伤害事故,学校应当依法承担相应的责任:

　　(一)学校的校舍、场地、其他公共设施,以及学校提供给学生使用的学具、教育教学和生活设施、设备不符合国家规定的标准,或者有明显不安全因素的;

　　(二)学校的安全保卫、消防、设施设备管理等安全管理制度有明显疏漏,或者管理混乱,存在重大安全隐患,而未及时采取措施的;

　　(三)学校向学生提供的药品、食品、饮用水等不符合国家或者行业的有关标准、要求的;

　　(四)学校组织学生参加教育教学活动或者校外活动,未对学生进行相应的安全教育,并未在可预见的范围内采取必要的安全措施的;

　　(五)学校知道教师或者其他工作人员患有不适宜担任教育教学工作的疾病,但未采取必要措施的;

　　(六)学校违反有关规定,组织或者安排未成年学生从事不宜未成年人参加的劳动、体育运动或者其他活动的;

　　(七)学生有特异体质或者特定疾病,不宜参加某种教育教学活动,学校知道或者应当知道,但未予以必要的注意的;

　　(八)学生在校期间突发疾病或者受到伤害,学校发现,但未根据实际情况及时采取相应措施,导致不良后果加重的;

（九）学校教师或者其他工作人员体罚或者变相体罚学生，或者在履行职责过程中违反工作要求、操作规程、职业道德或者其他有关规定的；

（十）学校教师或者其他工作人员在负有组织、管理未成年学生的职责期间，发现学生行为具有危险性，但未进行必要的管理、告诫或者制止的；

（十一）对未成年学生擅自离校等与学生人身安全直接相关的信息，学校发现或者知道，但未及时告知未成年学生的监护人，导致未成年学生因脱离监护人的保护而发生伤害的；

（十二）学校有未依法履行职责的其他情形的。

幼儿园是否要承担法律责任，关键看幼儿园是否存在过错。如果幼儿园对幼儿受伤存在教育、管理和保护方面的过错，且过错与幼儿遭受损害之间存在因果关系，那么幼儿园就应在过错范围内承担责任。反之，若幼儿园已经尽到了对幼儿的教育、管理、保护的职责，则可以免责。

幼儿与幼儿园的法律关系应如何确定？

本章小结

幼儿依法享有法律法规规定的合法权益。幼儿的权利主要包括生命健康权、受教育权、名誉权、姓名权、著作权、游戏权等权利。其中幼儿的生命健康权是其生存与发展的前提条件，在幼儿阶段处于首要地位，因此幼儿园应把安全工作放在首位。

在儿童权利的保护方面，国家、社会和家庭需要分别承担其各自的责任，片面地强调任何一方主体的责任，都难以全面地对儿童权利加以有效的保护，因此各方主体应当共同担负起自身的责任。此外，为使幼儿的权利得到切实保障，保护儿童的权利需要遵循非歧视原则、儿童优先原则、尊重儿童原则及多重责任原则。

幼儿与幼儿园的法律关系是确定幼儿园的权利与义务，以及处理幼儿园事故责任的基础。目前理论界对于这一问题存在着诸多观点，相比较而言，认为幼儿与幼儿园的法律关系为教育、管理和保护关系的观点具有法律依据且更具说服力。

思考与练习

1. 简述幼儿的基本权利和义务。
2. 试述保护幼儿权利的主体及其相关职责。
3. 简述幼儿权利保护的基本原则。
4. 试论幼儿与幼儿园的法律关系，并说明理由。

第六章 学前教育机构的保育与教育

学习目标

1. 了解幼儿教育的地位和作用。
2. 理解幼儿园教育工作的特点,掌握幼儿园教育工作的基本要求和原则。
3. 掌握并理解幼儿园保育工作的意义及基本要求。

情境案例

幼儿超前学习的代价不可忽视[①]

某市有一所名牌幼儿园,为了突出自己所谓的办园"特色",盲目开设多种超前课程,并随意将一些尚未被研究证实适合幼儿的教育形式引入幼儿园,过早让幼儿学习十分专门的知识和技能。该园几乎每学年为幼儿更换一套教材及辅助读物、练习册,甚至还不时为幼儿开列课外参考读物清单。同时,该幼儿园要求教师每月必须教幼儿认识一定数量的生字、背会一定数量的古诗,并以此作为考核幼儿教师教学成绩的唯一标准。

【评析】

该幼儿园的做法是违法的。即触犯了《学前教育法》第七十九条"开展与学前儿童身心发展规律、年龄特点不符的活动"的法律要件,应依法给予惩戒。另外《幼儿园管理条例》规定:"幼儿园的保育和教育工作应当促进幼儿在体、智、德、美诸方面和谐发展。"智力的培养、知识的学习并不是幼儿园的主要任务。无论是从生理功能还是心理发展来看,幼儿都无力承担繁多且专门的知识学习。过早、过多地向幼儿传输复杂的超前知识,势必占用幼儿自主活动和游戏的时间,限制幼儿向自然学习、向社会学习、向同伴学习的机会,妨碍幼儿的全面和谐发展,造成幼儿对学习的抗拒,长此以往对幼儿有害无益。

幼儿超前学习的代价不可忽视,幼儿园不应为迎合某些家长的要求而过分强调文化知识的传授。家长要遵循幼儿的认知发展规律,配合幼儿园做好学前教育,不要盲目攀比、跟风,一味要求孩子多背诗、多识字。

---

① 张乐天.学前教育政策与法规[M].北京:中央广播电视大学出版社,2011:111.

第一节 幼儿教育的地位和作用

幼儿教育主要指的是对 3~6 岁年龄阶段的幼儿所实施的教育。《学前教育法》明确提出:"学前教育是国民教育体系的组成部分,是重要的社会公益事业。""全社会应当为适龄儿童接受学前教育、健康快乐成长创造良好环境。"发展幼儿教育对于促进个体早期的身心全面健康发展、巩固和提高义务教育质量与效益、提高国民整体素质、促进社会公平具有重要意义。

一、幼儿教育的地位

幼儿教育在我国的教育事业和教育制度中占有重要的地位。《学前教育法》第三条规定"国家实行学前教育制度"。《幼儿园工作规程》第二条明确规定:"幼儿园是对 3 周岁以上学龄前幼儿实施保育和教育的机构,幼儿园教育是基础教育的重要组成部分,是学校教育制度的基础阶段。"可见,幼儿教育的地位主要体现在其是"学制的基础阶段"和"基础教育的重要组成部分"两个方面。

(一) 幼儿教育是学制的基础阶段

1951 年,中央政务院发布《关于改革学制的决定》,把幼儿教育纳入学制系统。1995 年颁布的《教育法》规定:"国家实行学前教育、初等教育、中等教育、高等教育的学校教育制度。"由此可见,幼儿教育属于我国学校教育制度的一部分,且从幼儿教育的任务、幼儿教育对象的年龄来看,幼儿教育是学校教育制度的起始阶段;从与学校教育制度中其他阶段的关系上来说,幼儿教育是打基础的阶段。

(二) 幼儿教育是基础教育的重要组成部分

基础教育,作为造就人才和提高国民素质的奠基工程,在世界各国面向 21 世纪的教育改革中占有重要地位。《幼儿园工作规程》明确提出,幼儿园"是基础教育的重要组成部分",从法规的层面确定了幼儿教育对基础教育的从属关系。

《幼儿园工作规程》规定:"幼儿园的任务是:贯彻国家的教育方针,按照保育与教育相结合的原则,遵循幼儿身心发展特点和规律,实施德、智、体、美等方面全面发展的教育,促进幼儿身心和谐发展。"由此看来,幼儿教育受到国家教育方针的指导,始终有着明确的培养目标,强调遵循幼儿身心发展的规律,满足个体发展的需要,承担着为培养造就下一代新人打好基础的任务,在性质上属于基础教育。此外,《幼儿园工作规程》还明确规定"幼儿园是对 3 周岁以上学龄前幼儿实施保育和教育的机构",从教育对象的年龄来看,幼儿教育属于基础教育。

 知识链接 6-1　学校教育制度[①]

学校教育制度,亦称"学校系统",简称"学制",是指一个国家各级各类学校的体系。它规定各级各类学校的性质、任务、入学条件、学习年限以及它们之间的衔接关系。

[①] 靳淑梅,许红花.教育学原理[M].北京:北京大学出版社,2020:162—165.

学校教育制度的内容包括学前教育、初等教育、中等教育和高等教育,由幼儿园、小学、中学、各种专业学校、大学和业余学校等承担。不同国家在不同的时期,往往实行不同的学制。中华人民共和国成立后,我国的学制经历了多次改革。1951年10月,中央政务院颁布《关于改革学制的决定》,废除旧学制,规定中华人民共和国新学制。1958年9月,中共中央、国务院在《关于教育工作的指示》中,规定全国有三类主要学校:全日制学校、半工半读学校、各种形式的业余学习的学校。

中国现行的学校系统分为以下几种。① 学前教育,主要指幼儿园。② 初等教育。主要指小学,招收6岁或7岁儿童入学,学习年限5年或6年。③ 中等教育。包括全日制中学、中等专业学校、职业学校、技工学校、农业中学及其他半工(农)半读中学、业余中学。全日制中学的学习年限一般为初中3年,高中3年。④ 高等教育。包括全日制大学(专门学院)、专科学校和各种形式的半工(农)半读大学、业余大学及研究生院。全日制大学的学习年限为4～5年,专科学校的学习年限为2～3年。1981年施行的《中华人民共和国学位条例》规定了高等教育学士、硕士和博士三级学位制。硕士研究生学习年限为2～3年。博士研究生一般修业3年以上。

二、幼儿教育的作用

幼儿教育是人生发展的奠基性教育,是基础教育的基础、终身教育的开端,是国民教育体系的重要组成部分。发展幼儿教育对于促进儿童身心全面健康发展、普及义务教育、提高国民整体素质、实现全面建设小康社会的奋斗目标具有重要的意义。办好幼儿教育,关系亿万儿童的健康成长,关系千家万户的切身利益,关系国家和民族的未来,幼儿教育的作用不容忽视。现实生活中,从世界各国日益重视幼儿教育的趋势来看,我们也可以深切感受到幼儿教育对个体和社会发展的重要性。以下将从幼儿教育对个体的作用及对家庭、教育事业和社会的作用两方面说明幼儿教育的积极意义。

(一) 高质量的幼儿教育,有利于促进个体身心全面健康发展

幼儿教育最主要、最直接的作用就是促进幼儿身心全面健康发展,国内外心理发展和脑科学的研究已经科学地论证了学前教育在婴幼儿成长中的关键作用。

1. 对个体社会性和人格品质的作用

《幼儿园教育指导纲要(试行)》指出:"幼儿园的教育内容是全面的、启蒙性的,可以相对划分为健康、语言、社会、科学、艺术等五个领域,也可作其他不同的划分。各领域的内容相互渗透,从不同的角度促进幼儿情感、态度、能力、知识、技能等方面的发展。"因此,幼儿教育的重要作用体现在对幼儿个体全方位、多层次身心健康的培养与锻炼,而个体的社会性与人格品质正是个体素质的核心组成部分,它是在幼儿个体不断成长并逐渐融入社会的过程中逐步形成、发展并体现的。在学前期这一关键时期,婴幼儿受到环境与教育的影响,与他人建立关系、相互作用,逐渐形成和发展着最初也是最基本的对人、事、物的情感和态度,这为其个体的培养奠定了至为重要的人格品质与社会化基础。

对人类个体身心健康发展的研究及相关事实均表明,6岁前是人的行为习惯、情感、态度、性格雏形等基本形成的时期,并且这一时期的幼儿发展状况对其未来发展具有持续影响。如果在这个时期,幼儿从适当的教育活动和环境条件中受益,那么其身心发展将达到更理想的高度。因此,幼儿时期所形成的社会性和人格品质很大程度上影响着个体日后社会性、人格品质的发展方向、性质和水平。在学前期形成的良好的社会性和人格品质有助于个体积极地适应环境,顺利地融入社会生活,从而有利于他们的健康成长与成才。

具体而言,学前期适宜的社会性教育能够有力地促进儿童社会交往能力、爱心、责任感、自控力、自信心和合作精神等人格品质的发展,研究结果表明,接受了适宜的社会性教育的儿童以上各方面发展水平都要显著高于没有接受过这一教育方案的儿童。而不良的学前教育则可能使儿童形成消极的社会性及人格品质,甚至导致其日后出现某种人格缺陷,最终因无法适应社会而走向犯罪道路等。

综上所述,高质量的幼儿教育对幼儿个体社会性与人格品质的影响是巨大的,良好的幼儿教育在个体成长过程中必不可少。

2. 对个体认知的作用

学前期是认知发展最迅速的时期,对人的认知能力塑造和提升具有重要的奠基作用。在这一时期,幼儿的部分生理和心理机能开始进入发展的萌芽期或关键期,其中最重要的就是认知能力的发展。学前期幼儿比较容易学习某些经验性知识或形成某种习惯性行为,错过这一时期,在较晚的阶段再弥补则很困难,有时甚至无法弥补。例如,幼儿学习口头语言的最佳年龄是2~3岁,学习书面语言的最佳年龄是4~5岁等。

幼儿教育是在幼儿学前期进行教育的过程。在这一时期实施适应幼儿发展的、有目的的、有计划的教育,可以有效促进幼儿认知发展,激发幼儿学习积极性,将幼儿教育与幼儿认知发展充分连接起来,形成相互促进的良性关系。美国著名学前教育方案"开端计划"(Head Start)和"帕里学前教育方案"的研究均表明,早期接受良好学前教育的儿童比未接受的儿童在"在认知、语言和思维、操作等各方面能力发展得更好",并且良好的学前教育对这些儿童的认知、学习发展产生一直持续到其成年期的长期的、积极的影响。因此,幼儿如果能在这一时期接受高质量的幼儿教育,这必将为其个人日后成长与发展奠定良好的基础。但学前期又是一个复杂、易变、不确定的发展时期。高质量的幼儿教育可以促进幼儿个体认知能力的发展,反之,单调、贫乏的环境刺激和适宜的学前教育的缺乏,也会造成儿童认知的落后。因此,要在良好的环境中进行高质量的幼儿教育,提供丰富的外界刺激,才能有效地激发幼儿的认知欲望,促进幼儿良好的认知发展。

我们必须把握好学前期这一在人的发展中占据极其重要地位的教育阶段,给儿童提供良好的教育,保障其认知能力的顺利发展。

3. 对幼儿身体的作用

学前期的幼儿正处于身体机能和组织器官迅速发育的时期,体质较为娇弱,对外界的适应能力和对疾病的抵抗能力都不强。同时,幼儿自身并没有形成独立生活能力。因此,为了保护幼儿的生长发育,需要进行合理适宜的幼儿教育。

健康教育是幼儿园教育内容中的重要部分。健康教育旨在促进幼儿身体健康,使其在集体生活中情绪安定、愉快,培养幼儿良好的生活、卫生习惯以及基本的生活自理能力,帮助幼儿了解必要的安全保健知识并学习保护自己,激发幼儿参加体育活动的兴趣,促进其动作的协调性、灵活性。幼儿园的保育和教育的首要目标是:促进幼儿身体正常发育和机能的协调发展,增强体质,培养良好的生活习惯、卫生习惯和参加体育活动的兴趣。幼儿园应把促进幼儿身体健康发展放在工作的首要位置。

《幼儿园工作规程》还提出,要为幼儿合理安排一日生活作息制度,定期对幼儿进行健康检查,制定卫生保健制度,避免幼儿受疾病的侵袭,为幼儿提供合理的膳食,编制营养平衡的食谱,并积极开展体育锻炼活动。这些有目的、有计划的保育工作在促进幼儿身体健康发展方面起到了巨大的作用。

通过科学安排幼儿的日常生活、预防疾病、平衡膳食、加强体育锻炼等措施,高质量的幼儿教育能够促进幼儿身体的健康成长,加强其身体的机能,提高其对外界的适应能力,为幼儿的发展奠定良好的基础。

(二)高质量的幼儿教育对家庭、教育事业和社会的发展具有重要意义

1. 对社会的作用

迈入 21 世纪,以信息技术为标志的科技发展日新月异,知识经济蓬勃兴起,各国间的综合国力竞争日趋激烈。时代赋予教育以新的内容,而学前教育作为我国学制中最初的一环,与各级各类学校教育(小学教育、中学教育、职业技术教育、高等教育等)共同担负着为国家和社会培养社会主义建设者的任务。学前教育是学校教育的基础,受过托儿所、幼儿园教育的 6 岁儿童,在身体、智力、道德品质上和其他儿童会有显著差别。入小学时起点不同,对学校后续教育质量和年轻一代的未来发展有很大影响。学前教育为提高社会主义建设者的总体素质奠定了良好基础。

值得关注的是,有关追踪研究表明,补偿性的学前教育在消除社会贫困、拥有高质量的家庭生活和产生社会经济效益方面的作用十分突出。美国几项长达 20~30 年的学前教育追踪研究,如"开端计划"和"帕里学前教育方案"的研究均显示:以家庭经济状况差、父母文化水平低的社会处境不利儿童为对象的补偿性学前教育,能成功打破消极的贫穷循环圈(即童年期的贫穷常常导致儿童学业失败,进而导致其成年期的贫穷,如失业、靠救济金生活等),使这些儿童因认知、语言、社会性等各方面能力发展良好,而更有可能完成高中学业并获得工作上的成功,能够自立而不是依靠社会福利生存,更有可能组建家庭并对婚姻生活忠实,减少对特殊教育的需求,青少年犯罪、未成年怀孕的可能性更小。研究指出,高质量的学前教育计划不仅提高了参与其中的儿童及其家庭的生活水平,还能为社会带来巨大的经济效益。学前教育的收益要大于其花费,在学前教育上的投入可以在日后为国家节省庞大的社会教育费和社会福利费。有关"帕里学前教育方案"的效益分析发现,对学前教育进行投资,其收益是投资的 3.5 倍;对"高瞻学前教育方案"的经费分析则表明,对学前教育每投入 1 美元,日后能够获得 7.16 美元的收益。这些研究结果对于我国在广大中西部贫困地区发展学前教育,改善其教育、社会经济状况具有重要的启示意义。①

  知识链接 6-2 开端计划

开端计划是美国联邦政府对处境不利儿童进行教育补偿,以追求教育公平、改善人群代

---

① 庞丽娟,胡娟,洪秀敏.论学前教育的价值[J].学前教育研究,2003(5):23.

际恶性循环的一个早期儿童项目。该计划自创始至今 40 多年,已经为 2200 多万名儿童提供了服务,很大程度上减少了留级和接受特殊教育的儿童的数量,既赢得了贫困家庭的好评,又促进了社会的教育公平。1981 年出台的《开端计划法案》(Head Start Act)规定,联邦政府每年至少应为开端计划项目拨款 10.7 亿美元。自该法案颁布实施以来,联邦政府对开端计划项目的拨款数额逐年增加:1990 年为 15.52 亿美元;1999 年达到 46.58 亿美元,是 1990 年的 3 倍;到了 2005 年,拨款数额达到了 68.43 亿美元,是 1990 年的 4 倍多。从人均投入来看,1992 年联邦政府对每名儿童的投入是 3415 美元;2004 年达到了 7222 美元,是 1992 年的 2 倍多。2007 年,美国国会参众两院高票通过了有效期为 5 年的《开端计划新法案》,该法案规定联邦政府应在 2008 年向开端计划提供 73.5 亿美元的资金支持,还增加了无家可归儿童、流动儿童、身体残疾儿童及非英语母语儿童参与开端计划项目的机会。开端计划不向家长收取费用,其经费 80% 来自联邦政府的拨款,其余主要来自社区。联邦政府的拨款自开端计划实施以来从未停止过,且数额始终呈上升趋势。

政府拨款为开端计划项目的顺利开展提供了重要的支持,越来越多不同年龄、来自不同群体的学前儿童已经或正在从开端计划中受益。开端计划鼓励家长参与项目,推进了全社会对处境不利儿童及其家庭和社会环境的关注和支持。另外,该计划也在很大程度上减轻了这类家庭的压力,使家长有时间和精力去接受自身的职业培训,获得更多的工作机会,在一定程度上缓和了社会矛盾,促进了社会公平。

2. 对家庭的作用

家庭是社会的基本单位,每个幼儿都连接着一个或几个家庭。孩子能否健康成长是家长关注的焦点,也是决定家庭生活是否和谐幸福、影响家庭生活质量的关键因素,因此学前教育的质量也引起家长的极大关注。幼儿园学前教育的专业性和针对性更强,可以弥补家庭学前教育的不足,它不仅是对家庭教育的补充,还间接为社会长远和稳定的发展做出了贡献。

此外,《幼儿园工作规程》规定幼儿教育的第二个主要任务是"幼儿园同时面向幼儿家长提供科学育儿指导"。幼儿的健康成长和发展离不开良好的家庭教育,父母是幼儿的第一任老师,对幼儿性格和品行的发展产生深远的影响。然而,家长并不都是熟悉教育规律的专业人员,通过家园共育,幼儿园为家长提供科学的育儿指导,帮助家长提高育儿水平,有利于增进家庭的和谐和幸福。

3. 对教育事业发展的作用

首先,学前教育是我国学制的第一阶段,是基础教育的开端,在学校教育系统中起到奠基作用。例如,学前教育能有效帮助幼儿做好上小学的准备,提前适应小学生活并顺利进入小学。我国教育部和联合国儿童基金会共同进行了历时 5 年的幼小衔接研究,研究通过对儿童入学前半年和入学后半年进行连续实验发现,帮助学前儿童做好学习适应和社会适应等方面的入学前准备,能够使其入学后在身体、情感、社会性和学习等方面有良好的发展,从而顺利实现由学前向小学的过渡。

其次,学前教育是终身教育的开端。它强调教育对人的一生都产生持续不断的影响,而学前教育正是这个长期教育过程的开始,是幼儿身心成长、个性发展的基础时期。俗话说,良好的开端等于成功的一半,学前教育不仅要注意幼儿身体健康,更要重视早期教育对儿童一生的影响。

> **案例 6-1**
>
> **维持正常教学秩序合理合法**[①]
>
> 郑海是某幼儿园大班的小朋友。他平时非常顽皮,经常跟别人打架,不爱学习,是班上有名的"淘气鬼"。一天,在上识字课时,任课老师让他回答问题,他答不出,就怪里怪气地学动物叫,故意扰乱课堂秩序。任课老师批评他,他还做鬼脸,并顶撞老师。任课老师无奈,只好把他带出教室,让班主任老师对其进行批评教育。郑海小朋友的家长知道此事后,认为任课老师不应当在上课时将其带出教室,说老师这样做是违法的,侵犯了孩子的受教育权,要求幼儿园为此道歉。
>
> 幼儿园老师是否有权这样做?
>
> **【评析】**
>
> 本案是一起幼儿园在教学活动中行使法定权利引起的纠纷。
>
> 幼儿园的法定权利是幼儿园在其教育、保育活动中依法享有的权利,即国家通过法律规定,对幼儿园作为法律关系主体做出或者不做出某种行为,以及要求他人做出或者不做出某种行为的许可和保障。幼儿园的法定权利以法律规定为前提,并受国家保护。这些法定权利一旦受到侵害,权利享有者有权请求法律保护。
>
> 根据我国相关法律、法规的规定,幼儿园的法定权利主要有:
>
> (1)按照《幼儿园工作规程》和《幼儿园管理条例》的要求,自主管理幼儿园的权利。
>
> (2)遵循教育、保育规律组织实施保育、教育活动的权利。
>
> (3)招收新生和进行学籍管理的权利。
>
> (4)聘任及管理教师及职工的权利。
>
> (5)对本单位的设施及经费进行管理和使用的权利。
>
> (6)拒绝对教育、保育活动的非法干涉的权利。
>
> (7)法律、法规规定的其他权利。
>
> 本案中,郑海小朋友作为在园幼儿,确实有接受教育的权利。但他在课堂上不遵守纪律,扰乱课堂秩序,干扰了正常的教育、教学活动,影响到整个班级教学的正常进行,侵犯了其他幼儿接受教育的权利。在这种情况下,任课老师将他带出教室,是为了维持正常的教学秩序,也是为了保障其他幼儿的受教育权,因此是完全合理合法的。幼儿家长要求幼儿园道歉的说法没有法律依据,幼儿家长应当积极配合幼儿园共同做好对幼儿进行教育的工作。

[①] 周天枢.幼儿园100个法律问题[M].广州:新世纪出版社,2010:52—53.有删改.

从学前教育政策与法规的角度,谈一谈如何发挥幼儿教育的作用?

第二节 幼儿园的教育工作

幼儿园是对3周岁以上学龄前儿童实施保育教育的机构,是学校教育制度的基础阶段。

一、幼儿园教育工作的特点[①]

与学校制度的其他阶段相比,幼儿园教育工作有以下特点。

(1) 幼儿园教育是非义务性的。也就是说,幼儿去幼儿园接受教育是自愿而非强制的。

(2) 幼儿教育不以传授系统知识为主要目标。幼儿园对幼儿施行有组织、有计划、有目的的教育和保育,目的在于使幼儿的体力、智力、品德和情感都得到发展,为幼儿升小学后较快地适应正式的学习生活打基础,而不以传授系统知识为主要目标。

(3) 在法律上,幼儿教育的对象虽然拥有同成人一样的权利能力,但他们无相应的行为能力和责任能力。我国《民法典》规定,不满八周岁的未成年人属无民事行为能力人,他们不对自己的行为承担相应的责任。因此,幼儿教育特别强调保育与教育相结合,一切教育活动都是在保育的前提下进行的。

二、幼儿园教育工作的原则

幼儿园教育工作的原则是指教师在对幼儿进行教育时必须遵循的行为准则。《幼儿园工作规程》根据幼儿园的教育目标、任务和幼儿身心发展的特点,在对长期的幼儿教育实践经验进行总结的基础上,明确提出幼儿园教育工作必须坚持以下原则。

(1) 诸育互相渗透、有机结合的原则。即德、智、体、美诸方面的教育应互相渗透,有机结合。

(2) 注重个体差异、因材施教的原则。遵循幼儿身心发展的规律,符合幼儿的年龄特点,注重个体差异,因人施教,引导幼儿个性健康发展。

(3) 面向全体、坚持正面教育原则。面向全体幼儿,热爱幼儿,坚持积极鼓励、启发引导的正面教育。

(4) 各种教育手段交互作用、渗透生活的原则。合理地综合组织各方面的教育内容,并渗透于幼儿一日生活的各项活动中,充分发挥各种教育手段的交互作用。

(5) 充分利用环境、幼儿活动主体性原则。创设与教育相适应的良好环境,为幼儿提供活动和表现能力的机会与条件。

(6) 以游戏为基本活动、寓教于活动的原则。即幼儿园的教育工作应以游戏为基本活动,把教育因素贯穿各项活动之中。

---

① 孙葆森,刘惠容,王悦群.幼儿教育法规与政策概论[M].北京:北京师范大学出版社,1998:117.

> **案例 6-2**
>
> 别为了安全,限制孩子的活动①
>
> 某幼儿园是一家公立幼儿园,日常管理比较规范。但是在一次组织幼儿春游时,发生了意外事故:该园幼儿乘坐的一辆包租的旅游车发生了车祸,导致 2 名幼儿受重伤。幼儿园由于存在过错,为此付出了高额的赔偿金。从那以后,为避免意外事件的再次发生,幼儿园决定减少幼儿的户外活动和游戏时间,索性把幼儿整天闷在课室里。
>
> 这种做法倒是保险了,可是否合法呢?
>
> 【评析】
>
> 本案涉及儿童法律权利的保障问题。
>
> 幼儿园应向幼儿提供规范、安全的学习条件和生活环境,不能因为担心出意外就限制或减少孩子们的户外活动时间。《儿童权利公约》规定,儿童应有时间休息和游戏,有同等的机会参加文化和艺术活动。
>
> 【建议】
>
> (1) 幼儿园应为幼儿提供规范、安全的室外活动环境。
>
> (2) 幼儿园在组织户外活动时,应对幼儿进行必要的安全教育和能力培养训练。

三、幼儿园教育工作的基本要求

幼儿园教育工作的主要目标是发展幼儿的智力,增进幼儿对环境的基本认识,激发幼儿的认知兴趣和欲望,促使幼儿形成良好的社会性和人格品质,培养他们初步感受美和表现美的能力等。为达到以上目标,幼儿园教育工作的基本要求是科学、合理地安排和组织一日活动,有目的、有计划地选择教育活动内容,科学、有效地组织教育活动,重视、加强幼小衔接,推广、普及普通话的使用等。

(一) 科学、合理地安排和组织一日生活

科学、合理地安排幼儿在园一日活动不仅有利于幼儿园各种活动的有序开展,更能够满足幼儿多方面的发展需要,帮助他们获得有益于身心发展的经验。

首先,幼儿园应建立良好的常规。《幼儿园工作规程》第二十七条规定:"幼儿园日常生活组织,应当从实际出发,建立必要、合理的常规,坚持一贯性和灵活性相结合,培养幼儿的良好习惯和初步的生活自理能力。"《幼儿园教育指导纲要(试行)》指出,建立良好的常规,可以避免不必要的管理行为,逐步引导幼儿学习自我管理。

其次,要精心组织、安排幼儿的一日活动。对活动的时间安排,《幼儿园教育指导纲要(试行)》强调:"应有相对的稳定性与灵活性,既有利于形成秩序,又能满足幼儿的合理需要,照顾个体差异。"对活动的组织、安排,《幼儿园工作规程》第二十六条规定:"幼儿一日活动的组织应当动静交替,注重幼儿的直接感知、实际操作和亲身体验,保证幼儿愉快的、有益的自

---

① 周天枢.幼儿园 100 个法律问题[M].广州:新世纪出版社,2010:22—23.有删减.

由活动。"《幼儿园教育指导纲要(试行)》还强调,应使"教师直接指导的活动和间接指导的活动相结合",除此之外还应"尽量减少不必要的集体行动和过渡环节,减少和消除消极等待现象"。

(二)有目的、有计划地选择教育活动内容

《幼儿园工作规程》第二十八条明确规定:幼儿园应当为幼儿提供丰富多样的教育活动。教育活动内容应当根据教育目标、幼儿的实际水平和兴趣确定,以循序渐进为原则,有计划地选择和组织。

教育内容是实现教育目标的载体,能有效实现教育目标的教育内容才有价值。因此,教师应依据《幼儿园工作规程》提出的保教目标和《幼儿园教育指导纲要(试行)》所述的健康、语言、社会、科学、艺术五大领域各领域目标,并结合本地、本园和本班的实际情况,灵活地选择教育内容。

教育内容的选择还应与幼儿身心发展相适宜。《幼儿园教育指导纲要(试行)》提出教育内容的选择应遵循以下原则:既符合幼儿的兴趣和现有经验,又有助于形成符合教育目标的新经验;既贴近幼儿的生活,又有助于拓展幼儿的经验;既体现内容的丰富性、时代性,又注重幼儿学习的必要性、妥当性以及与小学教育的衔接。

幼儿园各年龄阶段、各学期、各教育活动之间的内容需要衔接,托幼之间、幼小之间的教育内容也需要衔接。教育活动内容的衔接反映了事物发展内在的规律性以及幼儿身心发展的阶段性和连续性,同时也反映了知识经验之间的固有逻辑性。因此,教师在选择教育内容时要综合考虑多方面的因素,遵循由易到难、由浅入深、由近及远、循序渐进的原则。要多选择有利于幼儿长远发展的教育内容,为幼儿的终身学习和发展打好基础。①

总而言之,幼儿园教师在选择教育内容时,应遵循幼儿教育的目标,考虑幼儿的身心发展规律,并坚持循序渐进的原则。幼儿园不应该为了迎合家长的意愿而选择一些违背幼儿身心发展规律的内容。只有适合幼儿的教育内容才是最好的。

知识链接 6-3　幼儿园保教目标和五大领域各领域目标

《幼儿园工作规程》第五条规定,幼儿园保育和教育主要目标是:促进幼儿身体正常发育和机能的协调发展,增强体质,促进心理健康,培养良好的生活习惯、卫生习惯和参加体育活动的兴趣;发展幼儿智力,培养正确运用感官和运用语言交往的基本能力,增进对环境的认识,培养有益的兴趣和求知欲望,培养初步的动手探究能力;萌发幼儿爱祖国、爱家乡、爱集体、爱劳动、爱科学的情感,培养诚实、自信、友爱、勇敢、勤学、好问、爱护公物、克服困难、讲礼貌、守纪律等良好的品德行为和习惯,以及活泼开朗的性格;培养幼儿初步感受美和表现美的情趣和能力。

《幼儿园教育指导纲要(试行)》提出,幼儿园的教育内容是全面的、启蒙性的,可以相对划分为健康、语言、社会、科学、艺术等五个领域,也可作其他不同的划分。各领域的内容相互渗透,从不同的角度促进幼儿情感、态度、能力、知识、技能等方面的发展。五大领域的目标具体如下。

---

① 章群弟.教育活动内容选择的依据[J].幼儿教育,2014(11):56.

健康领域目标:身体健康,在集体生活中情绪安定、愉快;生活、卫生习惯良好,有基本的生活自理能力;知道必要的安全保健常识,学习保护自己;喜欢参加体育活动,动作协调、灵活。

语言领域目标:乐意与人交谈,讲话礼貌;注意倾听对方讲话,能理解日常用语;能清楚地说出自己想说的事;喜欢听故事、看图书;能听懂和会说普通话。

社会领域目标:能主动地参与各项活动,有自信心;乐意与人交往,学习互助、合作和分享,有同情心;理解并遵守日常生活中基本的社会行为规则;能努力做好力所能及的事,不怕困难,有初步的责任感;爱父母长辈、老师和同伴,爱集体、爱家乡、爱祖国。

科学领域目标:对周围的事物、现象感兴趣,有好奇心和求知欲;能运用各种感官,动手动脑,探究问题;能用适当的方式表达、交流探索的过程和结果;能从生活和游戏中感受事物的数量关系并体验到数学的重要和有趣;爱护动植物,关心周围环境,亲近大自然,珍惜自然资源,有初步的环保意识。

艺术领域目标:能初步感受并喜爱环境、生活和艺术中的美;喜欢参加艺术活动,并能大胆地表现自己的情感和体验;能用自己喜欢的方式进行艺术表现活动。

(三)科学、有效地组织教育活动

《幼儿园工作规程》指出:"教育活动的组织应当灵活地运用集体、小组和个别活动等形式,为每个幼儿提供充分参与的机会,满足幼儿多方面发展的需要,促进每个幼儿在不同水平上得到发展。"《幼儿园教育指导纲要(试行)》还提出了更为具体的要求,即"教育活动内容的组织应充分考虑幼儿的学习特点和认识规律,各领域的内容要有机联系,相互渗透,注重综合性、趣味性、活动性,寓教育于生活、游戏之中"。综合这两个文件,组织教育活动还需符合以下几种要求。

1. 以游戏为基本活动

喜欢游戏是幼儿的天性。高尔基说过:"儿童通过游戏非常简单、非常容易地认识周围世界。"游戏是适应幼儿身心发展特点,并有益于幼儿全面、个性发展的活动。《幼儿园管理条例》明确规定:"幼儿园应当以游戏为基本活动形式。"《幼儿园教育指导纲要(试行)》总则第五条也提出:"幼儿园教育应尊重幼儿的人格和权利,尊重幼儿身心发展的规律和学习特点,以游戏为基本活动,保教并重,关注个别差异,促进每个幼儿富有个性的发展。"游戏是幼儿早期学习的一种特有方式,也是幼儿教育的主要活动。

《幼儿园工作规程》第二十九条对游戏选择、游戏条件、游戏指导三个方面进行了详细规定。游戏是对幼儿进行全面发展教育的重要形式,幼儿园应根据幼儿的年龄特点选择和指导游戏;应因地制宜地为幼儿创设游戏条件(时间、空间材料),游戏材料应强调多功能和可变性;应充分尊重幼儿选择游戏的意愿,鼓励幼儿制作玩具,根据幼儿的实际经验和兴趣,在游戏过程中给予适当指导,保持愉快的情绪,促进幼儿能力和个性的全面发展。

为达到以游戏为基本活动的要求,幼儿园应做到以下几点。一是要以游戏的形式开展活动实施教育,完成特定的教育教学目标。如在组织活动中注意采用游戏形式与手段,促进教育效果的提高。二是注重游戏活动本身,以游戏为基本活动,注重开展幼儿自选的游戏活动,充分发挥游戏自主性特点,激发起幼儿内在的活动动机,产生积极体验,通过活动过程促进身心发展。① 三是要注重区域游戏的开展。幼儿园开展的区域游戏要内容广泛、形式多样,充分发挥幼儿的主体性,促进幼儿个性发展。

2. 因材施教,鼓励个性发展

苏霍姆林斯基曾经指出:"人的个性是一种由体力、智力、思想、情感、意志、情绪等炼成的最复杂的合金,不了解这一切就谈不上教育。"由于遗传、环境、教育等方面的差别,每个幼儿的知识水平、生活经验不尽相同,个体之间存在着较大的差异性。幼儿园教育应该发现、正视、尊重这种差异,认真研究人的成长规律,创造一定的环境和条件,通过个性化教育,因材施教,让每一个个体都能根据各自的特长、爱好,找到适合自己的发展方向。

《幼儿园工作规程》第三十二条规定:幼儿园应当充分尊重幼儿的个体差异,根据幼儿不同的心理发展水平,研究有效的活动形式和方法,注重培养幼儿良好的个性心理品质。教师应通过日常教学、生活观察、活动考察等途径,着力了解把握孩子们的不同特性及成因,做到对每个幼儿的个性特点都心中有数,发掘蕴藏在每个幼儿身上的潜能,从而帮助其按自己特定的方式发展自我、完善自我,形成相对稳定而独特的个性。另外,教师要提高自身的综合素质和能力,不断更新教育观念,运用现代化的教学方式和手段,提升个人观察力和影响力,以便在幼儿教学中达到因材施教的效果。

> **案例 6-3**
>
> ### 孩子是脚,教育是鞋②
>
> 年轻的马老师曾对我说:"我们班那个叫小小的孩子太调皮了,永远都不听我的指挥。"我问她:"这孩子平时看起来没那么调皮呀?"马老师开始滔滔不绝:"他也不是不听话,但只听张老师(年纪稍长)的话。同样是集体活动,跟着张老师,他不插嘴。要是我上课,他从课前一直说到课后。出去活动,我最害怕他到处跑,就算亲自抓着他,他还能挣脱我跑开好几次,但跟着张老师就好多了。"面对马老师的困惑,我请她静下心来观察张老师是怎么和孩子相处的。
>
> 教学活动时间,张老师拿出图片让孩子们观察图片上的内容。小小插嘴说:"是三只蝴蝶的故事。"马老师说:"你看你看,我最怕他这样,不该说的时候他也说,课还怎么接着上呀?"我示意马老师耐心观察。张老师显得一点儿也不着急,她假装惊讶地说:"哇,我刚才听见有人说出了这个故事的名字呢,太厉害了,嘘……请那个厉害的小朋友守住秘密,等会儿和我一起来当小老师,看看别的小朋友能不能说出别的名字。"说完后,只见小小立即捂住嘴巴,得意地笑着。就这样,直到介绍故事名字的环节,小小才用好像憋了很久的声音大声地告诉了大家。
>
> 事后,我和马老师交流:"同样的孩子、同样的情况你会怎么处理?"马老师说:"我也许会停下课,和大家讨论上课不插嘴的事情,让大家都知道插嘴是不好的习惯,学会举

---

① 张燕.幼儿园如何实现以游戏为基本活动[J].学前教育研究,1994(03):22.
② 洪秀敏.幼儿园教师应知的政策与法规:案例式解读[M].北京:北京师范大学出版社,2022:65—67.

手发言。"接着又补充道:"好习惯对孩子一生发展很重要,平时我常这样耐心地给孩子们讲道理,再表扬、肯定一下,他们进步可大啦。"细细揣摩马老师的想法,也不无道理,那么问题到底在哪里呢?每个孩子都是充满个性的个体,同一种方法真的适合每一个孩子吗?哪种方法更适合小小呢?我问马老师:"你平时怎么买鞋?"马老师说:"先看款式,再看价格,最后一定要上脚试一试,再决定买不买。"接着我们一起讨论:那孩子和我们的教育谁是鞋,谁是脚?的确,在实际工作中我们常花尽心思为孩子选择我们认为合适的鞋,但是到底适不适合孩子呢?最后做决定的那个"试一试"的过程,我们有吗?我们真的应该静下心来先了解不同"脚"的真实需求与感受,再选择合适的"鞋"。当然,"鞋子"再好,"脚"也需要时不时出来透透气。偶尔赤足行走,才别有一番乐趣。[①]

【分析】

案例中马老师没有关注到小小的真实需求与感受,以"一刀切"的方式对待所有幼儿,因此在小小的教育问题上遇到了挫折;而张老师在集体教学活动中关注到了不同幼儿的个体差异,遵循每个幼儿的身心发展规律,极大地调动了幼儿的积极性。张老师让小小"守住秘密",很好地发挥了教育机智,既维持了课堂纪律,也照顾到了每个幼儿的发展特性。

【建议】

孩子是脚,教育是鞋,生活则是路。这既是我们的教育理念,也是我们的教育行动。鞋不适合脚时,既不能削了脚,也不能拆了路,只能换鞋。因此只有充分了解脚的大小、形状,知道脚的需要和感受,挑选的鞋才能合脚。教育要适合孩子,不是说适于普遍意义上的孩子群体,而是具体到每一个孩子的年龄和性格特点,用心去了解每个孩子,尊重他们的身心发展规律;同时,在孩子的先天发展条件下,给予恰当的帮助,协助其获得良好的发展,为其一生的幸福奠定基础。

3. 寓德育于各项活动之中

著名教育家陶行知先生曾指出:"6岁以前是人格陶冶最重要的时期。这个时期培养得好,以后只需顺着他继续增高地培养下去,自然成为社会优良的分子。倘使培养得不好,那么,习惯成了不易改,倾向定了不易移,态度决了不易变。这些儿童升到学校里,教师须费九牛二虎之力去纠正他们已成的坏习惯、坏倾向、坏态度,真可算为事倍功半。"基于此,幼儿园应加强品德教育,为幼儿形成健全人格奠定良好的基础。

《幼儿园工作规程》第三十一条规定:"幼儿园的品德教育应以情感教育和培养良好行为习惯为主,注重潜移默化的影响,并贯穿于幼儿生活以及各项活动之中。"教师要捕捉各种教育契机,将幼儿良好生活、卫生习惯的培养嵌入幼儿入园、离园、起床、盥洗、吃饭、睡觉、待人接物、整理日常用品等日常生活中,督促并指导他们付诸行动,反复练习,从而形成良好的行为习惯。此外,教师还要在教育活动、游戏活动中,潜移默化地渗透品德教育。

[①] 改编自吉志远.孩子是脚,教育是鞋[J].早期教育(教师版),2016(12).

(四)重视、加强幼小衔接

幼小衔接是指幼儿园与小学两个阶段教育的连接与过渡。幼小衔接工作做得好,不仅可以使即将升入一年级的适龄幼儿自然顺利地过渡到紧张的小学学习生活中,使他们在小学里健康快乐地成长,而且对于促进幼儿的可持续发展、提高小学教育质量都具有重要意义。《幼儿园工作规程》第三十三条规定:"幼儿园和小学应当密切联系,互相配合,注意两个阶段教育的相互衔接。"《学前教育法》第五十九条也指出"幼儿园与小学应当互相衔接配合,共同帮助儿童做好入学准备和入学适应"。

做好幼小衔接,不仅是做好幼儿园与小学的知识衔接,更重要的是对幼儿能力、经验、学习习惯的培养。教师要激发幼儿强烈的入学愿望,培养幼儿良好的行为习惯和独立生活的能力,调动幼儿学习的主动性和积极性,促使幼儿形成规则意识。幼儿园可以通过多种形式的实践活动,让幼儿提前熟悉小学的环境,了解小学生的学习和活动情况,使幼儿萌发进入小学的愿望,从而使幼儿在入学后更快地适应小学的学习环境。

在幼小衔接的过程中,家长起重要的作用。幼儿园应通过开大班家长会、家长学校讲座、请专家向家长介绍如何做好幼小衔接工作等活动,以提高家长对幼小衔接重要性的认识,使家长了解小学教育与幼儿园教育的不同。幼儿园要帮助家长树立正确的幼小衔接观念,与家长进行有效的沟通与合作,让家长能够意识到幼儿的入学准备不仅局限在知识方面,还包括身体和心理上的准备,通过家园合作,形成教育合力,为实现幼儿的平稳过渡奠定基础。

案例 6-4

幼儿园有开展家长工作的责任[①]

某幼儿园的部分家长提出,幼儿在幼儿园应多学点知识,每天至少要学 1 小时的语文和算术。当时,园长为了维持幼儿园的生源答应了这一要求,并让大班老师借小学一年级的课本给幼儿上课。

经过思考后,园长认为幼儿园教这些知识是不对的。园长告诉家长幼儿园应按幼儿年龄特点进行教育,以游戏为基本活动,否则不利于孩子的身心健康。有个别家长不接受这样的教育安排,把孩子送往了别的幼儿园。

【评析】

幼儿园工作中,家长工作是十分重要的部分。《幼儿园工作规程》专门用一章(即第九章"幼儿园、家庭和社区")的篇幅把幼儿园的家长工作用法规形式确定了下来。之所以如此重视家长工作,是因为许多研究结果表明,幼儿教育不完全等于幼儿园教育,而应是家庭教育、幼儿园教育、社会教育三者有机组成的整体。其中,家庭、幼儿园教育对幼儿的发展都有直接的影响。幼儿园作为教养机构,其教师是受过专门训练的,幼儿园必须主动与幼儿家庭配合,并有责任指导家长正确了解幼儿园保育和教育的内容、方

---

① 李志宇,谢志东.幼儿园法律问题案例评析[M].北京:知识出版社,2001:173.

法。在本案例中,幼儿家长提出让幼儿多学知识,是因为他们不了解幼儿园的性质和幼儿真正需要的教育内容。面对这种情况,幼儿园有责任依据《幼儿园工作规程》向家长进行解释和说明,而不应一味迎合家长的不合理要求。这同时也说明,该幼儿园对自身负有的开展家长工作的责任没有认识清楚,没有把家园配合教育放在重要地位,才使自己陷入了被动的工作局面。

在深化幼教改革的当下,希望广大幼儿园真正认识到家长工作的重要性,使幼儿在家园共育的合力下更加健康、茁壮地成长。

(五)推广、普及普通话

《中华人民共和国国家通用语言文字法》规定普通话是国家通用语言。在我国现代化建设的历史进程中,大力推广、积极普及全国通用的普通话,有利于消除语言隔阂、促进社会交往,对社会经济、政治、文化建设和社会发展具有重要意义。我国是多民族、多语言、多方言的人口大国,推广、普及普通话有利于增进各民族、各地区的交流,有利于维护国家统一、增强中华民族凝聚力。正确规范地使用普通话有助于幼儿更好地与他人交流,获取更多知识,为接受基础教育做好准备,因此,国家积极倡导"普及推广普通话从娃娃抓起"。

《宪法》规定,国家推广全国通用的普通话。《教育法》第十二条规定:"国家通用语言文字为学校及其他教育机构的基本教育教学语言文字,学校及其他教育机构应当使用国家通用语言文字进行教育教学。"

语言学专家指出,幼儿期给幼儿创设什么样的语言环境,幼儿就会形成什么样的语言。首先,幼儿园应该积极营造沉浸式的普通话语言环境,让幼儿逐渐会听、会讲、爱讲;其次,幼儿园应积极开展各类语言活动、游戏,让幼儿逐渐学会用普通话完整表述较连贯的句子;最后,幼儿园应充分利用一日生活各环节,激发幼儿语言交流的兴趣,让幼儿亲身体会到使用普通话的乐趣。

除了《幼儿园工作规程》所规定的幼儿园教育工作的法定原则外,幼儿园教育工作还应遵循哪些原则?

第三节 幼儿园的保育工作

一、保育工作的意义

幼儿园保育是指幼儿园教育者为幼儿的生存与发展提供必需的、良好的环境和条件,给予幼儿精心的照顾和养育,以保护和促进幼儿的正常发育和良好发展,逐渐提高其独立生活的能力。保育工作是幼儿园的一项基本工作,它关系到幼儿的生长发育和身心健康。

按照狭义的理解,保育是对幼儿身体的保护和养育。按照广义的理解,保育是对幼儿身体的保护,对幼儿各种心理过程发展的促进和培养。①

(一)良好的保育工作,能促进幼儿身心健康发展

《幼儿园工作规程》第十七条规定:"幼儿园必须切实做好幼儿生理和心理卫生保健工作。"在这一规定的指导下,我们应该意识到幼儿园的保育工作不仅是对幼儿身体的保护,更是对幼儿各种心理过程发展的促进和培养。因此,良好的保育工作,有利于幼儿的身心健康发展。

学前儿童正处于生长发育的重要时期,他们虽然已经具有人体的基本结构,但是各器官、各系统尚未发育完善,对外界环境及变化的影响更为敏感,基本没有自我保护的意识与能力,容易受到恶劣天气的影响与各传染病的袭击。幼儿阶段的这种特殊性,决定了成人必须对他们特别关注。因此幼儿园的工作人员,一方面需要对幼儿进行精心照顾和保护,另一方面需要为他们创设良好的条件和环境,从而促进其身心健康发展。

《幼儿园工作规程》把"促进幼儿身体正常发育和机能的协调发展,增强体质,促进心理健康,培养良好的生活习惯、卫生习惯和参加体育活动的兴趣"放在了保育和教育的主要目标的首位。培养幼儿良好的生活、卫生习惯,逐渐提高其独立生活的能力,引导幼儿形成良好的情绪和个性也是学前教育机构保育工作的重要任务。

(二)良好的保育工作,能提高幼儿园的办园质量

《幼儿园工作规程》明确提出,"幼儿园是对3周岁以上学龄前幼儿实施保育和教育的机构",幼儿园要实行"保育与教育相结合的原则"。这些规定,从根本上说明了保育工作是学前教育机构的重要工作内容。良好的保育工作,必然能够提高幼儿园的办园质量。

此外,由于幼儿园教育的对象是3周岁以上学龄前儿童,他们体质柔弱,各种器官功能不完善,加上缺乏生活经验,体力不足,自制能力、生活自理能力都很差。基于此,幼儿园必须把保护幼儿的生命和促进幼儿的健康放在工作的首位,幼儿园的保育理应在幼儿园工作中占有重要地位。保育工作的质量应成为衡量学前教育机构质量的一个重要指标,保育质量的提高必然提高幼儿园办园质量。

(三)良好的保育工作,有利于加强幼儿园与家长的沟通与合作

《幼儿园工作规程》明确指出,实行"保育与教育相结合的原则","保教并重"。但在实际工作中,保育工作的地位远远低于其理论地位。有很多家长对保育工作存有偏见,把保育工作视为微不足道的清洁卫生工作,不把"保育员"看作幼儿教师,只注重幼儿智力方面的发展,而忽视幼儿的生活、卫生习惯,以及自理能力和自我保护意识的培养。而改变这一现状最为有效的办法就是提高幼儿园保育工作的质量,使其朝着更专业、更科学的方向发展,进而引起家长对幼儿园保育工作的了解和重视。

幼儿园保育工作的良好发展离不开家长的联系与合作,只有当家长与幼儿园的教养态度保持一致,才能使幼儿健康成长。《幼儿园工作规程》明确指出:"幼儿园应当主动与幼儿家庭沟通合作,为家长提供科学育儿宣传指导,帮助家长创设良好的家庭教育环境,共同担负教育幼儿的任务。"可以通过"建立幼儿园与家长联系的制度,指导家长正确了解幼儿园保育和教育的内容和方法",从而更新家长的教育观念,使家长了解、重视幼儿园的保育工作。

---

① 孙葆森,刘惠容,王悦群.幼儿教育法规与政策概论[M].北京:北京师范大学出版社,1998:213.

广大幼儿家长对如何保育、教育孩子并不一定具备专业的知识和经验。为了巩固幼儿园在保育方面的教育成果,幼儿园要在家长中广泛开展现代保育知识教育,通过家长学校、家长会、家园共育专栏、家访等多种形式向家长宣传幼儿卫生保健常识和心理健康知识,督促幼儿形成良好的生活习惯,从而提高家长素质。幼儿园还可以通过和家长接触,了解和研究家长在家庭保育方面的好做法、好经验,从而丰富和完善自身的保育方式,并在家长会上进行推广。这样协调一致地开展工作,既有利于促进幼儿的健康成长,也传播了精神文明,有利于提高全民的整体素质。因此我们认为,良好的保育工作,有利于加强幼儿园与家长的沟通与合作。

二、保育工作的基本要求

(一)完善并严格执行各项保育制度

1. 制定合理的一日生活制度

幼儿一日生活制度,是指在内容和时间上对学前儿童在幼儿园内的生活和活动进行的规定。1985年,卫生部颁发的《托儿所、幼儿园卫生保健制度》(以下简称《制度》)明确提出,"合理的生活制度是保证儿童身心健康的重要因素,要根据不同年龄的小儿生理特点,合理地安排他们一天的生活内容","幼儿园应制定合理的幼儿一日生活作息制度"。

2012年卫生部颁发的《托儿所幼儿园卫生保健工作规范》(以下简称《规范》)详细论述了幼儿一日生活安排的基本要求,具体如下:

(1)托幼机构应当根据各年龄段儿童的生理、心理特点,结合本地区的季节变化和本托幼机构的实际情况,制定合理的生活制度。

(2)合理安排儿童作息时间和睡眠、进餐、大小便、活动、游戏等各个生活环节的时间、顺序和次数,注意动静结合、集体活动与自由活动结合、室内活动与室外活动结合,不同形式的活动交替进行。

(3)保证儿童每日充足的户外活动时间。全日制儿童每日不少于2小时,寄宿制儿童不少于3小时,寒冷、炎热季节可酌情调整。

(4)根据儿童年龄特点和托幼机构服务形式合理安排每日进餐和睡眠时间。制定餐、点数,儿童正餐间隔时间3.5~4小时,进餐时间20~30分钟/餐,餐后安静活动或散步时间10~15分钟。3~6岁儿童午睡时间根据季节以2~2.5小时/日为宜,3岁以下儿童日间睡眠时间可适当延长。

(5)严格执行一日生活制度,卫生保健人员应当每日巡视,观察班级执行情况,发现问题及时予以纠正,以保证儿童在托幼机构内生活的规律性和稳定性。

具体而言,幼儿一日活动的组织还应注意以下几点。[①]

(1)时间分配的结构,应包括有利于幼儿身心发展的全部活动,动静要交替、室内活动时间应平衡。

(2)有指导有组织的集体活动与自选活动,安静活动与运动性活动,集体活动与个人活动、小组活动,在时间分配上应有一定比例,要给幼儿一定的独自活动时间,以促进其独立性的发展。

---

① 孙葆森,刘惠容,王悦群.幼儿教育法规与政策概论[M].北京:北京师范大学出版社,1998:179.

(3) 时间表应富有节奏和重复性,同时又有一贯性和灵活性,不要使幼儿产生生理、心理疲劳。

(4) 尽可能减少时间上的等待和浪费。有些学前教育机构,存在因睡眠不足,户外体育活动时间不足,言语刺激不足等造成的幼儿听话、对话时间少的现象,应该引起重视,努力克服。

幼儿园在制定幼儿的生活作息制度时,要把有利于幼儿的身心发展、服务家长、服务社会放在首位,根据托幼机构自身的条件和各年龄班儿童的情况,充分考虑季节、地理环境、习俗、交通状况,做出实事求是的安排。① 合理的生活作息制度,能保证学前儿童在活动与休息、室内活动与户外活动、活动量大的活动与活动量小的活动间的总体平衡。同时,虽然这些作息制度有一定的固定性,但是在具体执行中也应允许幼儿园结合当地的具体情况做适当的调整。

2. 建立完善的健康检查制度

为了了解幼儿生长发育状况,及时防病治病,保障幼儿健康,幼儿园应建立健康检查制度。从《制度》及《规范》对"健康检查制度"这一方面的规定可知,幼儿园的健康检查应分为"儿童的健康检查"及"工作人员的健康检查"两个方面。

儿童的健康检查制度主要体现在入园检查制度、定期检查制度、晨检及全日健康检查三个方面。在入园检查方面,《制度》特别提出:"婴幼儿在入园(所)前必须进行全身体格检查。"对有传染病接触史的婴幼儿,要"经过检疫期,无症状方可入园(所)","同时要了解幼儿疾病史、传染病史、过敏史、家族史和生活习惯等"。《规范》对此做出了更为详细的规定,要求儿童入园前应当经医疗卫生机构进行健康检查,在幼儿入园时,幼儿园应检查儿童的"入园(所)健康检查表",以及幼儿的"0~6岁儿童保健手册""预防接种证"。在没有这几种证件的情况下,幼儿园应当向相关机构报告,并督促监护人带儿童去补证或补种,日后还要复验这些预防证。在定期检查制度方面,《幼儿园工作规程》第十九条提出:"幼儿园应当建立幼儿健康检查制度和幼儿健康卡或档案。每年体检一次,每半年测身高、视力一次,每季度量体重一次;注意幼儿口腔卫生,保护幼儿视力。"《规范》中还规定,"儿童离开园(所)3个月以上需重新按照入园(所)检查项目进行健康检查。"在晨检及全日健康检查制度方面,《制度》规定,幼儿园要"认真做好一摸:有否发烧;二看:咽部、皮肤和精神;三问:饮食、睡眠、大小便情况;四查:有无携带不安全物品,发现问题及时处理。"《规范》还规定:"卫生保健人员每日深入班级巡视2次,发现患病、疑似传染病儿童应当尽快隔离并与家长联系,及时到医院诊治,并追访诊治结果。""如果接受家长委托喂药时,应当做好药品交接和登记,并请家长签字确认。"

"工作人员健康检查"主要分为"上岗检查"及"定期健康检查"两个方面。《托儿所幼儿园卫生保健管理办法》第十四条规定:"托幼机构工作人员上岗前必须经县级以上人民政府卫生行政部门指定的医疗卫生机构进行健康检查,取得《托幼机构工作人员健康合格证》后方可上岗。""托幼机构应当组织在岗工作人员每年进行1次健康检查;在岗人员患有传染性疾病的,应当立即离岗治疗,治愈后方可上岗工作。"特别提出"精神病患者、有精神病史者不得在托幼机构工作"。《学前教育法》第四十五条,从法律层面规定了"幼儿园园长、教师、保育员、卫生保健人员、安全保卫人员和其他工作人员,应当在入职前和入职后每年进行健康检查"。

---

① 朱家雄,汪乃铭,戈柔.学前儿童卫生学[M]. 3版.上海:华东师范大学出版社,2015:7.

3. 建立健全的卫生保健制度

《规范》规定:托幼机构卫生保健工作的主要任务是贯彻预防为主、保教结合的工作方针,为集体儿童创造良好的生活环境,预防控制传染病,降低常见病的发病率,培养健康的生活习惯,保障儿童的身心健康。相应地,《幼儿园工作规程》第二十条规定:"幼儿园应当建立卫生消毒、晨检、午检制度和病儿隔离制度,配合卫生部门做好计划免疫工作。幼儿园应当建立传染病预防和管理制度,制定突发传染病应急预案,认真做好疾病防控工作。幼儿园应当建立患病幼儿用药的委托交接制度,未经监护人委托或者同意,幼儿园不得给幼儿用药。幼儿园应当妥善管理药品,保证幼儿用药安全。幼儿园内禁止吸烟、饮酒。"《幼儿园管理条例》第十八条规定:"幼儿园应当建立卫生保健制度,防止发生食物中毒和传染病的流行。"第二十条还提出:"幼儿园发生食物中毒、传染病流行时,举办幼儿园的单位或者个人应当立即采取紧急救护措施,并及时报告当地教育行政部门或卫生行政部门。"《制度》与《规范》均对卫生消毒、疾病预防两方面分别进行了详细规定,本书仅以《规范》为例进行简要说明。

《规范》强调"托幼机构应当建立传染病管理制度",当发现疑似传染病例时,应"对患儿采取有效的隔离控制措施",并"及时追查儿童的患病情况和可能的病因,以做到对传染病人的早发现",还要对"物品和环境实施随时性消毒与终末消毒"。"卫生保健人员应当定期对儿童及其家长开展预防接种和传染病防治知识的健康教育,提高其防护能力和意识。传染病流行期间,加强对家长的宣传工作。"此外,《规范》还对各种常见疾病,提出了相应的预防与管理措施。如"对贫血、营养不良、肥胖等营养性疾病儿童进行登记管理,对中重度贫血和营养不良儿童进行专案管理,督促家长及时带患病儿童进行治疗和复诊"。

《规范》从环境卫生、个人卫生、预防性消毒三个方面对卫生与消毒提出要求。在"环境卫生"方面主要强调"托幼机构应当建立室内外环境卫生清扫和检查制度",保持环境和物品干净卫生;"个人卫生"方面特别提出"儿童日常生活用品专人专用",在日常生活中,要注重幼儿良好的卫生习惯的培养;幼儿园要进行"预防性消毒",凡是幼儿能接触到的与幼儿有关系的物品都应定期进行预防性消毒。

案例 6-5

出现手足口病,园方瞒报不应该[①]

自近年全国多地出现手足口病病例之后,刘女士就很担心她年仅三岁的女儿佳佳。结果,昨天幼儿园的老师打电话来,说佳佳的口里有红点,怀疑是手足口病,张女士当天晚上就带女儿去了医院,最终确诊是手足口病,与佳佳同班的另外一名小朋友,也染上了手足口病。

原来,早些时候这个幼儿园就有一名学生得了手足口病,但幼儿园没有告知其他家长。园长说:"清明节放假后,我们的确有一名学生没回来上学,后来家长说是患了手足口病。我们随即通知了当地疾控中心和上级教育行政部门,并按疾控中心的防疫要求做好了各项消毒等工作。由于只发现一例,也就没有通知家长,以免引起恐慌。"但家

[①] 周天枢.幼儿园 100 个法律问题[M].广州:新世纪出版社,2010:89—90.

长方面则认为,即使是做足了消毒措施,也应及时通知家长,如果及时通知了家长,他们就不会让孩子上学,孩子也就不会被感染,认为幼儿园瞒报了病情。园长很困惑:发现一名学生患上传染病没有告知其他家长,是不是瞒报?

【评析】

手足口病是由多种肠道疾病引起的常见传染病,以婴幼儿发病为主,易引起暴发或流行,自 2008 年起,手足口病纳入我国丙类传染病管理。根据《中华人民共和国传染病防治法》和《传染病信息报告管理规范》的有关规定,各级各类医疗机构要对病例进行报告,局部地区或集体单位发生流行或暴发时,应按照《突发公共卫生事件应急条例》《国家突发公共卫生事件应急预案》《突发公共卫生事件与传染病疫情监测信息报告管理办法》等有关规定,进行突发公共卫生事件信息报告。

国家卫生部和教育部联合发布的《托儿所幼儿园卫生保健管理办法》规定,要建立定期健康检查制度,并做好常见病的预防,发现问题及时处理及报告。

2006 年卫生部、教育部制定了《学校和托幼机构传染病疫情报告工作规范(试行)》,其中规定了学校传染病疫情报告的内容及时限:(1) 在同一宿舍或者同一班级,1 天内有 3 例或者连续 3 天内有多个学生(5 例以上)患病,并有相似症状(如发热、皮疹、腹泻、呕吐、黄疸等)或者有共同用餐、饮水史时,学校疫情报告人应当在 24 小时内报出相关信息;(2) 当学校和托幼机构发现传染病或疑似传染病病人时,学校疫情报告人应当立即报出相关信息;(3) 个别学生出现不明原因的高热、呼吸急促或剧烈呕吐、腹泻等症状时,学校疫情报告人应当在 24 小时内报出相关信息;(4) 学校发生群体性不明原因疾病或者其他突发公共卫生事件时,学校疫情报告人应当在 24 小时内报出相关信息。

根据上述规定,幼儿园在预防传染性疾病方面的主要职责就是做好常见病的预防,发现问题及时处理或报告。本个案中,幼儿园在得知一名学生感染手足口病后,及时向当地疾控中心和上级教育行政部门报告了疫情,进而在其指导下,进行了全园消毒,行为并无不当,并不存在瞒报情况。至于是否要告知其他家长,目前尚无明确规定。但从最大限度保护幼儿的角度来看,及时通知家长也有利于家长配合园方提早做好各种预防工作。

【建议】

1. 幼儿园要有公共卫生安全意识,对于幼儿园的任何疫情都要按规定及时上报当地疾控中心和上级教育行政部门。

2. 在幼儿园的日常管理中,要按时完成计划免疫工作,预防传染病的发生,做好传染病的管理工作。

3. 在传染病高发季节,幼儿园要加强班级日常卫生管理,教师要经常开窗通风,保持室内空气新鲜等。

(二)建立安全防护和检查制度

幼儿年龄小,安全意识、自我保护意识较差,因此幼儿园应制定安全防护和检查制度,切实落实、保证幼儿的安全。《幼儿园工作规程》第十二条要求:"幼儿园应当严格执行国家和地方幼儿园安全管理的相关规定,建立健全门卫、房屋、设备、消防、交通、食品、药物、幼儿接送交接、活动组织和幼儿就寝值守等安全防护和检查制度,建立安全责任制和应急预案。"

《幼儿园管理条例》第七条明确规定:"举办幼儿园必须将幼儿园设置在安全区域内,严禁在污染区和危险区内设置幼儿园。"第八条规定:"幼儿园的园舍和设施必须符合国家的卫生标准和安全标准。"第十九条提出:"严禁在幼儿园内设置威胁幼儿安全的危险建筑物和设施,严禁使用有毒、有害物质制作教具、玩具。"第二十一条还规定:"幼儿园的园舍和设施有可能发生危险时,举办幼儿园的单位或个人应当采取措施,排除险情,防止事故发生。"第二十七、二十八条还规定凡"园舍、设施不符合国家卫生标准、安全标准,妨害幼儿身体健康或者威胁幼儿生命安全的""使用有毒、有害物质制作教具、玩具的""在幼儿园周围设置有危险、有污染或者影响幼儿园采光的建筑和设施的",将由教育行政部门或者由教育行政部门建议有关部门对责任人员给予行政处分或行政处罚,情节严重构成犯罪的,由司法机关依法追究刑事责任。另外《托儿所、幼儿园卫生健康制度》在幼儿园环境安全、药品管理、儿童接送制度等几个方面做了详细的规定。如,"要注意房屋、场地、家具、玩具、用具使用安全,避免触电、砸伤、摔伤、烫(烧)伤等事故的发生";"药物必须妥善保管,吃药时要仔细核对,剧毒药品要有专人管理,并严禁放在班上。药物管理和服用应由医务人员负责";"建立健全儿童接送制度,不得丢失幼儿"等。《学前教育法》突出强调了儿童安全保护问题,其中第五十一条规定幼儿园应当把保护学前儿童安全放在首位,对学前儿童在园期间的人身安全负有保护责任。

幼儿园应当落实安全责任制相关规定,建立健全安全管理制度和安全责任制度,完善安全措施和应急反应机制,按照标准配备安全保卫人员,及时排查和消除火灾等各类安全隐患。幼儿园使用校车的,应当符合校车安全管理相关规定,保护学前儿童安全。

幼儿园应当按照国家有关规定投保校方责任保险。

> **案例 6-6**
>
> ### 夺命校车[①]
>
> 2014 年 7 月 10 日,湖南省湘潭市某幼儿园驾驶员郑某驾驶校车在送幼儿回家途中,车辆坠入长沙市岳麓区一水塘,导致 11 人死亡。调查认定,该事故是一起重大道路交通安全责任事故。
>
> 肇事校车通过了两次湘潭市学生用车管理工作小组的审查,并获得了校车使用许可证书。在第二次审查的过程中,幼儿园向湘潭市交警支队雨湖大队报告了校车的 2 条实际运行路线,在原来审核路线的基础上增加了"新湖村—计家陈家湾—石湖(干子村)"的运行路线,但是新增线路没有经过教育、交通等部门和当地政府的审核。该幼儿园由王某海、王某裳父女于 2010 年共同创办,园长为黄某某,当时学生 120 人,教职员工 13 人,校车 3 辆。王某裳在创办幼儿园后没有参与幼儿园的管理,没有履行法定代表人职责。
>
> 当日 16 时,幼儿园放学,幼儿在幼儿园教师的组织下坐上校车,2 名幼儿园教师和 13 名幼儿登上了核载 8 人的校车。司机郑某驾驶该校车(实载 16 人)从幼儿园出发,送幼儿回家。在沿途送完 5 名幼儿后,车辆行经长沙市岳麓区一水塘的坝基机耕道时,坠

---

① 改编自朱胜男.私改路线无监管 超员超速坠池塘:湖南省长沙市岳麓区"7.10"校车重大道路交通事故分析[J].吉林劳动保护,2020(1).

入水塘,事发时车速为32千米/时。事故发生后,长沙、湘潭两市迅速调集消防、医疗等部门参与事故救援。长沙市调集了海事局水警大队、蓝天水上救援队参与水下救援工作。7月11日3点30分,校车被打捞出水,车上11人全部遇难。

【分析】

这是一起由于幼儿园安全管理制度落实不到位、安全管理工作严重缺失而酿成重大校车事故的典型案例。造成此次悲剧的直接原因是司机郑某驾驶超员的校车在临水、窄路、弯道和下坡机耕道上违法超速(限速20千米/时,事故时32千米/时)和不按照审核路线行驶,违反安全驾驶操作规范,校车冲出路面坠入水塘。间接原因是幼儿园、教育主管部门等多方职责落实不到位。其中幼儿园方面,安全管理主体责任不落实,安全管理工作严重缺失。一是幼儿园法定代表人王某裳长期不在岗,安全管理主体责任落实不到位;二是安全管理流于形式,对校车驾驶人及随车照管的幼儿园教师的安全教育培训不到位,没有及时纠正郑某违法超员驾驶行为;三是未经审核批准,擅自增加校车跨区域行车路线,导致校车在不具备安全通行条件的道路上行驶;四是没有认真解决校车与生源数量的供需矛盾,导致校车超载行驶。

【建议】

(1) 校车安全是幼儿园安全制度的重要组成部分。《幼儿园工作规程》第十二条明确指出:"幼儿园应当严格执行国家和地方幼儿园安全管理的相关规定,建立健全门卫、房屋、设备、消防、交通、食品、药物、幼儿接送交接、活动组织和幼儿就寝值守等安全防护和检查制度,建立安全责任制和应急预案。"

(2) 为了加强校车安全管理,保障幼儿的人身安全,我国针对校车安全管理出台了相关政策法律。早在2005年,《教育部办公厅关于加强中小学幼儿园校车安全管理的紧急通知》就提出各地要对中小学幼儿园的校车进行一次全面检查和清理,建立安全管理责任制度。

(3) 国务院在2012年4月发布实施《校车安全管理条例》,规定了保障校车安全的基本制度。随后,政府以该条例为根本,又发布了相关政策法规,如"专用校车安全国家标准"。幼儿园应当落实园长安全主体责任,建立健全校车安全管理制度和安全责任制度,对校车日常使用做严格、详细的规定,加强对幼儿园负责人、校车驾驶人和随车照管人员的安全教育和管理。

(4) 作为随车照管人员,幼儿园教师应当清楚自己的职责及法律责任,认真履行安全职责。例如:核对幼儿乘车名单以及每个站点需要上下车的幼儿,监督校车司机规范驾驶等;积极参与平时的校车安全事故演习,主动学习校车安全知识。

(5) 幼儿园教师在思想上要重视幼儿园的安全制度,在行为上应当遵守制度,提高责任心,努力保障幼儿的人身安全,为幼儿创设健康、卫生、安全的成长环境,防范意外事故的发生。

(三)提供合理的营养膳食

合理充足的营养能够保证学前儿童的正常生长发育,维持身体的各种生理活动,提高机体的抵抗力和免疫功能。《幼儿园工作规程》第二十一条规定:"供给膳食的幼儿园应当为幼儿提供安全卫生的食品,编制营养平衡的幼儿食谱,定期计算和分析幼儿的进食量和营养素摄取量,保证幼儿合理膳食。"水是人体组织、体液的主要成分,在体内含量最高,是维持人体正常活动的重要物质。《幼儿园工作规程》还提出:"幼儿园应当配备必要的设备设施,及时为幼儿提供安全卫生的饮用水。"

为确保幼儿能够获得充足的营养,《托儿所幼儿园卫生保健工作规范》规定:"托幼机构应当根据儿童生理需求,以《中国居民膳食指南》为指导,参考'中国居民膳食营养素参考摄入量'和各类食物每日参考摄入量(见表 6-1),制订儿童膳食计划。"《规范》还提出幼儿园"每季度进行 1 次膳食调查和营养评估",提供的"食物品种要多样化且合理搭配",要用适当的烹调方法,"减少营养素的损失","烹调食物注意色、香、味、形,提高儿童的进食兴趣"。

《制度》还从饮食管理、幼儿饮食、饮食卫生三方面对幼儿的饮食提出了要求。饮食管理方面,要求有专人负责,民主管理,建立伙委会,定期开会,研究伙食问题。伙食费要专款专用,精打细算,计划开支,合理使用;根据季节情况,制定代量食谱,每天根据出勤人数按人按量提供食物,不吃隔日剩饭菜;工作人员伙食和幼儿伙食严格分开,不允许侵占儿童伙食;要定期预算幼儿进食量、营养量,保证幼儿获得充足营养;儿童进餐时间不应少于 20 至 30 分钟,保证幼儿吃饱每餐饭。饮食卫生方面,制定合理的食谱,保证幼儿得到充足的营养;要注意调配花样,增加幼儿进食量,科学烹调,防止维生素的损失;少吃甜食,晚饭要尽量吃些炒菜;加强体弱儿饮食管理,根据病儿病情做病号饭。饮食卫生方面,要保持厨房的清洁,严格执行《中华人民共和国食品卫生法》;不买、不加工腐烂变质食物,买来的熟食要加热处理后再吃,水果要洗净削皮后再吃;搞好儿童进食卫生,饭前工作人员及儿童都要用肥皂、流动水洗手,饭桌要用肥皂水或碱水揩洗干净;要培养儿童不偏食、不吃零食的良好习惯;炊事员要坚持上灶前洗手,入厕所前脱工作服,便后用肥皂洗手,操作时不抽烟等。

表 6-1 儿童各类食物每日参考摄入量

食物种类	1~3 岁	3~6 岁
谷类	100~150 克	180~260 克
蔬菜类	150~200 克	200~250 克
水果类	150~200 克	150~300 克
鱼虾类		40~50 克
禽畜肉类	100 克	30~40 克
蛋类		60 克
液态奶	350~500 毫升	300~400 毫升
大豆及豆制品	—	25 克
烹调油	20~25 克	25~30 克

注:《中国孕期、哺乳期妇女和 0~6 岁儿童膳食指南》(中国营养学会妇幼分会,2010 年)

(四) 积极开展体育活动,增强幼儿体质

《幼儿园管理条例》第十三条规定:"幼儿园应当保障幼儿的身体健康。"《幼儿园工作规程》第五条规定,以"促进幼儿身体正常发育和机能的协调发展,增强体质,促进心理健康,培养良好的生活习惯、卫生习惯和参加体育活动的兴趣"作为幼儿园保育的主要目标。第十八条更为详尽地说明了:"幼儿户外活动时间(包括户外体育活动时间)每天不得少于2小时,寄宿制幼儿园不得少于3小时;高寒、高温地区可酌情增减。"第二十三条还提出:"积极开展适合幼儿的体育活动……每日户外体育活动不得少于1小时""充分利用日光、空气、水等自然因素以及本地自然环境,有计划地锻炼幼儿肌体,增强身体的适应和抵抗能力""对体弱或有残疾的幼儿予以特殊照顾"。

《托儿所幼儿园卫生保健工作规范》在"体格锻炼"中对体格锻炼的原则、实施进行了如下规定:"(1)托幼机构应当根据儿童的年龄及生理特点,每日有组织地开展各种形式的体格锻炼,掌握适宜的运动强度,保证运动量,提高儿童身体素质。(2)保证儿童室内外运动场地和运动器械的清洁、卫生、安全,做好场地布置和运动器械的准备。定期进行室内外安全隐患排查。(3)利用日光、空气、水和器械,有计划地进行儿童体格锻炼。做好运动前的准备工作。运动中注意观察儿童面色、精神状态、呼吸、出汗量和儿童对锻炼的反应,若有不良反应要及时采取措施或停止锻炼;加强运动中的保护,避免运动伤害。运动后注意观察儿童的精神、食欲、睡眠等状况。(4)全面了解儿童健康状况,患病儿童停止锻炼;病愈恢复期的儿童运动量要根据身体状况予以调整;体弱儿童的体格锻炼进程应当较健康儿童缓慢,时间缩短,并要对儿童运动反应进行仔细的观察。"

如何提高幼儿园保育工作的质量?

本章小结

幼儿教育是基础教育的有机组成部分,是终身教育的开端,是国民体系的重要组成部分。高质量的幼儿教育,对于促进个体早期的身心全面健康发展、巩固和提高义务教育质量与效益、提升国民素质、维持国家安全和社会稳定、增加社会经济效益具有重要的价值。

与我国学制中的其他教育阶段相比较而言,幼儿园的教育工有以下特点:幼儿园教育是非义务性的;不以传授知识为主要目标;在法律上,幼儿教育的对象虽然具有同成人一样的权利与能力,但无相应的行为能力和责任能力。幼儿园的教育工作应遵循以下原则:诸育互相渗透、有机结合的原则;注重个体差异、因材施教的原则;面向全体、坚持正面教育原则;各种教育手段交互作用、渗透生活的原则;充分利用环境,幼儿活动主体性原则;以游戏为基本活动、寓教于活动的原则。

幼儿园应实行保育与教育相结合的原则,保教并重。良好的保育工作能够促进幼儿身心健康发展,能提高学前教育机构的质量,有利于加强家长对幼儿园保育工作的了解与重视,促进幼儿园与家长的沟通与合作。幼儿园的保育工作的基本要求包括完善并严格执行各项保育制度;建立安全防护和检查制度;提供合理的营养膳食;积极开展体育活动,增强幼儿体质。

思考与练习

1. 简述幼儿教育的地位。
2. 试述幼儿教育的作用,并说明理由。
3. 简述幼儿园教育工作的原则与特点。
4. 简述幼儿园保育工作的意义。
5. 试论幼儿园保育工作与教育工作的基本要求。

第七章　学前教育机构的工作人员

> **学习目标**
>
> 1. 了解学前教育机构园长的职责。
> 2. 掌握学前教育机构教师的权利与义务。
> 3. 了解学前教育机构其他工作人员的职责。
> 4. 掌握学前教育机构工作人员的基本要求。

情境案例

关注幼儿心理健康,及时进行家庭教育指导①

班里的KK小朋友最近哭得比较频繁,一点小事都会触动这个小姑娘的泪腺。经过观察和分析,老师觉得有必要和KK的家人取得联系,看是不是孩子的家庭出现了什么问题。果然,通过面对面交流,KK的妈妈坦言,她和KK的爸爸已经协议离婚,但离婚前后需要处理的事情很多,两人有时控制不住情绪,会当着孩子的面争执。他们以为KK还小,听不懂,没想到这样的情形直接影响了孩子的情绪和心理状况。孩子知道父母将要分开,她不能接受,但也改变不了什么,只能伤心地哭泣。老师们不由得对KK多了几分关注和爱护,希望陪着KK一起面对,并通过对KK妈妈积极引导,带她走出阴影,重新沐浴阳光,树立坚强乐观的心态影响孩子。

【分析】

案例呈现的是幼儿园教师在工作中展现的高度责任心。教师积极关注心理上有变化的幼儿,给予其爱心、耐心,通过家庭指导等教育策略,帮助幼儿调节情绪,促使其在各方面尤其是社会性方面得到发展。

幼儿园教师的关爱是有针对性地实施教育行为的前提,也是帮助幼儿获得成长发展的前提。在关爱幼儿的同时,教师还要考虑幼儿各方面的发展。例如,本案例后续老师发现若KK经常被保护,将不利于其主动性发展,因此采取了恰当的教育措施,通过鼓励示范、朋友提帮带等方式培养KK的主动性。

爱心、责任心、耐心和细心是幼儿园教师开展幼儿工作和教育实践的基础。富有耐心和细心才能发现幼儿的发展特点,认真制订适宜的教育方案,从而产生较好

---

① 改编自欧惠莉.让妈妈的阳光照耀到孩子[J].学前教育,2021(02):12—13.

的教育效果。而爱心、耐心和细心正是教师责任心的体现,是对幼儿身心健康发展的责任意识、对职业本身的责任意识、对职业社会价值的责任意识的体现。

第一节 学前教育机构的园长

园长是学前教育机构的核心领导人,是学前教育机构最重要的责任者和指挥者,是"一个幼儿园的灵魂",在学前教育质量乃至学前教育发展中起到关键性作用。如果说学前教育机构是一个大家庭,那么园长就是首席家长,园长要具备高度的责任心,要事无巨细地考虑这个家庭的生存和家庭成员的发展。

一、园长的地位和作用[①]

园长是学前教育机构的最高行政负责人,负责学前教育机构的全面工作。园长的地位既赋予了其充分的权力,也对其工作提出了极大的挑战。园长的素质直接影响到全员工作的开展,关系到教师的积极性和孩子的成长,决定着学前教育机构的生存和发展。

园长和学前教育机构的法定代表人是两个不同的概念,二者的法律地位截然不同。学前教育机构的法定代表人是指依法代表学前教育机构行使民事权利、履行民事义务的自然人,通常由学前教育机构的举办者担任,实际以注册登记信息为准;学前教育机构的园长通常由举办者聘任或任命。园长与法定代表人可以是同一人,也可以不是同一人,但二者的法律地位不可混淆。如果把学前教育机构比作公司的话,学前教育机构法定代表人是公司董事长,学前教育机构园长是公司总经理。

具体来说,园长的地位和作用主要体现在三个方面。

(1)园长是学前教育机构的最高行政负责人。我国学前教育机构实行园长负责制,这就决定了园长的责任和职权是领导学前教育机构保育、教育和行政工作,对全体教职员工、幼儿负责。园长的工作包括教育事务管理和人员管理的所有方面。

(2)园长有一定管理权力,也应承担相应的责任。根据《学前教育法》第三十八条规定:"幼儿园园长由举办者或者决策机构依法任命或者聘任,并报县级人民政府教育行政部门备案。"

经任命或聘任的园长,依法行使行政决策权、事务管理权和人事管理权等。园长要对学前教育机构的管理负责。园长应遵循学前教育政策法规,结合幼儿园的办园宗旨,设立教育教学的目的、目标,努力满足幼儿、家长的合理需要;保证财务记录精确,使学前教育机构在可控的预算范围内建立和运转,增强学前教育机构经费预算和使用的透明度;通过参加相关课程、团队工作、讨论会和讲座,持续发展专业化技能;聘任适当的教职员工;为教职员工提供在职培训等。

---

① 张乐天.学前教育政策与法规[M].北京:中央广播电视大学出版社,2011:133—134.

园长应当通过学习管理理论,不断提高自身管理能力,深入分析本园的管理风格和自身的优势和劣势,践行"以人为本"的管理理念,每天可安排部分工作时间进班巡视,问候教职工,对他们的工作成果加以肯定。

(3) 园长是上级领导者与教职员工之间的桥梁,具有上下沟通的作用。园长既要积极主动贯彻上级各种方针政策及有关法规,也要代表幼儿园向上级领导机关汇报情况,提出问题,反映教职员工的意见、建议等。因此,园长需要做到上情下达、下情上达,实现有效的沟通是现代幼儿园园长的重要作用之一。

 知识链接 7-1　法定代表人

法定代表人,指依法律或法人章程规定代表法人行使职权的负责人。我国法律实行单一法定代表人制,一般认为法人的正职行政负责人为其唯一法定代表人。法定代表人有以下几种特征:① 法定代表人是由法律或法人的组织章程规定的;② 法定代表人是代表法人行使职权的负责人;③ 法定代表人是代表法人进行民事活动的自然人。法定代表人只能是自然人,且该自然人只有代表法人从事民事活动和民事诉讼活动时才具有这种身份。

法定代表人的职责包括以下几个方面:① 企业法定代表人在国家法律、法规以及企业章程规定的职权范围内行使职权、履行义务,代表企业法人参加民事活动,对企业的生产经营和管理全面负责,并接受本企业全体成员和有关机关的监督;② 企业法定代表人可以委托他人代行职责;③ 企业法定代表人在委托他人代行职责时,应有书面委托,法律、法规规定必须由法定代表人行使的职责,不得委托他人代行;④ 企业法定代表人一般不得同时兼任另一企业法人的法定代表人,因特殊需要兼任的,只能在有隶属关系或联营、投资入股的企业兼任,并由企业主管部门或登记主管机关从严审核;⑤ 企业法人的法定代表人是代表企业行使职权的签字人;⑥ 法定代表人的签字应向登记主管机关备案,法定代表人签署的文件是代表企业法人的法律文书。

二、园长的任职资格

任职资格是指为了保证工作目标的实现,对任职者必须具备的知识、技能、能力和个性等方面的要求。根据《幼儿园工作规程》及《全国幼儿园园长任职资格、职责和岗位要求(试行)》(1996年)、《学前教育法》等相关法律法规,幼儿园园长应当具备如下任职资格。

(1) 拥护中国共产党的领导,热爱社会主义祖国,认真贯彻国家的教育方针,热爱幼儿教育事业。其基本含义包括:① 拥护党的领导、热爱祖国是每一个公民的神圣义务,幼儿园的发展离不开党的支持和引导,政府的支持和投入是幼儿教育发展的核心因素,作为幼儿园的领导,幼儿园园长更要拥护党、坚持党的正确思想方针和路线。② 认真贯彻国家的教育方针,是全体从事教育事业者的责任与使命,更是教育事业发展、国家繁荣昌盛的奠基之石。百年大计,育人为本,只有认真贯彻国家的教育方针,才能使幼儿教育事业紧紧跟上时代的步伐,同时也为幼儿健康成长、幼儿园教育事业发展提供了科学的依据与指导。

为此,幼儿园园长必须时刻关注教育方针的变化,及时了解最新动态,从而使幼儿园在国家教育方针的领导下沿着正确的道路发展前进。③ 热爱幼儿教育事业,是幼儿教育工作者的立身之本。园长作为幼儿园的领头人,更应该以身作则,忠于教育事业,为其他教职员工起带头作用。

(2) 根据《学前教育法》第三十七、三十八条相关规定,幼儿园园长应具有幼儿园教师资格证书,大学专科以上学历、五年以上幼儿园教师或者幼儿园管理工作经历。其基本含义是:若想成为一名合格的幼儿园园长,首先应该在专业的幼儿师范学校进行系统化、专业化的学习并获得幼师资格证;其次还要有一定的教学实践经验,具有较高的专业素养。这一规定旨在说明幼儿园园长必须是掌握幼儿教育规律、熟悉幼儿教育教学方法、了解幼儿园日常管理工作事务的专业性人才。

(3) 获得幼儿园园长岗位培训合格证书。"幼儿园园长岗位培训合格证书"又称"幼儿园园长资格证""园长证",是园长上岗的唯一有效证书。目前,国家为提高幼儿园园长专业化水平,严把质量关,要求所有园所园长必须持证上岗。

(4) 身体健康,能胜任工作。幼儿园园长责任重大,事事需要亲力亲为,而幼儿园事务繁杂,这就要求园长必须拥有良好的身体、充沛的精力,才能够胜任这一工作。

三、园长的主要职责

园长的主要职责指园长岗位要求完成的工作内容及园长应当承担的工作责任。我国幼儿园实行园长负责制,园长主持、负责幼儿园的全面工作,《幼儿园工作规程》指出幼儿园园长的主要职责如下。

(1) 贯彻执行国家的有关法律、法规、方针、政策和地方的相关规定,负责建立并组织执行幼儿园的各项规章制度。这就是说,幼儿园园长在管理工作中,首先应当全面贯彻落实国家关于"坚持教育为社会主义现代化建设服务、为人民服务,把立德树人作为教育的根本任务,全面实施素质教育,培养德、智、体、美全面发展的社会主义建设者和接班人,努力办好人民满意的教育"的教育方针,对教师及幼儿进行全面指导;同时,应当在教育部门的相关规定下制订符合本幼儿园发展需要的相应条例规划及工作计划,保证将相关政策与法规落到实处。

(2) 负责保育教育、卫生保健、安全保卫工作。园长作为幼儿园的管理者与负责人,起统领全局、协调各方的重要作用。保育教育工作、卫生保健工作、安全保卫工作是幼儿园工作中最主要的三方面,幼儿园园长应在日常管理工作中着重领导、督促这三方面工作任务的施行与完成,确保幼儿园工作的不断发展与完善。

(3) 负责按照有关规定聘任、调配教职工。指导、检查和评估教师以及其他工作人员的工作,并给予奖惩。《教育法》和《幼儿园管理条例》中明确规定,幼儿园实行聘任制,幼儿园园长有聘任和调配幼儿园的教师、医师、保健员、保育员和其他工作人员的责任。为加强教师队伍建设,提高教师专业素质,幼儿园园长不仅要对教师的教育教学工作进行相应的指导和监督,还应当以客观、公正、准确为原则,适时对幼儿教师的政治思想、业务水平、工作态度和工作成绩进行考核。

(4) 负责教职工的思想工作,组织业务学习,并为他们的学习、进修、教育研究创造必要的条件。《教师法》规定,教师享有业务学习、进修培训、获取报酬等权利。而幼儿园园长作为幼儿园的管理者与负责人,应当维护其工作人员的相关权益,并尽可能地为其创造良好的工作、学习、生活环境。

(5) 关心教职工的身心健康,维护他们的合法权益,改善他们的工作条件。教职工是幼儿园的核心资源,是关系幼儿园保育教育工作质量的关键因素,幼儿园园长应主动关心教职工的身心健康,注意维护教职工的合法权益,并在教学设施设备、图书资料、科学研究工具等方面加大投入,改善教职工的工作条件。

(6) 组织管理园舍、设备和经费。为规范幼儿园的教学基础设施、设备管理,提高教育资源使用效益,促进教育事业的健康发展,幼儿园园长必须做好相应的组织管理工作。对环境、卫生、硬件设施及活动经费收支等各类幼儿园工作物质保障,幼儿园园长都应进行周密管理,以确保幼儿及幼儿园得到更好的发展。

(7) 组织和指导家长工作。家庭作为幼儿最早接触的社会文化环境,对幼儿发展所起的作用是其他任何因素不可比拟的。因此,为了让幼儿得到更专业、更科学的学习环境,家长成为幼儿园重要的合作伙伴。幼儿园园长作为幼儿园整体形象的代表,应当本着尊重、平等、合作的原则,争取家长的理解、支持和主动参与,并积极支持、帮助家长提高教育能力。

(8) 负责与社区的联系和合作。《幼儿园教育指导纲要(试行)》在"总则"里提出:"幼儿园应与家庭、社区密切合作,与小学相互衔接,综合利用各种教育资源,共同为幼儿的发展创造良好的条件。"幼儿园除了为在园幼儿提供保育和教育外,还可以通过对社区提供的各种便利条件的充分利用,扩展幼儿生活和学习的空间,发挥出幼儿园的教育辐射功能。因此,幼儿园园长应当积极联系并与社区达成相关合作事宜,充分利用社区的教育资源,使幼儿园的教育功能最大化。

案例 7-1

面对制度与情面

某幼儿园新上任不久的某部门负责人 A,业务能力强,工作热情、积极,经常加班加点,并能主动配合园长完成幼儿园的各项工作,是园长的得力助手。有一天,园长提前到园检查教师上班的签到情况。这天正逢 A 担任行政值班员(须提前 30 分钟到岗),可行政值班员上班的时间已经过去了 30 分钟,A 才到园。园长马上向 A 了解迟到的原因,这时 A 才记起来今天是自己值班。因为这几天 A 忙着组织教师设计、制作玩教具,昨晚还在为此加班,结果竟然把值班的事忘了。园长听了 A 的说明,首先肯定了 A 的工作热情,并诚恳地告诫她,作为领导,虽然工作繁忙,但不能顾此失彼,更不能以此作为迟到的理由,应防止类似事情的发生,同时,作为领导,还要带头严格执行幼儿园制定的各项规章制度。A 听了园长的一席话,委屈的情绪慢慢消失,表示愿意按照幼儿园制定的教师职工考勤制度扣发奖金。每月一次的月终考核开始了,依据幼儿园考勤奖惩制度的有关规定,A 迟到 30 分钟,要扣发当月考勤奖。园务会上,老师们对扣发 A 奖金提出不同意见,并纷纷为 A 说情。他们认为,A 迟到是幼儿园工作忙导致的。A 平常加班加点拿不到加班费,迟到一次竟如此惩罚,规则未免太严厉了。不管怎么说,A 也是幼儿园的领导成员,园长应该给 A 留一点面子,不扣或少扣奖金也在情理之中……园长沉思着,继续倾听大家的意见,等大家都充分发表完意见后,便组织到会的园务委员会成员重温了幼儿园考勤制度。

通过重温,大家明确了制度制定和执行的目的、意义。这时,园长指出,如果找一个理由,A 就可以顺理成章迟到,就可以不扣发 A 的奖金,那幼儿园未来执行考勤制度将是一种怎样的局面?如果因为 A 是园长的好搭档,为了情面就可以妥协,那我们如何面对全园教职员工?通过再一次深入学习、讨论,到会人员提高了认识水平,统一了思想,原来持不同意见的老师都改变了看法,A 也愉快地接受了扣发奖金的处理,并主动在全体教师会议上做了深刻的检讨。A 的检讨刚结束,会场上就响起了热烈的掌声。教职工对园长严格执行制度的做法十分满意,对 A 勇于承认错误表示钦佩。

【评析】

制定规章制度是科学管理幼儿园的重要保证。幼儿园的考勤奖惩制度是全体教职工参与制定的,是民主管理的产物,应该成为全园教职工行为的准则。要使制度具有实际意义,真正成为有效的管理手段,就要重视制度的执行。案例中,园长对 A 的处罚,体现了园长执行制度的一贯性、一致性原则。园长没因 A 是自己的好搭档,为情面而妥协,也没有因为 A 是自己身边的管理人员而搞特殊化。园长不讲情面,"一碗水端平",避免了执行制度过程中因人而异引起的不必要纷争,进一步强化了园内各级领导以身作则、带头严格执行各项规章制度的意识,也给全体教职工做出了表率,促使他们自觉遵守幼儿园的各项制度。

园长对 A 扣发奖金前后的处理,不是自己说了算,"草草收兵",而是充分思考,细致做工作。通过与 A 谈心,肯定她的才干和工作热情,同时向她指出制度执行发生偏差会造成的不良影响和后果,并对她提出真挚的期望,做到以情感人、以理服人。通过与持不同意见的教师共同学习、讨论,大家共同达到更高的认识境界。

这是一个硬性管理和柔性管理相结合的成功管理案例。

四、园长的岗位要求

(一) 基本思想品德要求

(1) 坚持党的基本路线,贯彻党的教育方针,忠诚党的教育事业,努力学习建设中国特色社会主义理论。加强职业道德修养,不断提高思想政治觉悟,做到既教书又育人,积极响应上级号召,争取在本职工作中切实起到先锋模范的表率作用。

(2) 热爱幼儿教育事业,热爱幼儿,认真履行职责,尊重、团结、依靠教职工。办事坚持原则,有为全园师幼服务的意识。工作认真负责,以事业为重,不计个人得失,胸怀大目标,努力把幼儿园办强办好。

(3) 实事求是,公正廉洁,严于律己,以身作则,作风民主。具有良好的社会公德、高尚的职业道德、优良的家庭美德,自尊、自信、自立、自强。坚持教书育人、管理育人、服务育人,爱岗敬业,无私奉献。

(4) 敬业守职,努力学习,积极进取,勇于改革创新。注重学在人先,用科学的政治理论和先进的管理理论武装头脑,增强决策的科学性和创新性,坚持深入地调查研究,掌握第一手的园情民意,增强管理的针对性和实效性。在此基础上,还要努力探索教育教学规律,改进教育教学方法,提高教育教学质量和科研水平,争取促进教育教学质量的全面提高。

(二)岗位专业要求

(1) 正确领会和掌握国家教育方针、政策和法规的基本精神,熟悉幼儿教育法律法规和规章,坚持依法办园。

(2) 有一定的幼儿卫生学、心理学和教育学的基本理论基础,了解和掌握幼儿身心发展和教育的基本规律,有正确的教育观念。正确掌握国家幼儿园课程的主要内容和基本精神,并能组织实施符合国家要求和幼儿需要的教育活动。

(3) 有幼儿园科学管理的基本知识。

(三)岗位能力要求

(1) 能根据党和国家的有关方针、政策和法规、规章,结合本园实际,制订本园发展规划和工作计划并组织实施。

(2) 有管理和指导保教工作的能力。能组织管理幼儿园卫生保健工作;指导教师制订适合幼儿发展水平的教育计划;正确评析保育教育工作;组织开展有效的教研工作,帮助保教人员提高业务水平,改进保教工作。

(3) 有一定的组织协调能力。能调动教职工的积极性,善于依靠和动员家长、社区等各方面的力量参与和支持幼儿园建设。

(4) 有一定的撰写文稿和口语表达的能力,能拟订工作计划、撰写工作经验和研究报告,并指导教师撰写文稿。

案例 7-2

园长要成为教师和家长沟通的桥梁[①]

何园长正在办公室里写工作报告,一位家长推门而入,开门见山地责问园长:"何园长,你们园老师怎么回事,罚我儿子半天不能玩!这么小的孩子不玩,那还能干啥?亏你们园还是一级一类园呢!"何园长一听,愣了,园里可从来没发生过这样的事情,其中是不是有误会呢?见家长正在气头上,何园长递给她一杯水,请她坐下,让她先消消气把事情原委说清楚。家长告诉园长:"昨天我接孩子回家,问孩子今天玩得怎么样。孩子说'老师让我半天不准玩'。何园长,我孩子也就3岁10个月,哪能半天不玩呢?"何园长说:"我先了解了解情况,一定给您一个满意的答复。"于是,何园长找到了小二班王

---

① 韦彦.园长要成为教师和家长沟通的"桥梁"[J].学前教育,1998(08):22—23.

老师询问此事。王老师着急地向何园长解释:"园长,是这样的,明明昨天淘气,我就对他说'明明,你再淘气的话,老师可让你半天不准玩'。但我只是让他安静地待了一分钟,并没有真正让他半天不准玩。"保育员也向园长证实情况属实。何园长全明白了,小班孩子不能正确理解教师的话,时间观念也弱,所以表达出来就引起了家长对老师的误会。何园长将事情的真相告诉了家长,并且向家长道歉。家长反而不好意思了,直说:"看来我得去学学儿童心理学,谢谢何园长!"事后,何园长找来王老师,没有批评她,而是与她一道探讨教育的技巧,并建议她第二天主动向家长道歉。

【评析】

这个案例涉及幼儿园园长工作、教师工作、家长工作的开展。案例中的何园长在解决问题时的表现是比较妥当的。

一方面,园长对待家长的态度和行为得当。当家长怒气冲冲地对教师工作发泄不满时,园长没有与家长针锋相对,避免了矛盾激化,也没有推卸责任,对家长爱理不理,而是先稳住局面,弄清情况,进而消除误会,并主动道歉。可见,园长对幼儿园的性质和任务认识得非常清楚,能够真正把家长当作幼儿园服务的对象,积极主动地成为家长和教师沟通的桥梁。家长既是幼儿园服务的对象,又是幼儿园工作的合作者、监督者和评价者。家长到幼儿园不只是听幼儿园的要求、了解幼儿在园表现的,还有权利对幼儿园工作发表意见、提出建议。园长和教师应虚心接受家长的批评,听取家长的意见。同时,作为公益性服务机构,保教好幼儿、服务好家长是幼儿园的任务,其中保教好幼儿是基础、是主导,是设立幼儿园的根本目的,也是家长们关心的重点。幼儿园正是通过保教好幼儿为家长服务的。因此,当家长在保教工作方面有疑惑、有要求时,园长和教师要尽可能耐心细致地帮助家长,较好地发挥幼儿园的社会职能。然而,家长毕竟不是专业的教育人员,并不完全了解幼儿的心理发展规律、特点及相应的教育措施,教育观念可能存在错误,再加上有些家长自身文化素养有限,有时可能情绪激动,过于急躁、片面,提出的意见、要求未必合理。这时,园长和教师应理解包容家长,等待和帮助家长冷静下来,然后摆事实讲道理,向他们介绍国家的教育方针,引导他们树立正确的教育观念,还可以有意识地为他们讲授相关的育儿知识等。而如果家长提出的意见、要求合理可行,园长和教师就应积极采纳,实施有效的改进措施。

另一方面,园长对教师的态度和行为正确。当家长反映教师工作的不足之处时,园长不是武断地否定教师,而是尊重、信任教师,深入调查了解情况,给教师解释说明的机会,维护了教师的自尊心,使事情真相大白,同时又从中及时发现了教师教养工作中存在的问题。人是社会中的一员,生活在团体或组织中,都有被尊重、被承认的需要,这会直接影响人在团体组织中的工作积极性。满足教师被尊重、被理解的需要,充分调动教师的工作积极性,是幼儿园管理者必须重视的工作方面。

如何成为一名优秀的幼儿园园长?

第二节　学前教育机构中的教师

一、幼儿教师的法律地位[①]

幼儿教师的法律地位是指法律对幼儿教师进行规范、保护和赋予的权益和责任。随着《学前教育法》的出台,学前教育机构教师的法律地位得到可靠保障,可以从以下几个方面理解。

(一)幼儿教师是履行学前教育职责的专业人员

这是幼儿教师地位的本质特征,也是幼儿教师概念的内涵。这一内涵可以从两个方面加以把握:① 履行教育、教书育人职责是幼儿教师的职业特征。只有直接承担教育工作职责的人,才具备成为幼儿教师的最基本的条件。学前教育机构中,不直接从事教育工作、未履行教育职责的行政管理人员、校办产业公司人员、教育辅助人员(包括后勤服务人员等),都不能认为是教师,而分属于教育职员或其他相应的专业技术职务系列。② 专业人员是教师的身份特征。同医生、律师等一样,教师是一种从事专门职业活动的专业人员,即教师必须具备专门规定的从事教育教学活动的资格,符合特定的要求。这里的"专业人员"包括三层含义:一是教师要达到符合规定的相应学历;二是教师要具备相应专业知识;三是教师要符合与其职业相称的其他有关规定,如语言表达能力、性格、身体健康状态等。对于本职工作不是教师,而临时到学校及学前机构承担一些课程的人员,不能视其为教师。《学前教育法》明确要求:担任幼儿园教师应取得幼儿园教师资格,取得其他教师资格须经县级以上教育行政部门组织的学前教育专业培训合格,方可在幼儿园任教。

(二)幼儿教师具有特定的权利义务

在法律上,幼儿教师具有两种身份,一方面,他们是普通公民;另一方面,他们是从事学前教育工作的专业人员。幼儿教师的权利和义务是基于特定的职业性质而产生和存在的,具有如下特点:① 幼儿教师的权利与义务在教育教学活动中产生并由教育法律规范所设定。幼儿教师的基本权利和义务既不同于宪法赋予每个公民的政治权利和义务,也不同于教师作为普通公民所具有的民事权利和义务。它是基于教育活动而产生,并由教育法律法规所设定的权利和义务,是一种职业特定的法律权利和职业特定的法定义务。② 幼儿教师的权利和义务与教师职务和职责紧密相连。它具有两层含义:一是教师的权利和义务始于其取得教师资格并在学校或其他教育机构任职,终于解聘,未取得教师资格而任职的,不具有此项基本权利和义务;二是教师的权利和义务是其履行教育教学职责的要求和基本保证。当教师以教育者身份出现时,其与职责相关的权利和义务从某种意义上说代表国家和社会利益,带有一定的"公务"性质,是不能随意放弃的。如果教师随意放弃指导幼儿的学习和发展,实际上没有履行教师的职责。③ 教师的权利和义务根本上由一定社会物质生活条件所决定,任何国家关于教师基本权利和义务的规定,都是该国当时的社会、经济发展水平和文化传统等所需要并能予以保证的权利和义务。随着社会的发展,必然会从法律上对教师的

[①] 孙葆森,刘惠容,王悦群.幼儿教育法规与政策概论[M].北京:北京师范大学出版社,1998:120—122.

权利、义务产生新的要求,并通过制定或修改法律来加以实现。

二、幼儿教师的权利和义务

(一) 幼儿教师的权利

权利,从一般意义上来说,有两层相关的含义:一方面,它与自由相关,因为权利在定义上表述为一种法律规定的作为或不作为的自由;另一方面,权利也包含利益的获取和保障,也称为权益,即法律所保护的利益,故又称"法益"。基于以上对权利的理解,幼儿教师的权利指幼儿教师依法享有的自由与权益。一般来讲,幼儿教师的权利主要包括两类:一类是其作为公民享有《宪法》规定的公民的基本权利,如宗教信仰自由、人身与人格权、监督权、社会经济权利、社会文化权利等;另一类主要是对教师这一职业群体,除了作为公民应享有的权利以外的权利所做的特殊规定,教师享有的特殊权利是与其职业特点相联系的,是从事其他职业的人员所不能享有的。依据《教育法》《教师法》,以及《学前教育法》,我国幼儿教师具有以下基本权利。

(1) 教师有进行保育、教育活动、开展教育教学改革和实验的权利,这项权利简称教师的教育教学权,是幼儿教师的核心权利。其主要含义包括如下三点。① 幼儿教师有权依据本园课程的计划、工作量等具体要求,并结合本班的情况,因地制宜地开展教育活动。② 有权从本班幼儿实际情况出发,按照课程大纲的要求,确定其教育内容和进度,并灵活地执行,不断完善教学内容。③ 幼儿教师可以通过教学改革和实验去探索教学规律,寻找符合幼儿身心发展规律的教学形式、方法和内容等,从而提高教学质量。幼儿教师进行教育教学活动,开展教学改革和实验的权利不得被侵犯和非法剥夺。与此同时,为了保证教师享有这一权利,《教师法》还相应规定了各级人民政府、教育行政部门及有关部门、学校和其他教育机构应"提供符合国家安全标准的教育教学设施和设备","提供必需的图书、资料及其他教育教学用品","对教师在教育教学、科学研究中的创造性工作给以鼓励和帮助"。此外还需说明的是,不具备教师资格的人不得行使该权利,或具有教师资格尚未受聘或已辞聘的,这一权利处于停顿状态,当受聘担任教师工作时,其权利才恢复正常状态。合法的解聘或待聘不等于侵犯教师的这一权利。

(2) 教师从事科学研究、学术交流,参加专业的学术团体,在学术活动中充分发表意见,这项权利简称学术研究权。学术研究权是教师作为专业技术人员所享有的一项基本权利。其基本含义包括如下几点:① 教师在完成保教工作任务的前提下,有权从事科学研究、论文撰写、著书立说等创造性活动。教师可以依据幼儿教育的研究方法以及已有的研究结果确立自己的研究课题、研究方法。② 为了交流知识、经验、成果,共同分析讨论解决问题的办法,教师有参加相关的学术交流以及参加专业的学术团体并在其中兼任工作的权利。③ 教师有权在学术活动中发表自己的观点,开展学术争鸣。需强调的是,在教育教学活动过程中,教师要严格按照国家规定的教学大纲开展活动,不得发表不利于幼儿身心健康发展且与教学内容无关的观点意见。

(3) 指导学生的学习和发展,评定学生的品行和学业成绩,这是教师在教育过程中居于主导地位的基本权利。其基本含义包括如下几点:① 在保教过程中,教师有权依据幼儿的身心发展特点对幼儿进行适宜的指导,从而协助幼儿主动、有效地学习。② 教师有权依据幼儿的行为表现以及所积累的作品对幼儿进行科学的、适当的评价,避免用划一的标准评价不同的幼儿。③ 教师有权运用正确的指导思想和科学的教育方法,使幼儿的个性和能力得到充分发展。

(4) 按时获取工资报酬,享受国家规定的福利待遇以及寒暑假期的带薪休假,这项权利简称报酬待遇权,是教师应当享有的一项维持自身和家庭生存和发展的基本的物质权益。其基本含义包括如下几点:① 教师有权要求与之形成人事关系的学前教育机构根据国家法律的规定和教师聘用合同的约定,按时、足额地支付工资报酬。所在学前教育机构及其主管部门根据法律的、教师聘用合同的规定,按时、足额支付教师基础工资、职务工资、课时报酬、奖金、教龄津贴、班主任津贴及其他各种津贴在内的工资报酬。教师的工资不得被非法拖欠、克扣。《学前教育法》第四十六条规定:幼儿园及其举办者应当按照国家规定保障教师和其他工作人员的工资福利,依法缴纳社会保险费,改善工作和生活条件,实行同工同酬。县级以上地方人民政府应当将公办幼儿园教师工资纳入财政保障范围,统筹工资收入政策和经费支出渠道,确保教师工资及时足额发放。民办幼儿园可以参考当地公办幼儿园同类教师工资收入水平合理确定教师薪酬标准,依法保障教师工资待遇。② 教师有享受国家规定的医疗、住房、退休等各种福利待遇以及寒暑假期的带薪休假的权利。

(5) 对幼儿园教育教学、管理工作和教育行政部门的工作提出意见和建议,通过教职工代表大会或者其他形式,参与学校的民主管理,这项权利简称民主管理权。其基本含义包括如下几点:① 教师有对幼儿园及教育行政部门的工作提出意见和建议的权利,这是公民的一项基本权利,《宪法》规定"公民对于任何国家机关和国家工作人员,有提出批评和建议的权利"。② 教师可以通过教职工代表大会、工会组织等多种形式参与幼儿园的民主管理,讨论幼儿园发展、改革等方面的重大事项。

(6) 参加进修或者其他方式的培训,这项权利简称进修培训权,进修培训权是教师不断接受教育、获得自我充实和提高的基本权利和必要手段。主要内容包括如下几点:① 教师有权参加进修和接受其他多种形式的培训,以提高教育理念和专业素养,从而保障教育教学的质量。② 教师有权参加达到法定学历标准和达到高一级学历水平的进修或以拓宽知识为主的继续教育培训等权利。

案例 7-3

幼儿园克扣工资,教师维权被辞[①]

李某是某幼儿园的一名老教师,也是该幼儿园的工会主席。2009 年以来,园长黄某经常借故克扣教职工的工资、奖金等。为了维护教职工的合法权益,李某要求黄某停止扣发工资、奖金的行为,并补发已克扣的工资和奖金。黄某不仅拒绝了李某的合法请求,还将他调离工会主席的岗位。此后不久,幼儿园以李某"工作表现不佳"为由将其辞退,李某对幼儿园将他辞退的决定不服,认为是园长挟嫌报复,但他不知道该如何用法律手段来维护自己的合法权益。

[①] 改编自武祥海,李小红.以案释法:幼儿园涉法事务全解析[M].南京:南京师范大学出版社,2011:67.

【分析】
以上是幼儿园侵犯幼儿教师报酬待遇权的案例。实际上,幼儿园教师享有的以上权益都受到国家法律法规的保护。一旦这些合法权益受到侵害,幼儿园教师都有权提出申诉,并要求相关部门作出适当的处理。

【建议】
根据我国《教师法》第三十九条规定:"教师对学校或者其他教育机构侵犯其合法权益的,或者对学校或者其他教育机构作出的处理不服的,可以向教育行政部门提出申诉,教育行政部门应当在接到申诉的三十日内,作出处理。"

(二)幼儿教师的义务

权利与义务是相互联系、不可或缺的。权利人在行使自己权利的同时必须承担一定的义务,而义务人在履行义务的同时也享有一定的权利。仅就教师的特定义务而言,教师的义务是指依照《教育法》《教师法》及相关法律法规,教师从事教育教学而必须承担的责任,表现为教师在教育教学活动中必须做出一定行为或不得做出一定行为的约束。要理解这一概念,我们同样必须明确两点:首先,教师的身份是一个普通的公民,应该承担《宪法》所规定的基本义务,例如维护国家统一与团结,遵守《宪法》和法律,保守国家秘密,爱护公共财产,遵守劳动纪律,遵守公共秩序,尊重社会公德,维护国家的安全、荣誉和利益,保卫祖国,抵抗侵略,依照法律服兵役和参加民兵组织,依照法律纳税等义务;其次,教师是一种特殊的职业,从事教师这一职业应该承担不同于其他职业的特定义务。《教师法》更为详尽地规定我国教师应该承担以下具体义务。

(1)遵守《宪法》、法律和职业道德,为人师表。其主要包括以下几个基本含义:① 每一个教师在自己的工作中,必须以《宪法》和其他法律法规为准则,正确行使《宪法》和法律赋予的公民的权利并履行相应的义务。在保教过程中,培养幼儿初步的法律意识,使每个幼儿都成为遵法守法的好公民。② 除了遵守法律的相关规定,教师还应该遵守职业道德。我国教师职业道德的基本要求是:爱国守法、爱岗敬业、关爱幼儿、严谨治学、团结协作、尊重家长、廉洁从教、为人师表、终身学习。③ 为人师表是对教师的特定要求。因为教师的一言一行都对幼儿产生潜移默化的影响,所以教师本人必须做出表率。为人师表对教师提出了多方面的要求,主要包括思想品质、政治素质、工作态度、钻研业务、生活作风、服饰打扮、言谈举止等方面。它要求教师时时、处处、事事严格要求自己,言行一致,表里一致,可以成为幼儿和社会一切人的楷模和表率。

(2)贯彻国家的教育方针,遵守规章制度,执行幼儿园的教学计划,履行教师聘约,完成教育教学工作任务。这一义务包括以下几个含义:① 幼儿教师在工作中,必须贯彻《教育法》所规定的"教育必须为社会主义现代化建设服务、为人民服务,必须与生产劳动和社会实践相结合,培养德智体美劳全面发展的社会主义建设者和接班人"的教育方针。② 幼儿教师要遵守各级政府、教育行政部门以及学前教育机构制定的各项规章制度并执行保教工作计划,完成保教任务。③ 教师应依法履行教师聘约中约定的教育教学工作职责和完成规定的教育教学任务,否则将依法追究其责任。

（3）对幼儿进行国家法律法规所确定的基本原则的教育和爱国主义、民族团结的教育，法治教育以及思想品德、文化、科学技术教育，组织、带领幼儿开展有益的社会活动。这一义务包括以下几方面的含义：① 教师要对幼儿进行爱国主义、民族团结的教育，激发幼儿爱集体、爱家乡、爱祖国的情感，培养幼儿良好的思想品德和行为习惯。② 对幼儿进行文化、科学技术的启蒙教育，使幼儿感受到祖国文化的博大精深，激发幼儿好奇心和求知欲望。③ 带领幼儿参加有益的社会活动，培养幼儿学习互助、合作和分享、有同情心的良好品质。

（4）关心、爱护全体幼儿，尊重幼儿人格，促进幼儿在品德、智力、体质等方面全面发展。这一义务包括以下几个方面：① 关心、爱护全体幼儿是每一名幼儿教师的天职和美德，严禁虐待、歧视和变相体罚幼儿、严禁侮辱幼儿人格等损害幼儿身心健康的行为。幼儿年龄小，缺乏自我保护能力，更需要教师的关心和爱护，教师要把保护幼儿的生命健康放在保教工作的首位。② 幼儿有自身的独立人格，他们像成人一样需要得到尊重。教师应不分性别、民族、种族，平等地对待每一个幼儿。尊重幼儿意味着要尊重幼儿的身心发展特点，尊重幼儿的个性特点，尊重幼儿的意愿和想法。在教育教学活动中，一切从幼儿出发，以幼儿为本。③ 对幼儿实施德、智、体、美各方面全面发展的教育，促进其身心和谐发展是幼儿教师最主要的任务之一。与此同时还应尊重幼儿的个性发展，坚持个性发展和全面发展相统一原则。

（5）制止有害于幼儿的行为或者其他侵犯幼儿合法权益的行为，批评和抵制有害于幼儿健康成长的现象。具体来讲，教师履行这项义务应该做到以下几点：① 教师主要负责制止在幼儿园工作和保教活动中，侵犯其所负责管理的幼儿合法权益的行为。② 保护幼儿的合法权益和身心健康，是全社会的责任，教师自然更有义务保护幼儿身心健康成长，有义务抵制和批评有害于幼儿身心健康成长的不良现象。

（6）不断提高思想政治觉悟和教育教学业务水平。教育教学工作是一项较强的专业性工作，为了更好地发展幼儿教育、提高国民素质，幼儿教师必须不断提高自身修养，同时不断学习专业知识，掌握教育教学规律以适应教育教学工作的需要。

三、幼儿教师的资格和任用

（一）幼儿教师的资格

1. 幼儿教师资格条件

《教师法》规定教师资格基本条件包括以下几个方面：必须是中国公民；遵守宪法和法律；热爱教育事业；具有良好的思想品德；具备规定的学历或者经国家教师资格考试合格；有教育教学能力。《学前教育法》强调了"幼儿园教师应当爱护儿童，具备优良品德和专业能力，为人师表、忠诚于人民的教育事业"。

2. 幼儿教师资格认定的程序

依据《教师资格条例》第五章规定，申请认定幼儿教师资格的主要步骤为：① 申请人应当在规定的受理期限内提出申请，递交身份证明，学历证书或者教师资格考试合格证明，教育行政部门或者受委托的高等学校指定的医院出具的体格检查证明，户籍所在地的街道办事处、乡人民政府或者工作单位，所毕业的学校对其思想品德、有无犯罪记录等方面情况的鉴定及证明材料;② 教育行政部门或者受委托的高等学校对申请人的条件进行审查;③ 非师范院校毕业或者教师资格考试合格的公民申请认定幼儿园、小学或者其他教师资格的应当进行面试和试讲,考察其教育教学能力,根据实际情况和需要,教育行政部门或者受委托的高等学校可以要求申请人补修教育学、心理学等课程;④ 应当在受理期限终止之日起30日内做出是否颁发相应的教师资格证书的决定,并通知申请人认定结果。

3. 幼儿教师资格的丧失

根据《教师法》《教师资格条例》规定,有弄虚作假、骗取教师资格的,品行不良、侮辱学生,影响恶劣的,由县级以上人民政府教育行政部门撤销其教师资格。被撤销教师资格的,自撤销之日起5年内不得重新申请认定教师资格,其教师资格证书由县级以上人民政府教育行政部门收缴。参加教师资格考试有作弊行为的,其考试成绩作废,3年内不得再次参加教师资格考试。受到剥夺政治权利或者故意犯罪受到有期徒刑以上刑事处罚的,不能取得教师资格;已经取得教师资格的,丧失教师资格。

(二) 幼儿教师的任用

《教师法》第十七条规定:"学校和其他教育机构应当逐步实行教师聘任制。教师的聘任应当遵循双方地位平等的原则,由学校和教师签订聘任合同,明确规定双方的权利、义务和责任。"《幼儿园管理条例》和《幼儿园工作规程》也明确规定:幼儿园教师实行聘任制,幼儿园教师由幼儿园园长聘任,也可由举办幼儿园的单位或个人聘任。在最新颁布并在2025年6月1日起实施的《学前教育法》又增加和强调了幼儿园聘任教师等工作人员应报教育行政部门备案并进行背景查询和健康检查。

教师聘任制度是指聘任双方在平等自愿的基础上,由学校或教育行政部门根据教育教学需要设置的工作岗位,聘请具有教师资格的公民担任相应教师职务的一项制度。幼儿教师和学前教育机构通过聘任制度确立一种法律关系。根据《中华人民共和国劳动法》(以下简称《劳动法》)《中华人民共和国劳动合同法》的规定,这种聘任关系属于劳动合同关系。双方签订的聘任合同具有法律效力,对双方均有约束力。幼儿教师与学前教育机构均要按聘任合同履行义务。聘任制度包括招聘、续聘、解聘、辞聘等形式。实行聘任制有助于提高教师的责任感,并淘汰不具备任教能力的庸才,可以充分利用社会人力资源,减少人力资源的浪费,打破传统教师任用制度,增进各地区教学经验的传播,增加就业岗位。

知识链接 7-2 劳动合同

根据《劳动法》第十六条规定,劳动合同是劳动者与用人单位确立劳动关系、明确双方权利和义务的协议。第十七条还规定,订立和变更劳动合同,应当遵循平等自愿、协商一致的原则,不得违反法律、行政法规的规定。劳动合同依法订立即具有法律约束力,当事人必须履行劳动合同规定的义务。

《劳动法》第十八条规定,下列劳动合同无效:违反法律、行政法规的劳动合同;采取欺诈、威胁等手段订立的劳动合同。无效的劳动合同,从订立的时候起,就没有法律约束力。确认劳动合同部分无效的,如果不影响其余部分的效力,其余部分仍然有效。劳动合同的无效,由劳动争议仲裁委员会或者人民法院确认。

《劳动法》第十九条规定,劳动合同应当以书面形式订立,并具备以下条款:劳动合同期限;工作内容;劳动保护和劳动条件;劳动报酬;劳动纪律;劳动合同终止的条件;违反劳动合同的责任。劳动合同除前款规定的必备条款外,当事人可以协商约定其他内容。

《劳动法》第二十五条规定,劳动者有下列情形之一的,用人单位可以解除劳动合同:在试用期间被证明不符合录用条件的;严重违反劳动纪律或者用人单位规章制度的;严重失职,营私舞弊,对用人单位利益造成重大损害的;被依法追究刑事责任的。《劳动法》第二十六条还规定,有下列情形之一的,用人单位可以解除劳动合同,但是应当提前三十日以书面形式通知劳动者本人:劳动者患病或者非因工负伤,医疗期满后,不能从事原工作也不能从事由用人单位另行安排的工作的;劳动者不能胜任工作,经过培训或者调整工作岗位,仍不能胜任工作的;劳动合同订立时所依据的客观情况发生重大变化,致使原劳动合同无法履行,经当事人协商不能就变更劳动合同达成协议的。

《劳动法》第二十七条还规定,用人单位濒临破产进行法定整顿期间或者生产经营状况发生严重困难,确需裁减人员的,应当提前三十日向工会或者全体职工说明情况,听取工会或者职工的意见,经向劳动行政部门报告后,可以裁减人员。用人单位依据本条规定裁减人员,在六个月内录用人员的,应当优先录用被裁减的人员。第二十八条规定,用人单位依据本法第二十四条、第二十六条、第二十七条的规定解除劳动合同的,应当依照国家有关规定给予经济补偿。

《劳动法》第三十二条规定,有下列情形之一的,劳动者可以随时通知用人单位解除劳动合同:在试用期内的;用人单位以暴力、威胁或者非法限制人身自由的手段强迫劳动的;用人单位未按照劳动合同约定支付劳动报酬或者提供劳动条件的。

案例 7-4

就算资格老,合同也该签

某机关幼儿园聘用了一名原在某教育部门工作的退休职工刘某做幼儿园的工勤人员。他脾气倔,爱摆老资格,还总是指挥别人,再加上他儿子是教育局里的一位领导,因此大家都对他"礼让三分",不敢得罪。

幼儿园虽聘用刘某为工勤人员,但并没有签订劳动合同。平时他的工作想干就干,不想干就不干。新来的李园长决定改变这种不正常的管理状态,却为如何与刘某签订合同犯了难。

幼儿园究竟应该如何与教职员签订劳动合同?

【评析】

本案涉及幼儿园如何与每位劳动者签订劳动合同的问题。

劳动合同是维护劳动者和用人单位合法权益的法律保障。对于幼儿园和教职员来说,签订一份完备、公平、合理的劳动合同是十分重要的。而且,幼儿园与教职员签订劳动合同时地位平等,应当在自愿的基础上协商一致。

社会生活千变万化,劳动合同的种类和当事人的情况也非常复杂,我国《劳动法》规定了签订劳动合同的必备条款,包括劳动合同期限、工作内容、劳动保护和劳动条件、劳动报酬、劳动纪律、劳动合同终止的条件、违反劳动合同的责任等,双方还可以协商约定劳动合同的补充条款。为了明确教职员的工作内容、职责范围和劳动纪律等,幼儿园应尽量详细、具体地在劳动合同中加以明确。

另外,幼儿园在与教职员签订劳动合同时,还应当注意避免以下做法:在与劳动者签订劳动合同时收取押金;扣押教职员的身份证件、学历证件或其他证明个人身份的证件;在劳动合同中限制职工结婚、生育等。这些做法都是不符合法律规定的,即使有约定,也是无效的。当然,个别条款无效,并不影响其他劳动合同条款的效力。

劳动合同到期后,幼儿园如不准备与教职员续签合同的,一般应提前一个月通知教职员。如果幼儿园在签订劳动合同后,需要变更合同内容,应与员工协商一致。如与员工意见无法达成一致,则不能变更合同。

本案中,该名工勤人员刘某之所以爱摆资格,指挥别人,不愿做分内之事,与幼儿园未与他签订劳动合同、职责未予明确有关。新来的园长如果要改变这种不正常现象,就应该先从签订劳动合同抓起,与他签订劳动合同,明确其工作职责和范围,避免其越权干预园内的其他工作,从而做好本职工作。

【建议】

(1) 幼儿园在聘用教职员时应签订书面的劳动合同,明确教职员的工作内容。

(2) 幼儿园应将工作岗位职责作为劳动合同的内容,便于加强幼儿园的依法管理,也有助于保障教职员的合法权益。

(3) 教职员在明确自己的岗位职责后,应努力完成自己的本职工作,不要越权。

四、幼儿园教师专业素质和能力的基本要求

幼儿园教师是履行幼儿园教育工作职责的专业人员,需要经过严格的培养与培训,具有良好的职业道德,掌握系统的专业知识和专业技能。《幼儿园教师专业标准(试行)》依据《教师法》,从专业理念与师德、专业知识、专业技能三个维度提出了教师专业素质的基本要求。它是幼儿园教师开展保教活动的基本规范,是引领幼儿园教师专业发展的基本准则,是幼儿园教师培养、准入、培训、考核等工作的重要依据。

(一) 专业理念与师德要求

1. 职业理解与认识的基本要求

(1) 贯彻党和国家教育方针政策,遵守教育法律法规。

(2) 理解幼儿保教工作的意义,热爱学前教育事业,具有职业理想和敬业精神。

(3) 认同幼儿园教师的专业性和独特性,注重自身专业发展。

(4) 具有良好职业道德修养,为人师表。
(5) 具有团队合作精神,积极开展协作与交流。

2．对幼儿的态度与行为的基本要求

(1) 关爱幼儿,重视幼儿身心健康,将保护幼儿生命安全放在首位。
(2) 尊重幼儿人格,维护幼儿合法权益,平等对待每一位幼儿。不讽刺、挖苦、歧视幼儿,不体罚或变相体罚幼儿。
(3) 信任幼儿,尊重个体差异,主动了解和满足有益于幼儿身心发展的不同需求。
(4) 重视生活对幼儿健康成长的重要价值,积极创造条件,让幼儿拥有快乐的幼儿园生活。

3．对幼儿保育和教育的态度与行为基本要求

(1) 注重保教结合,培育幼儿良好的意志品质,帮助幼儿形成良好的行为习惯。
(2) 注重保护幼儿的好奇心,培养幼儿的想象力,发掘幼儿的兴趣爱好。
(3) 重视环境和游戏对幼儿发展的独特作用,创设富有教育意义的环境氛围,将游戏作为幼儿的主要活动。
(4) 重视丰富幼儿多方面的直接经验,将探索、交往等实践活动作为幼儿最重要的学习方式。
(5) 重视自身日常态度言行对幼儿发展的重要影响与作用。
(6) 重视幼儿园、家庭和社区的合作,综合利用各种资源。

4．个人修养与行为的基本要求

(1) 富有爱心、责任心、耐心和细心。
(2) 乐观向上、热情开朗,有亲和力。
(3) 善于自我调节情绪,保持平和心态。
(4) 勤于学习,不断进取。
(5) 衣着整洁得体,语言规范健康,举止文明礼貌。

(二) 专业知识的基本要求

1．幼儿发展知识

(1) 了解关于幼儿生存、发展和保护的有关法律法规及政策规定。
(2) 掌握不同年龄幼儿身心发展特点、规律和促进幼儿全面发展的策略与方法。
(3) 了解幼儿在发展水平、速度与优势领域等方面的个体差异,掌握对应的策略与方法。
(4) 了解幼儿发展中容易出现的问题与适宜的对策。
(5) 了解有特殊需要幼儿的身心发展特点及教育策略与方法。

2．幼儿保育和教育知识

(1) 熟悉幼儿园教育的目标、任务、内容、要求和基本原则。
(2) 掌握幼儿园环境创设、一日生活安排、游戏与教育活动、保育和班级管理的知识与方法。
(3) 熟知幼儿园的安全应急预案,掌握意外事故和危险情况下幼儿安全防护与救助的

基本方法。
(4) 掌握观察、谈话、记录等了解幼儿的基本方法和教育心理学的基本方法和原理。
(5) 了解 0～3 岁婴幼儿保教和幼小衔接的有关知识与基本方法。

3．通识性知识
(1) 具有一定的自然科学和人文社会科学知识。
(2) 了解中国教育基本情况。
(3) 具有相应的艺术欣赏与表现知识。
(4) 具有一定的现代信息技术知识。

(三) 专业能力的基本要求

1．环境的创设与利用
(1) 建立良好的师幼关系，帮助幼儿建立良好的同伴关系，让幼儿感到温暖和愉悦。
(2) 建立班级秩序与规则，营造良好的班级氛围，让幼儿感受到安全、舒适。
(3) 创设有助于促进幼儿成长、学习、游戏的教育环境。
(4) 合理利用资源，为幼儿提供和制作适合的玩教具和学习材料，引发和支持幼儿的主动活动。

2．一日生活的组织与保育
(1) 合理安排和组织一日生活的各个环节，将教育灵活地渗透到一日生活中。
(2) 科学照料幼儿日常生活，指导和协助保育员做好班级常规保育和卫生工作。
(3) 充分利用各种教育契机，对幼儿进行随机教育。
(4) 有效保护幼儿，及时处理幼儿的常见事故、危险情况，优先救护幼儿。

3．游戏活动的支持与引导
(1) 提供符合幼儿兴趣需要、年龄特点和发展目标的游戏条件。
(2) 充分利用与合理设计游戏活动空间，提供丰富、适宜的游戏材料，支持、引发和促进幼儿的游戏。
(3) 鼓励幼儿自主选择游戏内容、伙伴和材料，支持幼儿主动地、创造性地开展游戏，充分体验游戏的快乐和满足。
(4) 引导幼儿在游戏活动中获得身体、认知、语言和社会性等多方面的发展。

4．教育活动的计划与实施
(1) 制订阶段性的教育活动计划和具体活动方案。
(2) 在教育活动中观察幼儿，根据幼儿的表现和需要，调整活动，给予适宜的指导。
(3) 在教育活动的设计和实施中体现趣味性、综合性和生活化，灵活运用各种组织形式和适宜的教育方式。
(4) 提供更多的操作探索、交流合作、表达表现的机会，支持和促进幼儿主动学习。

5．激励与评价
(1) 关注幼儿日常表现，及时发现和赏识每个幼儿的点滴进步，注重激发和保护幼儿的积极性、自信心。
(2) 有效运用观察、谈话、家园联系、作品分析等多种方法，客观地、全面地了解和评价幼儿。

(3) 有效运用评价结果,指导下一步教育活动的开展。

6．沟通与合作

(1) 使用符合幼儿年龄特点的语言进行保教工作。

(2) 善于倾听,和蔼可亲,与幼儿进行有效沟通。

(3) 与同事合作交流,分享经验和资源,共同发展。

(4) 与家长进行有效沟通合作,共同促进幼儿发展。

(5) 协助幼儿园与社区建立合作互助的良好关系。

7．反思与发展

(1) 主动收集分析相关信息,不断进行反思,改进保教工作。

(2) 针对保教工作中的现实需要与问题,进行探索和研究。

(3) 制订专业发展规划,积极参加专业培训,不断提高自身专业素质。

一名合格的幼儿园教师应该坚持如下理念。第一,幼儿为本。尊重幼儿权益,以幼儿为主体,充分调动和发挥幼儿的主动性;遵循幼儿身心发展特点和保教活动规律,提供适合的教育,保障幼儿快乐健康成长。第二,师德为先。热爱学前教育事业,具有职业理想,践行社会主义核心价值体系,履行教师职业道德规范,依法执教。关爱幼儿,尊重幼儿人格,富有爱心、责任心、耐心和细心;为人师表,教书育人,自尊自律,做幼儿健康成长的启蒙者和引路人。第三,能力为重。把学前教育理论与保教实践相结合,突出保教实践能力;研究幼儿,遵循幼儿成长规律,提升保教工作专业化水平;坚持实践、反思、再实践、再反思,不断提高专业能力。第四,终身学习。学习先进学前教育理论,了解国内外学前教育改革与发展的经验和做法;优化知识结构,提高文化素养;具有终身学习与持续发展的意识和能力,做终身学习的典范。

五、幼儿园教师主要职责

1．观察了解幼儿,依据国家规定的幼儿园课程标准,结合本班幼儿的具体情况,制订和执行教育工作计划,完成教育任务。

2．严格执行幼儿园安全、卫生保健制度,指导并配合保育员管理本班幼儿生活和做好卫生保健工作。

3．与家长保持经常联系,了解幼儿家庭的教育环境,商讨符合幼儿特点的教育措施,共同配合完成教育任务。

4．参加业务学习和幼儿教育研究活动。

5．定期向园长汇报,接受其检查和指导。

幼儿教师需要具备哪些专业素质和专业能力?

第三节　学前教育机构其他工作人员

一、学前教育机构其他工作人员概述

《幼儿园工作规程》第三十八条明确规定,幼儿园按照国家相关规定设园长、副园长、教师、保育员、卫生保健人员、炊事员和其他工作人员等岗位,配足配齐教职工。《幼儿园工作规程》第七章"幼儿园的教职工"在总结我国幼教经验的基础上,根据当前幼教发展的趋势和对幼儿园的要求,对幼儿园园长、教师、保育员、医务人员、事务人员、炊事员和其他工作人员的编制、基本条件、资格、职责以及奖惩都做了具体明确的规定。本书中,学前教育机构其他工作人员是指在学前教育机构中不直接承担教育教学工作的人员,一般包括保育员、医务人员、事务人员、炊事员等。

为规范幼儿园办园行为,促进幼儿园教师队伍建设,满足幼儿在园生活、游戏和学习的需要,确保幼儿接受基本的、有质量的学前教育,促进幼儿健康成长,幼儿园应当按照服务类型、教职工与幼儿以及保教人员与幼儿的一定比例配备教职工,满足保教工作的基本需要。

学前教育机构工作人员应坚决拥护党的基本路线;热爱幼儿教育事业、爱护幼儿,对幼儿充满热情、充满爱心;努力学习专业知识和技能,树立正确的教育观、儿童观和保教相结合的基本观念,提高文化和专业水平,不断汲取新知识、不断掌握新本领;品德良好、为人师表,忠于职责;保证个人身体健康,坚持定期体检。

知识链接 7-3　幼儿园教职工配备标准

为贯彻落实《国家中长期教育改革和发展规划纲要(2010—2020年)》《国务院关于加强教师队伍建设的意见》和《教育部　中央编办　财政部　人力资源社会保障部关于加强幼儿园教师队伍建设的意见》,进一步规范各类幼儿园用人行为,教育部研究制定了《幼儿园教职工配备标准(暂行)》(2013年),规定了教职工与幼儿的比例、专任教师和保育员配备、其他人员配备。

一、教职工与幼儿的比例

幼儿园应当按照服务类型、教职工与幼儿以及保教人员与幼儿的一定比例配备教职工,满足保教工作的基本需要。不同服务类型幼儿园教职工与幼儿的配备比例见表7-1。

表7-1　不同服务类型幼儿园教职工与幼儿的配备比例

服务类型	全园教职工与幼儿比	全园保教人员与幼儿比
全日制	1∶5～1∶7	1∶7～1∶9
半日制	1∶8～1∶10	1∶11～1∶13

二、专任教师和保育员配备

幼儿园应根据服务类型、幼儿年龄和班级规模配备数量适宜的专任教师和保育员,使每个幼儿在一日生活、游戏和学习中都能得到成人适当的照顾、帮助和指导。此外,专任教师和保育员的岗位类别和数量增设要能满足本园发展和保教工作的需要,并确保在教师进修、支教、病产假等情况下有可供临时顶岗的保教人员。不同服务类型幼儿园各年龄班和混龄班班级规模、专任教师和保育员的配备标准见表7-2。

表7-2 幼儿园班级规模及专任教师和保育员配备标准

年龄班	班级规模(人)	全日制		半日制	
		专任教师	保育员	专任教师	保育员
小班(3~4岁)	20~25	2	1	2	有条件的应配备1名保育员
中班(4~5岁)	25~30	2	1	2	
大班(5~6岁)	30~35	2	1	2	
混龄班	<30	2	1	2~3	

三、其他人员配备

园长:6个班以下的幼儿园设1名,6~9个班的幼儿园不超过2名,10个班及以上的幼儿园可设3名。

卫生保健人员:根据《托儿所幼儿园卫生保健工作规范》配备。

炊事人员:幼儿园应根据餐点提供的实际需要和就餐幼儿人数配备适宜的炊事人员。每日三餐一点的幼儿园每40~45名幼儿配1名;少于三餐一点的幼儿园酌减;在园幼儿人数少于40名的供餐幼儿园(班)应配备1名专职炊事员。

财会人员:根据国家和地方有关财会工作规定配备。

安保人员:根据国家和地方有关安保工作规定配备。

幼儿园应根据实际需要配备数量适宜的教职工,积极实行一岗多责,提高用人效益。本标准为各级各类幼儿园的合格标准。各地可根据当地经济社会发展水平和学前教育发展的实际情况,制订适合本地的具体实施方案。

二、学前教育机构其他工作人员的任职资格

《幼儿园工作规程》《学前教育法》不仅对幼儿园教师等工作人员提出了基本要求,还分别针对保育员、医务人员等其他工作人员做了具体的规定。

(一)保育员

保育员,是指在幼儿园或托儿所里负责照管幼儿卫生保健、生活管理的人员。《学前教育法》第三十九条要求"保育员应当具有国家规定的学历,并经过幼儿保育职业培训"。保育员在幼儿的发展中扮演着照顾者、教育者等多种角色,对幼儿的身心健康、行为习惯以及个性、情感等各方面均产生着深刻的影响。因此,要想成为一名合格的保育工作者,就必须满足其相应的基本要求与任职资格。

1. 职业道德方面

一个保育工作者必须遵守以下职业道德规范:爱岗敬业,热爱幼儿;为人师表,遵纪守法;积极进取,开拓创新;尊重家长,热情服务;文明礼貌,团结协作。其所服务对象均为幼儿,认知能力差、自我独立能力弱,但又处在一个快速成长的年纪,这就对与幼儿朝夕相处的保育工作者提出了更高的要求。保育员良好的道德素质与高尚的职业情操对幼儿的成长起着不可估量的作用。

2. 职业素质方面

一个保育工作者必须满足如下规定:应具备高中毕业以上学历,受过幼儿保育职业培训,能履行幼儿保育员的职责;熟悉幼儿生理、心理教育等理论知识,能够处理幼儿常见病及常见传染病、常见意外事故等,了解幼儿相关法律文件,熟知幼儿园工作规程的相关知识及幼儿园饮食卫生条例等相关知识;在自身生理、心理情况上,要求保育工作者不可携有慢性传染病,不可有精神方面疾病,应拥有健康生理及心理,确保能为幼儿提供正常服务。

只有具备上述基本要求的保育员才能真正履行好相应的职责,才能促进每一个幼儿的健康成长。

(二) 卫生保健人员

卫生保健人员包括医师、护士和保健员,是指经过考核和卫生行政部门批准和承认,取得相应资格及执业证书的各级各类卫生技术人员。在幼儿园中,卫生保健人员具有协助园长组织实施卫生保健方面的任务,对幼儿身体的健康成长、生长环境的塑造起着不可估量的作用。因此幼儿园的医务人员应当满足以下基本任职要求。

1. 思想道德方面

(1) 坚持四项基本原则,拥护党的路线、方针和政策,遵纪守法,有良好的思想素质和良好的职业操守,具有全局意识,服从组织调配,善于团结同事。

(2) 有强烈的事业心和责任感,热爱幼儿,爱岗敬业。工作踏实,廉洁奉公,乐于奉献。服务意识强,办事效率高,按时完成工作任务。

(3) 有履行本岗位职责需要的理论知识和专业水平,有良好的工作经验和能力。

2. 岗位要求方面

按《幼儿园工作规程》规定,幼儿园卫生保健人员除符合本规程第三十九条规定外,医师应当取得卫生行政部门颁发的"医师执业证书";护士应当取得"护士执业证书";保健员应当具有高中毕业以上学历,并经过当地妇幼保健机构组织的卫生保健专业知识培训。

在规模较大的幼儿园和寄宿制幼儿园的医务人员,一般指医生、医士和护士。规模较小的幼儿园的医务人员,通常是保健员。

幼儿园的卫生保健人员服务的对象是幼儿,幼儿园的卫生保健、幼儿的计划免疫和疾病防治,直接关系着幼儿的身体健康。因此,只有对幼儿园医务人员的文化水平、专业能力严格要求,才能保证卫生保健工作的质量。

案例 7-5

无证保育员渎职，园长、班主任同责

某幼儿园急需一名保育员，经园长李珍同意，接收了无上岗证、未接受过幼儿保育职业培训的吴茗担任中(1)班的保育员。一天晚上，中(1)班班主任郭晴在寝室点燃蚊香用于驱蚊，交班时将此事告知了当晚值班的保育员吴茗。谁知吴茗单独值班至半夜时，竟然离开寝室长达 45 分钟。在此期间，蚊香将搭落在床沿边的棉被引燃，火势迅速向四周蔓延，引发火灾，致使 3 名幼儿在火灾中死亡，多名幼儿受重伤，酿成特大火灾事故。

事故发生后，保育员吴茗、班主任郭晴、园长李珍均被追究刑事责任，受到刑罚制裁。但郭晴和李珍认为，酿成惨祸的直接原因是吴茗玩忽职守，自己只是有一定过失，应该承担的是民事责任而不是刑事责任。

在这起事故中，涉案人员各应承担哪些法律责任呢？

【评析】

本案涉及因老师失职引发火灾导致的幼儿伤害事故中，事故责任人的法律责任认定问题。根据对幼儿伤害事故过错责任的规定，此案中，幼儿园存在重大过错。造成这起严重的幼儿伤亡事故的原因是：班主任郭晴防火意识淡漠，在寝室内留下火种，造成安全隐患；保育员吴茗玩忽职守，导致酿成火灾；园长李珍等管理人员聘用不具有任职资格的保育员，对幼儿园的防火工作监管不力。几名事故责任人的过错，导致火灾发生，多名幼儿伤亡，所以幼儿园负有全部责任。

【建议】

(1) 幼儿园应严格按照《幼儿园管理条例》和《幼儿园工作规程》规定聘用符合任职条件的工作人员，幼儿园的工作人员均应按《幼儿园工作规程》规定要求认真履行职责。

(2) 保证幼儿园内走火通道畅通，教育幼儿防火和火灾逃生的方法；有条件时要进行消防逃生演习。

(3) 消除各种火灾隐患，向教师、幼儿、家长宣传防火知识。

(4) 幼儿园应配齐消防设备，维持其有效性，定期检查，落实责任人、检查人、维护人等。

三、学前教育机构其他工作人员的主要职责

(一) 幼儿园保育员的主要职责

(1) 负责本班房舍、设备、环境的清洁卫生工作。做到每天小扫除，每周大扫除。定期清洗玩具教具、生活用品，采取湿式清扫方式清洁地面。厕所做到清洁通风、无异味，每日定时打扫，保持地面干燥。便器每次用后及时清洗干净。保持室内空气清新、阳光充足，为幼儿提供一个卫生、整洁、舒适的环境。

(2) 在教师指导下，管理幼儿生活，并配合本班教师组织教育活动。要全心全意地看

护、照料幼儿。主动与教师商议制定幼儿一日生活管理细则,并在教师的引导下向幼儿示范讲解基本要求,督促幼儿反复练习,从而使幼儿养成良好的生活、卫生习惯。同时要协助教师完成教育教学的任务,这要求保育员学习相关的教育学、儿童心理学等知识,提高自身的专业素养,树立正确的教育观念。此外还需在日常活动中多注意观察幼儿,了解幼儿的身心发展特点,学习一些配合教育教学活动的技巧,为提高保教质量打好坚实的基础。

(3) 在医务人员和本班教师指导下,严格执行幼儿园安全、卫生保健制度。应仔细研读幼儿园安全、卫生保健制度,并在医务人员和本班教师指导下将各项工作贯彻落实。做好卫生消毒工作,定期接受预防儿童伤害相关知识和急救技能的培训,做好儿童安全工作,消除安全隐患,预防跌落、溺水、交通事故、烧(烫)伤、中毒、动物致伤等伤害的发生。

(4) 妥善保管幼儿衣物和本班的设备、用具。这既是对物品的珍惜,也是对幼儿的无声教育。幼儿经常在保育员身边,保育员对物品、设备的爱护和摆放整齐,对幼儿具有潜移默化的作用。

(二) 卫生保健人员的岗位要求[①]

按照《幼儿园工作规程》要求,卫生保健人员要对全园幼儿身体健康负责,做好以下五个方面的工作。

(1) 协助园长组织实施有关卫生保健方面的法规、规章和制度,并监督执行。医务人员第一,要协助园长做好宣传工作,落实《托儿所、幼儿园卫生保健制度》,提高全园工作人员认识水平。第二,要协助园长把卫生保健工作的要求落实到人,做到既有分工又有合作。第三,执行制度要严格,要做到制度的检查经常化。

(2) 负责指导调配幼儿膳食,检查食品、饮水和环境卫生。食物是幼儿赖以生长、发展的基础。要帮助幼儿园的炊事员制定代量食谱。指导荤素搭配,科学烹调,保证提供的营养能够满足幼儿生长需要。

幼儿园里幼儿众多,加上他们身体柔弱,抵抗力差,食品、饮水的卫生和环境的卫生丝毫不能马虎。医务人员要指导炊事员严格执行《食品卫生法》,严格执行卫生消毒制度,防止食物中毒,防止传染病的流行。

(3) 负责晨检、午检和健康观察,做好幼儿营养、生长发育的监测和评价;定期组织幼儿健康体检,做好幼儿健康档案管理。

(4) 密切与当地卫生保健机构的联系,协助做好疾病防控和计划免疫工作。卫生保健人员应该防患于未然,和地方卫生保健机构保持密切的联系,既能及时得到情报,又可以及时开展预防接种,防止和减少传染病的产生和蔓延。

(5) 向幼儿园教职工和家长进行卫生保健宣传和指导。普及卫生保健知识,是幼儿园工作的需要,也是整个社会精神文明建设的需要。不少幼儿园的医务人员,为了抓好这一工作,在幼儿园里,为全园同志、为家长举办专题讲座,出卫生保健专栏,召开家长会,进行家庭访问,通过多种形式宣传营养保健、防治疾病、培养幼儿生活卫生习惯方面的知识和想法,对幼儿、家庭、幼儿园甚至对社会都有很好的作用。

(6) 妥善管理医疗器械、消毒用具和药品。首先,这要求医务人员要有高度的责任心,

---

① 孙葆森,刘惠容,王悦群.幼儿教育法规与政策概论[M].北京:北京师范大学出版社,2004:146.

爱护和保管好公共财产。其次,工作作风要严谨,医务室的消毒用品和药品不能随意置放。特别是药品的乱放,容易造成错发、错吃,影响幼儿的健康。幼儿园要严禁此类事件的发生。

 知识链接7-4　某师范幼儿园保育员的主要工作

1. 晨间清洁卫生

(1) 每天在7点半开窗通风,冬季开窗15分钟。

(2) 检查幼儿的茶杯。准备保温桶的幼儿饮用水。可在前一天晚上向保温桶中放入开水,以使第二天有饮用的温开水。水温要符合幼儿安全,以滴在成人手背上不烫为好,如开水过烫,要开盖降温。

(3) 湿扫湿抹。先用清水将窗沿、桌面、玩具柜擦一遍,然后再用消毒液擦一遍,地面、走廊拖一遍。

(4) 最后整理。做到不凌乱,杂物不乱放。

(5) 盥洗室的准备。为幼儿备好洗手的肥皂,检查一下幼儿擦手的毛巾是否齐全。

(6) 厕所的清洁卫生。先用清水冲洗一遍,然后用消毒液再刷一遍。

2. 晨间接待

(1) 配合老师做好接待工作。

(2) 做到穿戴整齐、仪表整洁、大方、热情接待。与家长做简短交谈,了解一下幼儿在家的情况。检查一下幼儿的口袋。

(3) 对患病的幼儿或情绪不好的幼儿要特别关照。

(4) 组织幼儿擦椅子,指导幼儿擦,但不要过多地干涉和要求。根据情况,不一定每天擦。

3. 幼儿户外活动中的保育护理

(1) 每日不少于2小时。

(2) 保育员注意观察每一个幼儿,注意活动器具的安全,幼儿衣服不宜穿得过多。照顾幼儿按顺序玩,不要拥挤和推打。

(3) 幼儿在户外活动中,保教人员要全神贯注,不得随意离开幼儿,也不要聚在一起聊天。

(4) 注意户外场地的安全。

(5) 做操时,保育员要关心幼儿的衣服、情绪。

(6) 负责做好活动后的整理和安全防护工作。

4. 大小便的培养

(1) 为幼儿准备敞开式、清洁卫生、安全、符合幼儿特点的盥洗和如厕设备。进食前或如厕前后必须用肥皂洗手。

(2) 组织幼儿盥洗时要维持好幼儿的秩序。

(3) 注意观察幼儿大小便情况,如有异常要及时记录或向保健老师汇报。

(4) 保教人员在处理完幼儿的大小便后要用肥皂洗手。

5. 盥洗

(1) 养成幼儿进食前、大小便后用肥皂洗手的习惯。洗手时教幼儿卷袖子或往上拉。

(2) 教幼儿洗手时手心、手背、手指缝到手腕关节活动处都要洗。先用流水淋湿手心、手背等处,然后抹上肥皂,双手必须搓出肥皂泡后用流水冲洗干净,洗完双手后将小手在水池内甩三下,防止水滴在地上,用自己的毛巾擦干双手。小幼儿要帮助其拉下袖子。

(3) 不会洗手的幼儿,由老师帮助洗。

(4) 幼儿大便拉在身上或腹泻时,先换下其弄脏的衣裤,然后用便纸擦干净,再给幼儿清洗屁股,洗屁股的盆要专用,每次用后消毒备用。洗屁股时由前往后洗,也可用水壶冲洗。

(5) 给幼儿盥洗时,动作要轻柔,语言要和蔼可亲,不要留长指甲或戴容易擦破幼儿皮肤的戒指。对大便在身上的幼儿不能训斥或埋怨,以免增加幼儿的心理负担。

6. 早点的安排

(1) 幼儿的早点工作由保教人员相互配合,各尽其责,老师负责组织幼儿有序地上厕所、洗手,保育员负责点心的准备。

(2) 保育员做好点心前的桌面消毒。

(3) 倒牛奶时,保育员必须到每个幼儿位子上去倒。一次不能倒得太多,以杯子的一半为好,并注意第二次添加。

幼儿园其他工作人员的地位和作用是什么?

案例 7-6

依法持证上岗,园长的规定有依据

某幼儿园教职员工工作效率低下,人浮于事。园长想改变这一状况,出台了一个规定:"无证者下岗,有证者竞争上岗。"这一来,不少人害怕下岗,要么跑去找园长说情,要么跑去考各种资格证。可也有人不相信:"园长不过随口说说吓唬人的,都是老员工了,哪能真这么较真,哪个园又能真的做得到……"那么幼儿园出台这一规定是否有法律、法规依据呢?

【评析】

本案例涉及幼教工作人员的从教资格问题。依据"提高幼儿教育质量、保证幼儿健康发展"的理念,《幼儿园管理条例》《幼儿园工作规程》和《教师资格条例》等法规对幼教人员从教资格有如下规定。

(1) 不分岗位、职务,凡无卫生行政部门颁发的"健康证"者一律不得在幼教岗位工作。不能取得"健康证",说明其身体不适合从事幼儿园工作,理应转岗从事其他工作。

(2) 不同岗位、不同的职能和性质,也要求具备相应的从业资格。这在《幼儿园管理条例》第九条和《幼儿园工作规程》第三十九条至第四十条中有详细的规定:园长必须有园长岗位培训合格证书;教师必须具有《教师资格条例》规定的教师资格;医生必须具有"医师执业证书";护士应当取得"护士执业证书";保健员应当具备高中毕业以上学历,并受过幼儿保健职业培训;保育员应具备高中毕业以上学历,并受过幼儿保育职业培训。不具备上述任职资格条件的,属于不称职或者不合格的幼教人员,或者下岗、转岗,或者参加培训取得相应的资格后,才能从事幼教工作。由此可见,幼儿园所有人员都要依法持证上岗,这是有法律依据的。园长较真也不是跟谁过不去,完全是为了工作、为了孩子着想。

【建议】

(1) 各有关行政部门在对幼儿园进行的年检、考评、评估中要将"持证上岗"作为一项重要内容,对达不到要求的幼儿园要限期整改,经整改后仍不合要求者要坚决取缔。

(2) 幼儿园在招聘人员时,要把资格证作为聘用与不聘用的必要条件。同时要鼓励员工自觉接受在职进修和继续教育。

(3) 幼儿园要主动向当地教育行政部门提出组织幼教人员进行相应资格培训和为符合条件人员办理证件的申请,为不符合条件的人员争取学习培训的机会,从而帮助其尽快取得相应的资格证书。

本章小结

　　幼儿园园长是学前教育机构的最高行政负责人,负责学前教育机构的全面工作。园长是上级领导与教职员工之间的桥梁,必须拥护党的领导、热爱祖国,具有一定的学历以及在一线工作的实践经验,并获得相应职称、园长岗位培训合格证书,有足够的时间和精力统领学前教育机构全局。

　　幼儿教师是履行学前教育职责的专业人员,具有该职业特有的权利和义务,对本班工作全面负责。幼儿园教师实行聘任制。国家规定幼儿教师必须具有《教师资格条例》规定的教师资格证,以及先进的专业理念、丰富的专业知识与较高的专业能力。

　　《幼儿园工作规程》和《幼儿园管理条例》规定,学前教育机构按照编制标准设园长、副园长、教师、保育员、医务人员、事务人员、炊事人员和其他工作人员。每个岗位的人员均需要具备相应的从业资格,其资格和职责必须符合政府和相关法律法规的相关规定。学前教育机构的工作人员均须拥护党的基本路线,热爱幼儿教育事业,爱护幼儿,努力学习专业知识和技能,提高文化和专业水平,品德良好,为人师表,忠于职责,身体健康。

思考与练习

1. 简述学前教育机构园长的职责和岗位要求。
2. 简述学前教育机构教师的权利及义务。
3. 简述学前教育机构教师专业发展的基本要求。
4. 试述学前教育机构不同岗位教职工的任职资格。
5. 试述学前教育机构工作人员的基本要求。

第八章　学前教育中的法律责任

学习目标

1. 了解学前教育活动中幼儿园的法律责任构成和幼儿园法律责任认定原则。

2. 掌握幼儿园举办和运行管理中违反学前教育法律法规以及侵犯幼儿教师权益应承担的法律责任,增强幼儿教师的知法、懂法、守法意识,能够运用相关法律知识依法执教。

3. 理解侵犯幼儿合法权益的法律责任,提高学前教育机构及相关人员的法律素养以及依法维护自身合法权益的能力。

情境案例

3月的一天,大一班的老师正在带幼儿游戏,突然一个女孩自己不小心摔倒,老师立刻把她送到医务室,医生诊断可能有头骨损伤。于是,老师赶紧将孩子送到医院,并立刻与家长取得联系。医院确诊为轻微骨折。老师向家长道歉,表示自己没有照顾好孩子,当时家长没有说什么。

第二天,老师买了些营养品到家中探望孩子,家长也没有埋怨老师,反而表示了对老师工作的理解。在孩子病休期间,老师经常看望孩子,保健医生也按时带孩子到医院换药、检查。半个月后,孩子的伤情有了明显好转。此时,幼儿园、家长之间并没有发生矛盾。

然而事隔一个月后,家长一反常态地找到幼儿园索要误工费、陪护费、营养费。幼儿园对家长做出解释:此次幼儿受伤是老师履行职责中的意外事故,不是老师玩忽职守造成的。根据相关法律法规,幼儿园对幼儿有教养职责,但不具有委托监护权,所以在幼儿园发生的幼儿伤害事故应按照过错原则赔偿,即有过错才给予赔偿。依据医院证明,医药费已由幼儿园承担,其他费用幼儿园不能给予赔偿。幼儿园从职业道德出发,派老师多次看望幼儿,并表示了歉意,已经尽心尽力。家长听后心悦诚服,并了结了此事。

问题:

1. 学前教育中涉及哪些法律责任?

2. 幼儿在幼儿园发生伤害事故,到底应该谁负责任?

在此案例中,当家长提出过分的赔偿要求时,园长用法律武器维护了幼儿园的合法权益。如果老师们不具备这些法律常识,事情可能会越闹越大,甚至到对簿公堂的地步。因此,懂法知法,清晰了解法律责任的归属和界定,是幼儿教师必备的工作能力。

第一节　学前教育法律责任认定

在学前教育实践中,学前教育法律责任涉及相关幼儿教育主体的方方面面,包括幼儿园举办、运行和管理中的法律责任,侵犯幼儿园教师合法权利的法律责任,以及违反儿童权利与保护的规定而给幼儿带来伤害的法律责任。其中幼儿伤害的案例数量居多,因此,在学前教育法律责任认定中,需要明确幼儿园法律责任的构成要件,并阐明幼儿园法律责任认定原则,以做到有法可依、违法必究、依法执教。

一、幼儿园法律责任的构成要件

要求幼儿园在幼儿伤害事故中承担赔偿责任,必须有损害事实、因果关系和过错三大构成要件。

（1）损害事实

幼儿伤害事故中,首先要确认幼儿受到伤害的事实或因此带来的经济损失。如果幼儿及家长不能证明幼儿受到伤害的事实,则无权请求幼儿园赔偿损失。确认损害事实有两项前提:一是伤害事实或经济损失确实发生在幼儿园教育教学期间;二是要考虑到幼儿的年龄和心理发展阶段的特点,作为当事人的幼儿对一些关键问题可能无法做出明确的说明和指证,需要结合相关旁证进行确认。

（2）因果关系

与生活中的前因后果关系不同,法律上因果联系的认定必须具有直接而非间接的关系。幼儿伤害事故中的因果关系特指幼儿的伤害是由幼儿园的员工、其他人员或者设施直接造成的。幼儿园的法律责任认定按其在幼儿伤害事故中作用的大小承担相应比例。

（3）过错

幼儿园伤害事故属于民事法律范畴,适用过错归责原则,即凡要求幼儿园承担赔偿责任,必须证明幼儿园存在过错。从司法角度来看,如果幼儿园没有过错,幼儿园就没有法律上的赔偿责任。幼儿园在幼儿伤害事故中存在过错的客观表现形式主要有:幼儿班主任老师或保育工作人员实施违背法律法规或幼儿园规章制度的行为;幼儿班主任老师或保育工作人员实施违背基本民事道德规范的行为;幼儿园的相关教育教学设施不符合有关标准,存在安全隐患造成幼儿伤害。只要具备上述情形之一,就可以明确认定幼儿园或教职工作人员有过错。这里要明确的是,教师对幼儿的正当教育行为如果造成幼儿伤害,不能理所当然地认定为有过错。只有当幼师的教育方式简单粗暴,伤害到幼儿的精神和身体,才能认定有过错的存在。

二、幼儿园法律责任认定原则

(一) 过错责任原则

过错责任原则是以行为人主观上的过错为承担民事责任的基本条件的法律准则。按过错责任原则,行为人仅在有过错的情况下才承担民事责任,没有过错,就不承担民事责任。《民法典》第一千一百六十五条规定,行为人因过错侵害他人民事权益造成损害的,应当承担侵权责任。可见,在法律没有特别规定的情况下,民事侵害都适用过错责任原则。根据《民法典》的相关规定,无民事行为能力人和限制民事行为能力人在幼儿园、学校或者其他教育机构学习、生活期间,受到幼儿园、学校或者其他教育机构以外的第三人人身损害的,在责任承担上都适用过错责任原则。由此可见,幼儿园中幼儿伤害事故的法律责任认定适用过错责任原则。

 知识链接 8-1　《民法典》的相关规定

《民法典》第一千二百零一条:无民事行为能力人或者限制民事行为能力人在幼儿园、学校或者其他教育机构学习、生活期间,受到幼儿园、学校或者其他教育机构以外的第三人人身损害的,由第三人承担侵权责任;幼儿园、学校或者其他教育机构未尽到管理职责的,承担相应的补充责任。幼儿园、学校或者其他教育机构承担补充责任后,可以向第三人追偿。

《民法典》第一千二百条:限制民事行为能力人在学校或者其他教育机构学习、生活期间受到人身损害,学校或者其他教育机构未尽到教育、管理职责的,应当承担侵权责任。

案例 8-1

一次违法商演,惹来十级伤残[①]

某市小天使艺术幼儿园是一家由政府举办的公立幼儿园。为了改善老师的福利待遇,幼儿园发动老师集资,在市中心筹备设立一家"小天使"婴幼儿用品商场。商场开业当天举行了非常隆重的庆典仪式,幼儿园还专门安排园内小朋友在仪式上表演舞蹈节目。

小丽也是这群孩子中的一员。然而,正当她兴高采烈地在舞台上蹦蹦跳跳时,突然被地面上的话筒线绊了一下,重重地摔倒在舞台上,造成右手脱臼、骨折。后虽经治疗,但右臂却再也无法完全伸直,经有关部门鉴定为十级伤残。

对于小丽的赔偿问题,小天使艺术幼儿园与小丽家长意见始终无法达成一致,于是小丽的父亲以法定代理人的身份向法院起诉小天使幼儿园,要求幼儿园赔偿因小丽受伤而产生的医疗费、护理费、伤残补助费、精神损失费等各项损失。

小天使幼儿园是否应对小丽的受伤承担责任呢?

【评析】

这是一起幼儿园为商业利益组织幼儿参与商业活动导致的幼儿伤害案。

[①] 周天枢.幼儿园 100 个法律问题[M].广州:新世纪出版社,2010:118—120.

幼儿园的任务是实行保育和教育，对幼儿实施德、智、体、美全面发展的教育，促进其身心和谐发展。对幼儿，幼儿园负有教育、管理和保护的责任，却绝无为商业利益组织幼儿参与商业活动的权利，因为《幼儿园工作规程》第四十七条明确规定，幼儿园不得以营利为目的组织幼儿表演、竞赛等活动。本案中，小天使幼儿园在职工集资开办的"小天使"婴幼儿用品商场开业之际，组织幼儿进行舞蹈表演，是为了自己的商业利益，幼儿的表演活动因此具备了商业活动的性质。商业活动都是营利性活动，因此，小天使幼儿园安排幼儿表演舞蹈的行为违背了前述规定。因为违法行为而导致他人受伤害，幼儿园应承担赔偿责任。而且，幼儿在舞台上表演前，园方应该预见到铺设在舞台上的话筒线可能会造成绊倒幼儿的后果，却疏于管理，没有采取必要的防范措施，没有履行法定的照顾和管理的义务，最终导致悲剧的发生，其过错是显而易见的。鉴于本案中小天使幼儿园的行为违法，又存在过错，幼儿园对小丽及其家长遭受的各项损失应该承担赔偿责任。

【建议】
(1) 幼儿园不得组织幼儿参加商业性演出活动。
(2) 在组织幼儿进行表演等活动时，幼儿园应设法消除安全隐患。
(3) 家长应关心孩子的各项活动，对利用孩子进行商业性活动的，家长应向幼儿园提出异议，并有权代表孩子予以拒绝。

(二) 过错推定责任原则

过错推定，也叫过失推定。在某些侵权行为的构成中，受害人能证明损害事实与加害人的行为或物件有因果关系的情况下，如果加害人不能证明自己无过错，那么法律就推定加害人在致人损害的行为中有过错，并为此承担赔偿责任。我国《民法典》第一千一百六十五条规定：依照法律规定推定行为人有过错，其不能证明自己没有过错的，应当承担侵权责任。这种归责原则仍然强调行为人的过错，行为人可以通过证明自己没有过错获得免责。这在一定意义上是"举证责任倒置"，因为在适用过错责任原则的情况下，需要由受害人证明行为人存在过错；而在过错推定中，受害人不需要对行为人的过错承担举证责任，法律根据损害事实推定行为人存在过错，行为人要想获得免责，必须为自身的无过错进行举证。幼儿作为无行为能力人在幼儿园、学校或者其他教育机构学习、生活期间受到人身损害，适用过错推定原则确定幼儿园、学校或者其他教育机构的法律责任。

知识链接 8-2

《民法典》第一千一百九十九条：无民事行为能力人在幼儿园、学校或者其他教育机构学习、生活期间受到人身损害的，幼儿园、学校或者其他教育机构应当承担侵权责任；但是，能够证明尽到教育、管理职责的，不承担侵权责任。

案例 8-2

幼儿园是否应该赔偿[①]

在某幼儿园组织孩子们进行户外体育活动时,5岁的淘淘与其他小朋友打闹玩耍,不慎从木质器材上跌落,右手及右侧肘关节出现擦伤和红肿。老师在进行简单消毒包扎后安排其躺下休息,直至放学时才告知家长张某。张某得知后立即带淘淘前往医院检查,经诊断为肱骨内上髁骨折,医院进行复位手术,各类花费近2万元。之后,张某起诉至法院,要求该幼儿园承担相应赔偿责任。法院经审理后,依法对要求该幼儿园承担赔偿责任的请求予以支持,并就赔偿金额作出判决。

【评析】

本案中法院给出的解释是:"一般情况下,校园伤害事故中学校是否需要承担侵权责任,与其是否尽到教育、管理职责紧密相关。"《民法典》为了保障未成年人的权益,在侵权责任的设定中作了特别规定,明晰学校在校园安全管理中的法定职责,让校园安全事故的处理进一步走向公平、公正、合理。依据《民法典》第一千一百九十九条规定,无民事行为能力人在校园受到人身损害,适用过错推定原则,即只有在学校能够举证证明自己已尽到教育、管理职责的情况下,才能免责,否则法律就推定其有过错,应承担侵权责任。这是因为,无民事行为能力人的认知能力及对自己行为的把控度有限,自我保护能力较弱,其在幼儿园、学校或者其他教育机构学习、生活期间,暂时脱离了监护人的管理和保护,因此法律设立特别保护机制,要求教育机构担负更高标准的管理和安全保障义务。

(三) 公平责任原则

公平责任原则是指当事人各方在造成损害时均没有过错的情况下,由人民法院根据公平的原则,综合考虑当事人的财产状况、支付能力等情况,判定行为人对受害人的损失给予适当补偿的法律责任原则。适用公平责任原则的情况通常是损害事实并不是当事人的过错造成的,而是由于第三方介入或者不可抗力因素造成的。

公平责任原则是具有法定补偿性质的一种归责原则,旨在实现民事主体在民事活动中利益分配的均衡。公平责任原则的适用以不符合过错责任原则和无过错责任原则为前提,在个案中,由法院秉持公平正义理念,确定双方当事人的责任承担。具体须符合以下要件:第一,侵害行为与损害结果之间存在因果关系;第二,双方当事人对损害结果的发生均无过错;第三,不属于法律规定适用无过错责任原则的情形;第四,不适用公平责任原则会导致显失公平的结果。对此,我国《民法典》第一千一百八十六条做出了规定:受害人和行为人对损害的发生都没有过错的,依照法律的规定由双方分担损失。这项规定是公平责任原则的重要法律依据。

[①] 陶玉琼."归笼神兽"在校期间受伤该谁担责?[N].陕西日报,2022-02-28(009).有删改。

> **案例 8-3**
>
> **做游戏受伤,幼儿园无过错也要担责 50%**[①]
>
> 幼儿园 4 名老师带着小班 17 名小朋友,在铺着塑胶地毯的操场上做"老狼几点了"的游戏,军军在转身追赶时,脚底一滑摔倒在地。后经检查为骨折,且构成九级伤残。军军家长与幼儿园就医药费、伤残赔偿金等赔偿问题发生纠纷,并为此对簿公堂。
>
> 幼儿园认为,教育部明确发文,要求幼儿园利用多种活动发展幼儿身体平衡和协调能力,"老狼几点了"游戏就是根据上述规定及教学需求设置,这个游戏是全国范围内幼儿园普遍采用的游戏,幼儿园安排做这个游戏没有任何问题。当天,幼儿园为 17 名孩子安排了 4 名老师,且将活动设置在塑胶场地上进行,场地上没有积水,军军也没有和其他小朋友碰撞,摔倒纯属意外。也就是说,幼儿园没有过错。家长则认为,把小孩交给幼儿园,幼儿园就要负责孩子安全,现在孩子受伤,幼儿园就要承担全部责任。另外,家长认为老师没有尽到妥善的保护义务。
>
> 法院结合本案实际情况进行审理,最终判决双方各自承担 50% 的责任。
>
> **【评析】**
>
> 我国《教育法》《未成年人保护法》明确规定,学校与学生之间是法定的教育管理关系,学校对未成年学生负有教育、管理和保护职责。本案中,幼儿园选用的"老狼几点了"游戏,是幼儿园普遍设置的传统类游戏课程,未超幼儿正常的认知能力和体力能力;同时,该游戏系在干净的塑胶场地上进行,由 4 名老师在场组织、指挥,且事故发生时操场上并无积水,不存在老师人数安排、场地设置、场地选用方面的安全隐患;游戏开始前,老师也讲解了游戏规则和安全注意事项,且未擅离职守,故老师已尽到教育、管理职责,对军军受伤的事实不存在过错。军军系无民事行为能力人,摔伤系瞬间发生的意外事件,也不存在过错。但无过不等于无责,过错责任之外还有公平责任原则。法院根据公平责任原则,结合案件的实际情况,酌定被告幼儿园分担原告 50% 的损失,无疑是正确的。

(四) 严格责任原则

严格责任原则,也称无过错责任原则,是指当行为人的行为或与行为相关的事件对他人的合法权益造成损害时,即使行为人无过错,也应承担责任的法律规则。其目的在于补偿受害人所受到的损失。我国《民法典》第一千一百六十六条规定:行为人造成他人民事权益损害,不论行为人有无过错,法律规定应当承担侵权责任的,依照其规定。但是,该类侵权责任的承担,必须有法律的明确规定,否则不能适用无过错责任原则。

[①] 王景林. "做游戏受伤"幼儿园无过错也要担责 50%[EB/OL]. (2014-11-01)[2025-01-15]. http://www.110.com/ziliao/article-515684.html.

第二节　幼儿园举办和运行管理中违法违规的法律责任

幼儿园举办和运行管理中违法违规的法律责任既包括在未经教育行政部门审批的情况下擅自办学开班,并且存在办学环境和教学设施不达标,食品卫生设备设施简陋,园内安保措施不健全,幼儿人身安全和食品安全存在较大隐患等问题,也包括依法成立、取得了办学许可证和营业执照的幼儿园在运营过程中违反相关学前教育法律法规的行为。这些违法违规行为,严重损害了学前教育正常稳定秩序,危及幼儿的生命安全和健康成长,一旦被发现和查处,行为责任人将承担相应的行政法律责任、民事法律责任和刑事法律责任。主要法律依据是《教育法》《幼儿园管理条例》《学前教育法》和新修订的《民办教育促进法》《中华人民共和国民办教育促进法实施条例》(2021)(以下简称《民办教育促进法实施条例》)、《民法典》(2020)等。

一、举办幼儿园违法违规行为的法律责任

国家实行幼儿园登记注册制度,未经登记注册,任何单位和个人不得举办幼儿园。公民、法人或者其他组织没有依照法律规定的条件和程序获得行政部门的办学许可而擅自办幼儿园的行为属于非法办园。行政机关应当依法采取措施追究法律责任,并依法给予行政处罚;构成犯罪的,依法追究刑事责任。

(一)《幼儿园管理条例》规定的法律责任

根据《幼儿园管理条例》(以下简称《条例》)的规定,当地教育局,是查处的责任主体。《条例》第二十七条规定:违反本条例,具有下列情形之一的幼儿园,由教育行政部门视情节轻重,给予限期整顿、停止招生、停止办园的行政处罚:

1. 未经登记注册,擅自招收幼儿的;
2. 园舍、设施不符合国家卫生标准、安全标准,妨害幼儿身体健康或者威胁幼儿生命安全的;
3. 教育内容和方法违背幼儿教育规律,损害幼儿身心健康的。

> **案例 8-4**
>
> **幼儿园非法办学被取缔**[①]
>
> 开学之初,某县人民政府教育督导室组织专门力量对全县幼儿园办学行为进行专项督查,在督查中,发现少数乡镇幼儿园存在无证办园、手续不齐、师资低劣、不遵循教育规律、以营利为目的、误人子弟等现象。县教育局在全县范围内采取了整治行动,对规范乡镇幼儿园的办学秩序和办学行为起到了良好的效果。
>
> 整治中,发现两所幼儿园是未经教育行政部门审批、无办园许可证的非法幼儿园,规模较小,设备简陋,办园条件差,存在严重的安全隐患,教学上"小学化"倾向突出,违背幼儿身心健康发展规律,严重影响幼儿的身心健康和人身安全,且举办者以营利为目的。
>
> 举办者对县教育部门三令五申责令停止办园、县人民政府教育督导室多次现场督

[①] 县政府取缔无证非法幼儿园需哪几个部门[EB/OL].(2022-04-06)[2025-01-15]. https://m.bala.iask.sina.com.cn/p/hbEP9aBKtm.html.有删改。

查提出的整顿意见不服从,县教育局按照《教育法》和《幼儿园管理条例》的有关规定,对这两所幼儿园先后下达了行政处罚告知书、行政处罚决定书,责令其停止办园、停止招生。

举办者对此置之不理,仍然继续开展招生活动。因幼儿园拒不执行处罚决定,影响恶劣,为对当地人民群众和幼儿负责,县教育局向县人民法院提交申请,请求法院立案予以强制取缔。

县人民法院接到教育部门的申请后,立即予以立案,依法判决,并向这两所幼儿园下达了强制执行裁定书,令其停止办园、停止招生。出动法警,与县教育局、县人民政府教育督导室的同志一起,赴办园现场依法强制取缔。

(二)《民办教育促进法实施条例》规定的法律责任

个人或者社会组织举办幼儿园时需遵守《民办教育促进法》及其实施条例的相关规定。《民办教育促进法实施条例》第六十二条明确规定:民办学校举办者及实际控制人、决策机构或者监督机构组成人员有下列情形之一的,由县级以上人民政府教育行政部门、人力资源社会和保障行政部门或者其他有关部门依据职责分工责令限期改正,有违法所得的,退还所收费用后没收违法所得;情节严重的,1至5年内不得新成为民办学校举办者或实际控制人、决策机构或者监督机构组成人员;情节特别严重、社会影响恶劣的,永久不得新成为民办学校举办者或实际控制人、决策机构或者监督机构组成人员;构成违反治安管理行为的,由公安机关依法给予治安管理处罚;构成犯罪的,依法追究刑事责任。

1. 利用办学非法集资,或者收取与入学关联的费用的;
2. 未按时、足额履行出资义务,或者抽逃出资、挪用办学经费的;
3. 侵占学校法人财产或者非法从学校获取利益的;
4. 与实施义务教育的民办学校进行关联交易,或者与其他民办学校进行关联交易损害国家利益、学校利益和师生权益的;
5. 伪造、变造、买卖、出租、出借办学许可证的;
6. 干扰学校办学秩序或者非法干预学校决策、管理的;
7. 擅自变更学校名称、层次、类型和举办者的;
8. 有其他危害学校稳定和安全、侵犯学校法人权利或者损害教职工、受教育者权益的行为的。

(三)《学前教育法》规定的法律责任

1. 承担提供普惠性学前教育服务责任。《学前教育法》要求公办幼儿园和普惠性民办幼儿园作为普惠性幼儿园,应当按照有关规定提供普惠性学前教育服务。同时强调"县级以上地方人民政府应当以县级行政区划为单位制定幼儿园布局规划,将普惠性幼儿园建设纳入城乡公共管理和公共服务设施统一规划,并按照非营利性教育用地性质依法以划拨等方式供地,不得擅自改变用途"。对于未按照规定制定、调整幼儿园布局规划,或者未按照规定提供普惠性幼儿园建设用地;未按照规定规划居住区配套幼儿园,或者未将新建居住区配套幼儿园举办为普惠性幼儿园;利用财政性经费、国有资产、集体资产或者捐赠资产举办或者参与举办营利性民办幼儿园,或者改变、变相改变公办幼儿园性质;未按照规定制定并落实公办幼儿园生均财政拨款标准或者生均公用经费标准、普惠性民办幼儿园生均财政补助标准;其他未依法履行学前教育管理和保障职责的情形,《学前教育法》第七十五条规定地方各级人民政府及有关部门有上述情形之一的,由上级机关或者有关部门按照职责分工责令限期改正;情节严重的,对负有责任的领导人员和直接责任人员依法给予处分。普惠性民办幼儿园接受政府扶持,收费实行政府指导价管理。

2.严格把关规范幼儿园审批登记。要保障适龄儿童获得有益于其身心健康发展的学前教育,需要严格幼儿园的准入条件,规范幼儿园审批登记程序,防止不符合质量要求的幼儿园损害幼儿身心健康。《幼儿园管理条例》和《幼儿园工作规程》(以下简称《规程》)都明确规定了举办幼儿园所需要的条件,《学前教育法》对学前教育机构举办行为进行了规范。《学前教育法》严格规范了幼儿园审批登记要求执行"先证后照"制度。《学前教育法》第三十条明确指出:"设立幼儿园经县级人民政府教育行政部门依法审批、取得办学许可证后,依照有关法律、行政法规的规定进行相应法人登记。"对于擅自举办幼儿园的行为,《学前教育法》第七十八条也指出:"对非法举办幼儿园的单位和个人,根据情节轻重,五至十年内不受理其举办幼儿园或者其他教育机构的申请"。《学前教育法》也规范了幼儿园变更和终止程序。《学前教育法》第三十一条规定:"幼儿园变更、终止的,应当按照有关规定提前向县级人民政府教育行政部门报告并向社会公告,依法办理相关手续,妥善安置在园儿童。"这些程序充分保障了幼儿及其家长的利益。①

3.对举办民办幼儿园的约束与规范。《学前教育法》首先强调了公办幼儿园不得转制为民办幼儿园。公办幼儿园不得举办或者参与举办营利性民办幼儿园和其他教育机构。第三十四条明确指出"任何单位和个人不得利用财政性经费、国有资产、集体资产或者捐赠资产举办或者参与举办营利性民办幼儿园"。同时对社会资本举办幼儿园进行了规制。《学前教育法》第三十五条指出"社会资本不得通过兼并收购等方式控制公办幼儿园、非营利性民办幼儿园。幼儿园不得直接或者间接作为企业资产在境内外上市。上市公司不得通过股票市场融资投资营利性民办幼儿园,不得通过发行股份或者支付现金等方式购买营利性民办幼儿园资产"。

如果你想接手一家幼儿园,原有的办学许可证可以转让吗?

案例 8-5

幼儿园自制"办学许可证"招生②

正在筹建的长安镇好明珠幼儿园竟然已有小朋友在上课了,为了招生,园方还制作了假的办学许可证和办学收费许可证。而假办学许可证的编号是真的,属于另外一家幼儿园——好世纪幼儿园。两家幼儿园是同一个老板。

---

① 江夏.依法办园,推进学前教育普及普惠安全优质发展——关于《中华人民共和国学前教育法》"幼儿园"部分的解读[J].福建教育,2025(01):25—29.
② 汪万里.幼儿园自制"办学许可证"招生[N].广州日报,2008-09-08(A15).

园长办公室一名负责人告诉记者,好明珠幼儿园还在筹建当中。按照相关规定,筹建期间不许招生,好明珠幼儿园为何已经招收了100多名小朋友?这名负责人说,学生是从另一所幼儿园转过来的。

在园长办公室的墙壁上,记者看到了"民办学校办学许可证""社会力量办学收费许可证"和"食品卫生许可证"。此外,还有一张"民办非企业单位登记证书"复印件。四张证书上,法人代表、负责人全部是"蔡永权"。而"民办学校办学许可证"的发证时间是2006年7月1日,至今已经两年多。

蔡永权向记者表示,四张证书"是我们当时复印的时候做错了,人都会犯错,有什么奇怪的。我们正在筹建中,这些学生也是从好世纪幼儿园转来的,有什么问题啊!"东莞市教育局民管科的工作人员表示,幼儿园筹建期间不允许招生;制作假的办学许可证就更是要不得,将进行严查。

二、幼儿园运行管理中违法违规行为的法律责任

(一)违规招生的法律责任

《学前教育法》在第七十八条和第七十九条明确了幼儿园违规招生的法律责任。

(1)对擅自举办幼儿园或者招收学前儿童实施半日制、全日制培训的,由县级人民政府教育等有关部门依照《中华人民共和国教育法》《中华人民共和国民办教育促进法》的规定予以处理;对非法举办幼儿园的单位和个人,根据情节轻重,五至十年内不受理其举办幼儿园或者其他教育机构的申请。

(2)对组织入园考试或者测试的或违反规定收取费用的,由县级以上地方人民政府教育等有关部门按照职责分工责令限期改正;有违法所得的,退还所收费用后没收违法所得;情节严重的,责令停止招生、吊销办学许可证。

(二) 教学条件、安全设施不合规的法律责任

幼儿园教学条件、设施不符合国家卫生标准、安全标准,妨害幼儿身体健康或威胁幼儿生命安全的法律责任包括:

(1)《民办教育促进法实施条例》第六十三条规定:民办学校有下列情形之一的,依照《民办教育促进法》第六十二条规定给予处罚,其中包括教学条件明显不能满足教学要求、教育教学质量低下,未及时采取措施的;校舍、其他教育教学设施设备存在重大安全隐患,未及时采取措施的;未依法履行公示办学条件和教育质量有关材料、财务状况等信息披露义务,或者公示的材料不真实的。《民办教育促进法实施条例》第六十二条规定的处罚包括:由县级以上人民政府教育行政部门、人力资源和社会保障行政部门或者其他有关部门依据职责分工责令限期改正;有违法所得的,退还所收费用后没收违法所得;情节严重的,1至5年内不得新成为民办学校举办者或实际控制人、决策机构或者监督机构组成人员;构成犯罪的,依法追究刑事责任。

(2)《幼儿园管理条例》第八条规定:"幼儿园的园舍和设施必须符合国家的卫生标准和安全标准。"否则要视情节轻重承担限期整顿、停止招生、停止办园的行政处罚。

(3)《中华人民共和国刑法》第一百三十八条规定:教育设施重大安全事故罪,是指明知校舍或者教育教学设施有危险,而不采取措施或者不及时报告,致使发生重大伤亡事故的,对直接责任人员,处三年以下有期徒刑或者拘役;后果特别严重的,处三年以上七年以下有期徒刑。

> **案例 8-6**
>
> **年久失修的秋千导致事故的责任**
>
> 多多在幼儿园进行户外体育活动时,在秋千上高兴地荡来荡去,几名小朋友也热心地从后面推他,可是忽然之间,秋千的一侧铁链发生断裂,多多从秋千上跌下,造成右腿骨折。
>
> 【评析】
>
> 多多从秋千上跌落受伤,是幼儿园的玩具年久失修导致铁链断裂所致。幼儿园未及时更换已经陈旧老化的器械,造成事故隐患;组织活动时,教师又未及时发现隐患,最终导致事故发生。这种情况下,幼儿园必须承担相应的法律责任。《教育法》第二十七条、第七十三条,《未成年人保护法》第三十五条、第三十七条明确规定,幼儿园建筑物和其他设施要符合标准,保证幼儿在校内的人身安全。家长可根据《教育法》第八十三条关于侵犯教师、受教育者、学校或者其他教育机构的合法权益,造成损失、损害的,应当依法承担民事责任的规定,对该幼儿园发起民事诉讼,令其承担赔偿损失、赔礼道歉等民事法律责任。

(三)办学方向和教学活动违规的法律责任

幼儿教育是教育的根基。学前教育要坚持公益性的社会主义办园方向,坚持把立德树人作为根本任务,为党育人、为国育才,为幼儿的健康发展、幸福成长保驾护航。《教育法》对此作出了明确规定:学校及其他教育机构,都有义务贯彻国家的教育方针,执行国家教育教学标准。因此,在幼儿园教育教学中,任何违法违规的办学行为都要承担相应的法律责任。

(1)《民办教育促进法实施条例》第六十三、六十四条规定,民办学校有"违背国家教育方针,偏离社会主义办学方向,或者未保障学校党组织履行职责的;违反法律、行政法规和国家有关规定开展教育教学活动的",由县级以上人民政府教育行政部门、人力资源和社会保障行政部门或者其他有关部门依据职责分工对学校决策机构负责人、校长及直接责任人予以警告;情节严重的,1至5年内不得新成为民办学校决策机构负责人或者校长;情节特别严重、社会影响恶劣的,永久不得新成为民办学校决策机构负责人或者校长。对所举办或者实际控制的民办学校疏于管理,造成恶劣影响的,由县级以上教育行政部门、人力资源和社会保障行政部门或者其他有关部门依据职责分工责令限期整顿;拒不整改或者整改后仍发生同类问题的,1至5年内不得举办新的民办学校,情节严重的,10年内不得举办新的民办学校。

(2)《幼儿园管理条例》第十六条规定:幼儿园可以根据本园的实际,安排和选择教育内容与方法,但不得进行违背幼儿教育规律,有损于幼儿身心健康的活动。否则教育行政部门将视情节轻重,给予限期整顿、停止招生、停止办园的行政处罚。

(3)《学前教育法》第七十九条规定,幼儿园有下列情形之一的,由县级以上地方人民政府教育等有关部门按照职责分工责令限期改正,并予以警告;有违法所得的,退还所收费用后没收违法所得;情节严重的,责令停止招生、吊销办学许可证;其中包括以下教学活动中违规的情形:"因管理疏忽或者放任发生体罚或者变相体罚、歧视、侮辱、虐待、性侵害等危害学前儿童身心安全的行为""使用未经审定的课程教学类资源""采用小学化的教育方式或者教授小学阶段的课程""未按照规定配备幼儿园教师或者其他工作人员";等。

(四)幼儿园违背师德师风行为的法律责任

在幼儿园运行和管理中,建立高素质的教师队伍尤为重要。师德师风是评价教师队伍素质的第一标准。对此,教育部印发《新时代幼儿园教师职业行为十项准则》《幼儿园教师违反职业道德行为处理办法》,要求将师德师风建设落实到招聘、聘用、考核等教师管理具体工作中,实行师德失范"一票否决",明确新时代教师职业规范,划定基本底线,深化师德师风建设。在实际管理中,如有个别教师放松自我要求,不能认真履职尽责,甚至出现严重违反师德行为,损害教师队伍整体形象的,幼儿园要承担相应的法律责任。

案例 8-7

浙江新昌 27 名幼教被查出买假教师资格证,22 人用假证骗得补助[①]

最高检通报的案情显示,2015 年至 2018 年,浙江省绍兴市新昌县 13 所民办幼儿园中有 27 名不具备教师资格的幼儿园教师,经幼儿园园长及其他教师介绍联系,从他人处购得伪造的教师资格证书,长期在幼儿园从事幼儿教学工作。其中,22 人利用伪造的教师资格证书,向新昌县教育体育局申报领取幼儿园在职自聘教师奖励补助合计人民币 122510 元(注:"幼儿园在职自聘教师奖励补助"系学前教育专项经费项目资金之一,以下简称"奖励补助")。

2019 年 11 月 5 日,新昌县检察院成立公益诉讼专案组开展立案调查。22 名涉事幼儿园教师被辞退或转岗,6 人投案自首。

【评析】

以上案例属于幼儿园违背师德师风的严重违法案件。

案例 8-7 反映了近年来买卖幼儿园教师资格证和利用假证申报领取奖励补助的情况。究其原因,是由于当前幼儿园教师资格证件管理制度存在行政监管不力的漏洞。对此,教育部门应当加大对资格考试的监管力度,严厉查处考试违纪人员;执法机关在执法活动中应加大对买证者的查处力度,切断市场需求源头;国家应对幼儿园教师职业情况进行专项检查,开展幼儿园教师师德师风专项整顿,推动幼儿园教师持证上岗,提高幼儿园教师的专业素养。[②]

(五)办学经费违规违法行为的法律责任

幼儿园办学经费的合理使用是确保保教质量的可靠物质基础。一些幼儿园举办者或管理者过分追逐利润,导致幼儿园出现了不依法依规执行会计制度、财务管理混乱、抽逃资金或者挪用办学经费等现象,影响了幼儿园的有序运转,需要运用法律法规手段进行规制。[③]

[①] 最高检:浙江新昌 27 名幼教被查出买假教师资格证,21 人用假证骗得补助[EB/OL].(2020-12-17)[2025-01-15]. https://www.163.com/dy/article/FU2C8GC6051492T3.html.红星新闻,2020-12-17.
[②] 洪秀敏.幼儿园教师应知的政策与法规:案例式解读[M].北京:北京师范大学出版社,2022:96.
[③] 徐文松,王婧文,赵梅菊.学前教育政策与法规[M].北京:北京理工大学出版社,2021:174.

(1)《民办教育促进法》第六十二条规定:恶意终止办学、抽逃资金或者挪用办学经费的,由县级以上人民政府教育行政部门、人力资源和社会保障行政部门或者其他有关部门责令限期改正,并予以警告;有违法所得的,退还所收费用后没收违法所得;情节严重的,责令停止招生、吊销办学许可证;构成犯罪的,依法追究刑事责任。

(2)《民办教育促进法实施条例》第六十三条规定:未按照国家统一的会计制度进行会计核算、编制财务会计报告,财务、资产管理混乱,或者违反法律、法规增加收费项目、提高收费标准的,依照《民办教育促进法》第六十二条规定给予处罚。

(3)《幼儿园管理条例》第二十四条规定:幼儿园应当加强财务管理,合理使用各项经费,任何单位和个人不得克扣、挪用幼儿园经费。对于克扣、挪用幼儿园教育经费的,将承担的法律责任的依据是《教育法》第七十一条:① 责令限期归还被挪用、克扣的经费,并对直接负责的主管人员和其他直接责任人员,依法给予处分;② 构成犯罪的,依法追究刑事责任。罪名是贪污罪、挪用公款罪。

(4)《学前教育法》在以上法律规定的基础,也做出了相应的法律规定,如"违反规定收取费用""克扣、挪用学前儿童伙食费"等,也给予了限期改正、没收违法所得,甚至责令停止招生、吊销办学许可证等处罚。

案例 8-8

民营幼儿园,经费管理须谨慎[①]

某幼儿园是一所由李某私人投资的民办幼儿园。某学期结束时幼儿园进行了财务核算,结余经费 8 万元。李某想将这笔钱全拿去开一家美容店。但帮他管理幼儿园的郭园长却认为这违反了幼儿园管理的相关规定,不主张他这么做。

钱是李某自己的钱,他到底可不可以这么做呢?幼儿园的经费管理有哪些规定?

【评析】

本案中所涉及的幼儿园经费管理问题是不少民办幼儿园的出资人所困惑的。

民办幼儿园是民办教育事业的一部分,我国法律把民办教育事业定性为公益性事业,着重强调的是民办幼儿园的社会效益,而非经济效益。

本案首先需要确认该幼儿园在设立时是非营利性幼儿园还是营利性幼儿园,如果当时设立的是非营利性幼儿园,那么办学结余需要全部用于办学,因此作为出资人的李某不可以提取用于开办美容店。《幼儿园管理条例》第二十四条规定:幼儿园应当加强财务管理,合理使用各项经费,任何单位和个人不得克扣、挪用幼儿园经费。如果当初设立的是营利性幼儿园,那么也需要按照幼儿园章程规定的办学结余处理办法进行合法合规分配,李某也不可以私自拿走全部的办学结余。

【建议】

(1) 幼儿园应制定完备的内部经费管理制度,合理使用经费。

(2) 幼儿园收费项目和标准要公开,让家长有知情权。

[①] 周天枢.幼儿园 100 个法律问题[M].广州:新世纪出版社,2010:74.

第三节　侵犯幼儿园教师合法权益的法律责任

幼儿园教师的合法权益能否得到保障是影响学前教育高质量发展最重要、最根本的因素。根据《教师法》相关规定，幼儿园教师享有的权益包括：幼儿园保教工作人员能够依法行使的专业权利，享受的待遇权利。其中，专业权利包括保育教育权、教研科研权（包括课题科研和园本教研）、培训进修权、民主管理权、职称评聘权；待遇权利包括工资待遇（包括工资收入、加班待遇、带薪寒暑假等）、社会保障待遇（包括社会保险、住房公积金等五险一金）、女教师特有待遇（包括产假、孕假、哺乳假等）。① 但在学前教育实践中，幼儿园教师的合法权益不能得到保障的情形很多，与幼儿教师合法权益相关的法律责任主要体现在以下几个方面：

一、学前教育机构侵犯幼儿教师劳动权益的法律责任

学前教育机构（幼儿园）与幼儿教师之间的法律关系既有通过行政任命的形式，使用和管理教师的任命制的行政法律关系，又有双方地位平等双向选择，各自具有相应权利与义务的聘任制的民事法律关系。② 幼儿教师入职学前教育机构，须按照《中华人民共和国劳动法》第十六条有关"建立劳动关系应当订立劳动合同"的规定订立劳动合同。劳动合同是幼儿教师与学前教育机构确立劳动关系、明确双方权利和义务的协议。劳动合同的内容是有关劳动的权利和义务，应当在平等自愿、协商一致的基础上订立劳动合同。一旦依法正式签订了劳动合同，双方就形成了劳动法律关系，即学前教育机构与幼儿教师之间劳动关系是一种劳动合同法律关系。根据劳动合同，幼儿教师需在一定期间为用人单位（幼儿园）进行工作，用人单位（幼儿园）负责提供相应的劳动条件和劳动报酬。然而在学前教育实践中，尤其是民办幼儿园经常有不签劳动合同或者劳动合同签订不规范、教师的工资偏低、寒暑假带薪休假没有保障等问题，发生争议时幼儿园则推脱责任，导致幼儿教师劳动权益落空，极易引发劳资纠纷。

对于这些侵犯劳动者权益的行为，幼儿园教师可以向人力资源和社会保障部门的劳动监察执法大队投诉，人力资源和社会保障相关部门应当责令幼儿园予以改正；幼儿园教师还可以向当地的劳动争议调解委员会，劳动争议仲裁委员会申请调解或仲裁处理劳动纠纷。对于处理结果不服的，可以向人民法院起诉，人民法院应依法判决，责令幼儿园履行法定和约定的义务。

知识链接 8-3　《中华人民共和国劳动法》关于劳动合同的规定

《劳动法》第十九条规定，"劳动合同应当以书面形式订立，并具备以下条款：

（一）劳动合同期限；

（二）工作内容；

---

① 杨莉君，邱诗琦.幼儿园教师享有权益的现状调查研究——以湖南省40所幼儿园为样本[J].湖南师范大学教育科学学报，2016，15(06)：68—75.

② 童宪明.幼儿教育政策与法规[M].3版.上海：复旦大学出版社，2021：111.

（三）劳动保护和劳动条件；

（四）劳动报酬；

（五）劳动纪律；

（六）劳动合同终止的条件；

（七）违反劳动合同的责任。

劳动合同除前款规定的必备条款外，当事人可以协商约定其他内容。

案例 8-9

化州一幼儿园被老师告到了法院[①]

2017 年 8 月下旬，化州某幼儿园招录黄某担任该园教师工作，双方没有签订书面劳动合同，化州某幼儿园也没有为黄某购买社会保险。工作至 2018 年 11 月 12 日，黄某因怀孕预产期将近向化州某幼儿园提交休产假申请书，申请从 11 月 13 日起开始休产假，该申请获幼儿园批准后，黄某开始休产假并于 2018 年 11 月 25 日顺产生育一子。

2019 年 3 月 6 日，幼儿园要求黄某回园上班，黄老师没有回去。化州某幼儿园向黄某支付工资至 2019 年 2 月后，便不再给黄某支付工资。双方因产假后上班、产假期间工资发放等问题引发劳动争议纠纷，黄某向劳动人事争议调解仲裁机构申请仲裁，后黄某对仲裁裁决不服，向化州市法院起诉要求幼儿园支付其休产假期间应发未发的工资及赔偿经济补偿金等。

化州市法院经审理后认为，黄某属于顺产，根据《女职工劳动保护特别规定》及《广东省人口与计划生育条例》的规定，应享有 178 天法定假期，假期期限自 2018 年 11 月 13 日起至 2019 年 5 月 9 日止。化州某幼儿园未为黄某购买生育保险，应由其按照黄某产假前月平均工资标准向黄某支付生育津贴及奖励假期间工资。因双方对离职原因均无法证明，视为黄某在法定产假结束后，由化州某幼儿园提出且经双方协商一致解除劳动关系。黄某自 2017 年 8 月下旬入职到 2019 年 5 月解除劳动合同，工作年限为 1 年 8 个月。根据《中华人民共和国劳动合同法》《中华人民共和国劳动合同法实施条例》的规定，化州某幼儿园应向黄某支付 2 个月工资的经济补偿金。

【评析】

幼儿教师到幼儿园工作，必须与园方签订劳动合同，并按照合同要求履行责任和义务。同时也要维护自身应有的权益。本案例休产假期间，女职工按照产假前工资标准享受工资待遇。参加生育保险的，由生育保险基金按单位上年度职工平均工资发放生育津贴；未参加生育保险的，由用人单位按职工原工资标准支付产假工资。用人单位如以女职工休产假为由拒不支付休假期间工资，女职工可根据上述法律规定利用法律手段维护自己的正当权益。可以向劳动监察部门申诉或提起劳动争议仲裁，经过劳动仲裁前置程序后，如对仲裁结果不服，可向人民法院提起民事诉讼。

---

① 化州一幼儿园被告到了法院[EB/OL].（2020-09-19）[2024-12-12]. https://www.sohu.com/a/419526209_100195304.

想一想

某民办园老师每年应家长要求不放暑假,老师轮流值班,这合法吗?

二、侵害侵犯教师民主权利的法律责任

在幼儿园教育教学中,幼儿教师工作繁重,参与园所民主管理的意识不强。相关研究也表明大部分幼儿园民主管理流于形式,幼儿教师没有真正话语权。通过研究者的调查结果可知,45.6%的教师表示幼儿园虽然设立了教职工代表大会,但实际上没有提供民主管理的机会;44.5%的幼儿园教师表示民主管理流于形式,不会产生实际作用;9.9%的教师则表示自己不愿意参与民主管理。由此可见,大部分教师实际上并没有真正参与幼儿园的管理,并未真正享有民主管理权。[①] 依法对幼儿园举办者管理及教育主管部门工作人员进行监督举报的教师也往往遭遇不公平的待遇。然而教师民主权利是法律法规赋予幼儿园教师的合法权益,无论幼儿园还是教育主管部门都应该给予保障。《教师法》第三十六条规定:对依法提出申诉、控告、检举的教师进行打击报复的,由其所在单位或者上级机关责令改正;情节严重的,可以根据具体情况给予行政处分。国家工作人员对教师打击报复构成犯罪的,依照刑法有关规定追究刑事责任。

案例 8-10

幼儿园是否有罚款权?

某幼儿园教师杨丽,一天上班时,因下大雨造成道路拥堵,迟到1小时。幼儿园在查明事实经过后,依据本园有关"教职工考勤制度",对其罚款100元。

【评析】

该案例中,幼儿园对教师杨丽的处理意见是不合法的。罚款是行政处罚的一种,幼儿园有对教师予以内部处分的行政权力,但却没有对教师进行行政处罚的权力。因此给予罚款是一种典型的违法行为。1996年10月1日起施行的《中华人民共和国行政处罚法》明确规定:没有法定依据或者不遵守法定程序的,行政处罚无效。而且还规定,在实施行政处罚时没有法定的行政处罚依据的,可以对直接负责的主管人员和其他直接责任人员依法给予行政处分。在该案例中,幼儿园对杨丽予以罚款的依据是幼儿园所制定的规章制度,而这些规章制度中有些内容本身就是违法的。

三、侮辱、殴打幼儿教师应承担的法律责任

教师的权益受国家法律保护,任何侵犯教师合法权益的行为都将受到相应处罚。《教师法》第三十五条明确规定:"侮辱、殴打教师的,根据不同情况,分别给予行政处分或者行政处罚;造成损害的,责令赔偿损失;情节严重,构成犯罪的,依法追究刑事责任。"

[①] 杨莉君,邱诗琦.幼儿园教师享有权益的现状调查研究——以湖南省40所幼儿园为样本[J].湖南师范大学教育科学学报,2016,15(06):68—75.

案例 8-11

儿子疑遭幼儿园老师体罚,家长冲到幼儿园怒扇老师耳光①

2019年7月5日上午9点23分,长沙市雨花区小杜鹃艺术幼儿园里,孩子们正在幼师的带领下开展各项教学活动,画面其乐融融。

这时,幼儿园里突然冲进一个女性,轻车熟路地赶到某个幼儿园班级里,二话不说,给了正在给孩子们上课的幼师"啪啪啪啪啪"五个大巴掌。

该老师被五巴掌打蒙了,尚未反应过来便弯腰呕吐不止。孩子们乱成了一锅粥。园长和其他班老师随后赶来了解情况,原来施暴女子是该幼儿园某孩子的家长胡女士。

该家长的行为造成了该幼师身体轻伤,并受到了一定程度上的心理打击,甚至因恐惧无法来园正常工作。

后来,经过详细地了解与沟通,才了解到这位家长对幼师施暴的原因是怀疑前一日孩子被打。长沙市雨花区教育局幼教科和民警要求事发幼儿园园长,提供所在班级的所有视频监控,但连同胡女士在内的所有人一起检查了事发前半个月的监控视频记录,都未发现任何幼师打孩子的画面,也没有其他违背师德师风的行为。之后,家长赔礼道歉并支付了该教师2500元医疗费用,双方达成了和解。

【评析】

本案中的家长在侵犯教师健康权、名誉权等人身权利的同时,一定程度上也扰乱和妨害了幼儿园正常的教育教学秩序,给幼儿园的声誉造成了负面影响,应依法分别承担相应的民事法律责任、行政法律责任甚至刑事法律责任。《教师法》第三十五条规定:"侮辱、殴打教师的,根据不同情况,分别给予行政处分或者行政处罚;造成损害的,责令赔偿损失;情节严重,构成犯罪的,依法追究刑事责任。"因此,对于家长殴打教师的行为,若经公安机关法医鉴定,即使对教师的伤害尚未造成轻微伤,也应由公安机关根据《治安管理处罚法》的规定对家长处以行政处罚。同时,家长对教师进行殴打致伤,实际上已侵犯了教师的生命健康权,教师也可根据《民法典》的规定,要求家长给予赔偿及赔礼道歉。教师所受伤害已达到轻伤或以上的,则家长的行为已触犯《刑法》规定,司法机关可追究其刑事责任。

幼儿教师作为公民,是受到法律平等保护的,在人身权益受到不法侵害时,教师有权采取合法的途径请求法律救济,包括向公安机关提出控告,或向人民法院提起诉讼,追究加害人的法律责任。

知识链接 8-4　法律救济

法律救济是指公民、法人或者其他组织认为自己的人身权、财产权因行政机关的行政行为或者其他单位和个人的行为而受到侵害,依照法律规定向有权受理的国家机关告诉并要

---

① 儿子疑遭幼儿园老师体罚,暴躁家长直接掌掴老师5巴掌,结局反转[EB/OL]. (2019-07-18)[2022-12-12]. https://www.163.com/dy/article/EK1OCHEC0546909V.html. 有删改。

求解决,予以补救,有关国家机关受理并作出具有法律效力的活动。

法律救济的方式主要有:行政复议、行政诉讼、国家赔偿、民事诉讼。教师合法权益的救济途径主要有申诉、行政复议信访、调解、仲裁、诉讼。

四、拖欠幼儿教师工资应承担的法律责任

按照相关法律规定,教师的平均工资水平应当不低于或者高于国家公务员的平均工资水平,并逐步提高。同时要建立正常晋级增薪制度。地方人民政府对违反法律规定,拖欠教师工资或者侵犯教师其他合法权益的,应当责令其限期改正。拖欠幼儿教师工资应承担的法律责任主体包括教育、人力资源和社会保障等相关行政部门;或者是幼儿园的法人等。《教师法》第三十八条规定了地方人民政府对违反本法规定应承担的法律责任,如地方人民政府拖欠教师工资或者侵犯教师其他合法权益的,应当责令其限期改正,由上级机关责令限期归还被挪用的经费,并对直接责任人员给予行政处分;情节严重,构成犯罪的、依法追究刑事责任。

案例 8-12

16 所幼儿园拖欠新入职幼师 8 个月工资[①]

邯郸市峰峰矿区新入职教师张女士通过国务院"互联网+督查"平台反映,2022 年 1 月入职某幼儿园以来 8 个月未收到工资,已经严重影响了自己的正常生活。

国办督查室收到张女士留言后,经初步核实,转河北省政府核查办理。

河北省政府接到国办督查室转送的问题线索后,责成邯郸市政府开展核查。经核查,张女士反映问题属实。2021 年下半年,峰峰矿区为 16 所公办学校(幼儿园)公开招录了 173 名教师,新教师聘期自 2022 年 1 月算起。2022 年 1 月,新入职教师完成培训后正式上岗。峰峰矿区教育体育局和相关单位在申报办理新入职教师入编定岗工作中,沟通衔接不畅、审批效率不高、工作作风拖沓,导致新入职教师上岗后 8 个月工资未及时发放。经督促,所有招聘教师 8 月份工资及补发的 1~7 月份工资共 649.54 万元已全部发放到位。峰峰矿区委、区政府召开专题会议进行深刻反思和剖析,对区教育体育局予以通报批评,在全区范围开展警示教育活动,并进一步优化规范了事业单位工作人员入职审批流程。

【评析】

本案属于教育行政管理部门在管理服务过程中可能会出现的侵犯幼儿园教师合法权益的行为。对此教育行政管理部门应承担不作为、乱作为的法律责任,可以由其上级主管部门责令其改正,并追究主要责任人的行政法律责任,严重的还可以追究主要责任人的刑事责任。

[①] 16 所幼儿园拖欠新入职幼师 8 个月工资?官方:属实,已督促补发[EB/OL].(2022-11-18)[2024-12-12].央视网,2022-11-18.

第四节 侵犯儿童权利与保护的法律责任

中华人民共和国成立以来,我国以《宪法》为基础,以为统领,初步建立了包括《预防未成年人犯罪法》《义务教育法》《母婴保健法》《婚姻法》《禁止使用童工规定》《学生伤害事故处理办法》等有关儿童犯罪、教育儿童权利法律保护体系。2020年修订的《未成年人保护法》第三条规定:"国家保障未成年人的生存权、发展权、受保护权、参与权等权利。未成年人依法平等地享有各项权利,不因本人及其父母或者其他监护人的民族、种族、性别、户籍、职业、宗教信仰、教育程度、家庭状况、身心健康状况等受到歧视。"这说明儿童作为公民,享有公民所享有的一切人身权利。《学前教育法》在"学前儿童"专章第十三条提出"学前儿童享有生命安全和身心健康、得到尊重和保护照料、依法平等接受学前教育等权利"。新法各章都体现了保护儿童权利的理念,彰显了对儿童权利的保障。在学前教育的实践中,不同主体侵犯幼儿合法权益的行为不同,承担的法律责任也有所不同。

一、幼儿园伤害事故的法律责任

幼儿园伤害事故是指入园儿童在幼儿园期间和幼儿园组织幼儿离园集体活动而处于幼儿园管理范围内,所发生的人身伤害事故。类型主要有:设施伤害,由于幼儿园设施设备不安全、建筑物倒塌、火灾等原因引起的伤害;保育教育伤害,由教职员工在保育教育过程中引起的伤害;儿童自身伤害和园外活动伤害等。《教育法》《未成年人保护法》《民办教育促进法》等对幼儿园侵犯幼儿权利应该承担的责任进行了规定。承担的责任形式是行政法律责任、民事法律责任,情节严重的要承担刑事责任。

从幼儿园与幼儿之间法律关系属于教育、管理和保护关系来看;幼儿园对幼儿负有教育、管理和保护责任。这也说明幼儿园承担的职能主要是对幼儿进行身体、心理等各方面的培养,幼儿接受相应的教育、管理,并不是一种完全平等的权利义务关系。虽然幼儿园与幼儿的家长之间会签署相关合同,但幼儿园对幼儿的教育、管理职责并不是来源于其与幼儿家长签署的合同,而是法律法规规章的规定以及相关行政部门的授权。当然,在保教活动中,幼儿园和教师应当保护好幼儿的人身安全,尽量减少事故的发生。

(一)幼儿园管理不善带来幼儿伤害事故的法律责任

幼儿年龄小,容易出意外,因此幼儿园要加强安全建设,防范意外事故。从园所管理的角度,幼儿园的幼儿伤害事故多发的主要原因是教学设施安全不达标、安全管理制度不健全、执行安全责任不到位、安全教育不落实等。

> **案例8-13**
> **幼儿园发生"校车"闷死幼儿事故,谁该为逝去的生命负责?**[①]
> 9月6日,广西梧州藤县一幼儿园发生校车闷死幼儿事故。9月8日,相关工作人员向媒体证实幼儿已经死亡,具体情况不便透露。而根据一村民称,由于司机和老师工

---

① 幼儿园发生"校车"闷死幼儿事故,谁该为逝去的生命负责?[EB/OL].(2021-09-09)[2025-01-15]. https://zhuanlan.zhihu.com/p/408509866。

作的疏漏,一名 4 岁小孩被落在学校的面包车内,发现时已经死亡。

【评析】

在本案例中,幼儿孩子年纪尚小,未满 8 岁,系无民事行为能力人,其安全需要监护人的照料,而老师和司机作为临时监护人具有照料且将其安全送回家的责任,但是老师和司机由于疏忽大意,将 4 岁的幼儿遗落在车内,致使其死亡,存在严重过失。根据我国《刑法》第二百三十三条规定,过失致人死亡的,处三年以上七年以下有期徒刑;情节较轻的,处三年以下有期徒刑。

同时,根据我国《民法典》第一千一百九十九条规定,无民事行为能力人在幼儿园、学校或者其他教育机构学习、生活期间受到人身损害的,幼儿园、学校或者其他教育机构应当承担侵权责任;但是,能够证明尽到教育、管理职责的,不承担侵权责任。该案件发生的主要原因是幼儿园的老师和司机没有尽到严格的看护责任,而老师和司机系幼儿园的员工,所以民事赔偿应由幼儿园承担,赔偿家属相应的损失。

该案件的发生更加凸显出农村教育设施的不完善,该起案件的发生再次为社会敲响警钟,教育无小事,安全均大事。希望每一辆校车安全抵达,每一个孩子平安归家。

(二) 幼儿教师造成幼儿伤害事故的法律责任

近年来,随着国家大力加强幼儿园教师队伍建设,绝大多数的幼儿教师都能做到热爱儿童和学前教育事业,遵守《新时代幼儿园教师职业行为十项准则》,爱岗敬业,尽职履责。但依然有个别教师触碰红线,侵害幼儿的合法权益,对幼儿造成严重伤害。为了明确和追究相关当事人的责任,教育部《幼儿园教师违反职业道德行为处理办法》专门针对幼儿园教师侵犯幼儿合法权益的行为进行了规定,包括:在工作期间玩忽职守、消极怠工,或空岗、未经批准找人替班,利用职务之便兼职兼薪;在保教活动中遇突发事件、面临危险时,不顾幼儿安危,擅离职守,自行逃离;体罚和变相体罚幼儿,歧视侮辱幼儿,猥亵、虐待、伤害幼儿;采用学校教育方式提前教授小学内容;组织有碍幼儿身心健康的活动;索要、收受幼儿家长财物或参加由家长付费的宴请、旅游、娱乐休闲等活动,推销幼儿读物、社会保险或利用家长资源谋取私利;组织幼儿参加以营利为目的的表演竞赛活动,或泄露幼儿与家长的信息等。《幼儿园管理条例》《幼儿园工作规程》《学前教育法》等法律法规也对幼儿教师提出了相应的明确要求。

在保教活动中由于幼儿教师造成幼儿伤害事故的法律责任包括行政法律责任、民事法律责任和刑事法律责任。

1. 行政法律责任

幼儿教师造成幼儿伤害事故的行政法律责任依据是《幼儿园教师违反职业道德行为处理办法》第三条规定的处分和其他处理规定。处分包括警告、记过、降低岗位等级或撤职、开除。警告期限为 6 个月,记过期限为 12 个月,降低岗位等级或撤职期限为 24 个月。是中共党员的,同时给予党纪处分。其他处理包括给予批评教育、诫勉谈话、责令检查、通报批评,以及取消在评奖评优、职务晋升、职称评定、岗位聘用、工资晋级、申报人才计划等方面的资格。取消相关资格的处理执行期限不得少于 24 个月。如 2020 年 9 月,某幼儿园教师苏某某在协助班主任组织幼儿活动的过程中,将一幼儿带至教室外掌掴。苏某某的行为违反了《新时代幼儿园教师职业行为十项准则》第六项规定。根据《幼儿园教师违反职业道德行为处理办法》等相关规定,给予苏某某解聘处理;责成该幼儿园园长做深刻检查,对该幼儿园进行通报批评。[①] 构成违反治安管理行为的,要由公安机关依据治安管理处罚法给予行政处罚。

2. 民事法律责任

根据《民法典》第一千一百九十一条规定:"用人单位的工作人员因执行工作任务造成他人损害的,由用人单位承担侵权责任。用人单位承担侵权责任后,可以向有故意或者重大过失的工作人员追偿。"因此,如果幼儿伤害事故是由于教师侵犯儿童权益造成的,首先要区分这一侵犯行为的发生是因职务行为引起,还是因教师个人行为引起,从而更好地认定各自的责任。一般认为侵权赔偿的责任方式主要是在幼儿园与幼儿之间进行,幼儿园赔偿后可以根据教师过错的轻重大小按照相关管理规定,向施害的教师进行追偿。对于赔礼道歉、恢复名誉等民事责任的承担方式,如果因教师的侮辱等行为而引起家长提出此类要求,须由幼儿教师承担。[②]

> **案例 8-14**
>
> **教具铁钉生锈伤人,老师隐瞒违反规程**[③]
>
> 某幼儿园中班的小朋友正在进行分区活动,科学区的小朋友兴高采烈地玩沉浮实验,尝试着将老师给出的各种材料放进水中,观察其沉浮情况并用在给出的标记上打钩的方式记录自己的观察结果。孩子们争抢着,突然陈华小朋友被其中的一种实验材料——一枚生锈的铁钉——划破了手,当班教师黄映急忙为他贴上止血贴。
>
> 事后,陈华的家长向幼儿园提出了索赔要求,理由是教师没有及时带孩子去医院进行防破伤风处理,也没有在离园时将真实情况告知家长,而只是说孩子在自由活动时不小心擦破了皮,使得家长在询问陈华而得知具体情况后,不得不送孩子去医院处理。为此,他们向幼儿园索赔医疗费和误工费,还要求幼儿园对当班教师黄映进行行政处分。面对家长的要求,幼儿园认为事件因黄映违反幼儿园工作规程引起,家长应直接向其索赔医疗费和误工费;而黄映则认为幼儿只是被铁钉划破一下,家长是大惊小怪,本人及幼儿园都无须赔偿,更不应该对自己进行行政处分。
>
> 三方各执一词,这场纠纷到底应如何处理?
>
> 【评析】
>
> 这是一起关于在幼儿园里做实验而发生伤害事故后法律责任的认定案件。
>
> 幼儿园教师承担着保育和教育的双重职能,有保护幼儿身心健康不受伤害的义务。结合此案来看,虽然幼儿只是划伤,但教师黄映提供给幼儿使用的教具——生锈的铁钉,对幼儿来说是危险物品,容易造成对幼儿的伤害,教师在使用相关的教具前应认真检查其安全性,对于不符合安全规定的教具应及时维修、更换,消除安全隐患,并教育幼儿严格遵守操作规程。经调查发现,本案中的教师没有履行上述职责,违反了国家对幼

---

① 教育部.违反教师职业行为十项准则典型问题[EB/OL].(2020-12-07)[2025-01-16]. http://www.moe.gov.cn/jyb_xwfb/gzdt_gzdt/s5987/202012/t20201207_503811.html
② 徐文松,王婧文,赵梅菊.学前教育政策与法规[M].北京:北京理工大学出版社,2021:180
③ 园内伤害:教具铁钉生锈伤人,老师隐瞒违反规程[EB/OL].(2025-06-01)[2025-07-12]. https://wenku.so.com/d/6661131680f74046c290ef4f8319d80a.

儿园教具的安全规定,幼儿争抢铁钉时老师也没有及时制止,未尽到法定的管理和注意的义务,存在过错。同时,在孩子受伤后,教师黄映麻痹大意,草率处理,对家长有意隐瞒自己的失职,同样有过错。由于黄映是在执行职务时出现违反法律规定行为的,属职务行为,所以最终的赔偿责任应由幼儿园承担。至于对黄映本人,由于她的行为违反了《幼儿园管理条例》《幼儿园工作规程》等法规的有关规定,直接造成幼儿伤害,幼儿园可根据相关法规或规章制度对其进行相应的行政处分。

【建议】

(1) 幼儿园及教师应熟悉幼儿园教具、玩具设备的有关安全规定,并遵照执行。

(2) 幼儿园应建立、健全安全制度和卫生保健制度,并切实进行监督、执行。

(3) 加强教师对幼儿教育相关法律、法规的学习,提高教师的责任意识。

案例 8-15

幼儿隐私也需尊重

4岁的毛毛是一个单亲家庭的孩子。入园时,毛毛的妈妈陈女士把自己的家庭情况向毛毛所在班级的刘老师做了简要介绍,并请老师保守秘密,以免孩子受到伤害。一日午休期间,刘老师在和同事聊天时提到了毛毛的家庭情况,没想到老师的谈话被没有睡着的小朋友听见了。此后几天,班上有几个小朋友管毛毛叫"野孩子""没人要的孩子"。毛毛回家把这一切告诉了妈妈,并哭着说再也不想上幼儿园了,因为别的孩子老是取笑他。陈女士特别生气,她找到刘老师和幼儿园领导大闹了一场,指责老师不该泄露她和毛毛的个人隐私,并表示要追究幼儿园的法律责任。

【评析】

这是一起因幼儿隐私权被侵害而引起的纠纷。

在现代社会,保护个人隐私十分重要。隐私被他人侵害时,受害者往往会产生极大的心理压力,甚至会失去生活的信心和勇气。未成年人也是如此。幼儿园及教师在日常工作中应当高度重视在园幼儿的隐私权保护问题,对于在工作中掌握的幼儿的一些个人信息和资料(如幼儿的体检结果、健康状况,过往的不良经历,家庭成员的职业、收入、联系方式等),教师要予以保密,不向第三人泄露,不公开谈论。[①]

侵犯他人隐私权需要承担的法律责任,主要是民事责任,承担民事责任的主要方式为:一是停止侵害;二是赔礼道歉;三是赔偿损失。情节严重的可能要承担行政责任以及刑事责任。本案中的刘老师应主动向幼儿及其家长赔礼道歉,最终通过与家长协商解决纠纷。

3.刑事法律责任

对于幼儿教师体罚、虐待、猥亵等犯罪行为造成的幼儿伤害事故,根据《中华人民共和国

---

① 洪秀敏.幼儿园教师应知的政策与法规:案例式解读[M].北京:北京师范大学出版社,2022:13.

刑法》(2020年)予以处罚。如第二百三十四条"故意伤害罪"规定故意伤害他人身体的,处三年以下有期徒刑、拘役或者管制;第二百六十条"虐待被监护、看护人罪"规定对未成年人、老年人、患病的人、残疾人等负有监护、看护职责的人虐待被监护、看护的人,情节恶劣的,处三年以下有期徒刑或者拘役;第二百三十七条"强制猥亵、侮辱罪、猥亵儿童罪"规定以暴力、胁迫或者其他方法强制猥亵他人或者侮辱妇女的,处五年以下有期徒刑或者拘役。聚众或者在公共场所当众犯前款罪的,或者有其他恶劣情节的处五年以上有期徒刑。

案例 8-16

教育部公开曝光幼儿教师违纪违法的案例

2019年1月25日,某外籍教师在学生午休期间,趁机对一女童进行猥亵,检察院依法对其批准逮捕,法院以猥亵儿童罪判处其有期徒刑5年,待其刑满后将被驱逐出境。① 2021年6月,宁夏银川市兴庆区某幼儿园3名教师张某某、金某某、刘某某在保教保育中存在虐打幼儿行为,违反了《新时代幼儿园教师职业行为十项准则》第六项规定。张某某因涉嫌虐待被监护、看护人罪,被刑事拘留;金某某因涉嫌殴打他人,被处以治安拘留15日并处罚金1000元。②

【评析】

《教师法》第三十七条规定了教师有体罚学生的,经教育不改的,由所在学校、其他教育机构或者教育行政部门给予行政处分或者解聘;情节严重,构成犯罪的,依法追究刑事责任。《幼儿园管理条例》第十七条规定:"严禁体罚和变相体罚幼儿"。《未成年人保护法》第二十七条规定:"学校、幼儿园的教职员工应当尊重未成年人人格尊严,不得对未成年人实施体罚、变相体罚或者其他侮辱人格尊严的行为。"幼儿教师一旦违反相关规定,就必须承担相应的刑事法律责任并受到法律的制裁。

二、学前教育机构以外的第三人侵犯幼儿权利与保护应承担的法律责任

近年来,学前教育机构(幼儿园)以外的第三人侵犯幼儿权利与保护的事件也频频出现。诸如直接伤害幼儿而造成对幼儿生命权、健康权的侵犯、扰乱幼儿园教育秩序而造成对幼儿的受教育权、受保护权的侵犯等;另外也不乏有对幼儿的其他权利如肖像权、姓名权等方面侵权事件。

依据相关法律规定,对于幼儿园之外的第三人侵犯幼儿权利和保护的法律责任主要有三种责任承担方式:一是承担民事法律责任,即包括赔偿医疗费、精神损失费等;二是由公安机关给予治安管理处罚;三是构成犯罪的依法追究刑事法律责任。按照《中小学幼儿园安全管理办法》的有关规定,侵权责任来自幼儿园外部的突发性、偶发性侵害,造成幼儿伤害的,幼儿园免除法律责任。

---

① 选自:教育司. 违反幼儿园教师职业行为十项准则典型案例[EB/OL]. (2021-05-11)[2025-01-15]. http://www.moe.gov.cn/jyb_xwfb/moe_2082/2021/2021_zl37/jiaoyujingshi/202105/t20210511_530821.html

② 教育部. 教育部公开曝光第七批8起违反教师职业行为十项准则典型案例[EB/OL]. (2021-08-25)[2025-01-15]. http://www.moe.gov.cn/jyb_xwfb/gzdt_gzdt/s5987/202108/t20210825_554266.html.

知识链接 8-5　《民法典》第一千二百零一条【在教育机构内第三人侵权时的责任分担】

无民事行为能力人或者限制民事行为能力人在幼儿园、学校或者其他教育机构学习、生活期间,受到幼儿园、学校或者其他教育机构以外的第三人人身损害的,由第三人承担侵权责任;幼儿园、学校或者其他教育机构未尽到管理职责的,承担相应的补充责任。幼儿园、学校或者其他教育机构承担补充责任后,可以向第三人追偿。

案例 8-17

无故持械到幼儿园闹事构成寻衅滋事罪获刑

2013 年 9 月 22 日 15 时许,林某携带一把柴刀窜到某镇幼儿园,无故打砸幼儿园的铁门并翻墙进入园内,该园老师叶某听到门响出来查看,被林某用刀柄打伤。林某还用刀柄打碎了幼儿园的三扇窗户玻璃,后被闻讯赶来的刘某某等人制服。经鉴定,叶某的损伤程度构成轻微伤,被损坏的物品价值人民币 990 元。

【评析】

林某无故打砸幼儿园设施,伤害幼儿园工作人员,根据《中小学幼儿园安全管理办法》第六十三条"校外单位或者人员违反治安管理规定、引发学校安全事故的,或者在学校安全事故处理过程中,扰乱学校正常教育教学秩序、违反治安管理规定的,由公安机关依法处理;构成犯罪的,依法追究其刑事责任;造成学校财产损失的,依法承担赔偿责任"的规定进行处罚。林某同时触犯《刑法》第二百九十三条规定,构成寻衅滋事罪,依法承担刑事法律责任。

案例 8-18

江西一幼儿园突发恶性砍人事件

2022 年 8 月 3 日上午,江西省安福县儿童之家幼儿园的孩子们和往常一样,坐在教室里唱歌、跳舞、玩游戏。突然一个戴鸭舌帽的男子闯入幼儿园小班的教室,持械砍伤多名幼儿,致使三人失去生命,其中包含两名老师,六人受伤紧急送医。事发幼儿园是一家私立幼儿园,位于一个商场的三楼,附近商户说:"幼儿园目前属于暑假托管期,不是正常上课。暑假期间是没有保安的,平常上课期间有。"

【评析】

这是一起伤害幼儿的恶性事件。根据我国《刑法》第二百三十二条"故意杀人罪"的规定:故意杀人的,处死刑、无期徒刑或者十年以上有期徒刑;情节较轻的,处三年以上十年以下有期徒刑。该案例中的凶手涉嫌故意杀人罪。按照《学生伤害事故处理办法》第十二条规定"来自学校外部的突发性、偶发性侵害造成的","学校已履行了相应职责,行为并无不当的,无法律责任。"本案中的幼儿园的安保措施没有到位,也需要承担相应的法律责任。

本章小结

本章在对学前教育法律责任的构成、认定原则进行了阐述的基础上，对在学前教育实践中幼儿园举办和运行管理中违法违规应承担的法律责任、侵犯幼儿园教师合法权益要承担的法律责任、侵犯幼儿权利与保护的法律责任进行了探讨和案例分析，以此提高幼儿教育工作者的法律意识和丰富相关法律法规知识，力求从理论和实践层面提供具有针对性的指导。

 思考与练习

1. 简述学前教育法律责任的构成要件。
2. 如何理解幼儿园法律责任的认定原则？
3. 举例说明幼儿园举办和运行管理中违法违规应承担的法律责任。
4. 简述侵犯幼儿园教师合法权益要承担的法律责任。
5. 幼儿教师造成幼儿伤害事故要承担哪几类法律责任？
6. 案例分析：

全托幼儿小亮误把一金属物吞入腹中后，随即告诉了保育员许阿姨。许阿姨观察小亮几天后没发现异常，就把这事忘了。10个月后，家长发现小亮走路时一瘸一拐，就带他到医院检查，发现小亮右下腹腔内有一针状金属异物，导致腰部的肌肉肿大，影响了孩子正常行走。所幸发现及时，否则后果不堪设想。

小亮家长认为，孩子在幼儿园吞入异物后，园方既没有及时采取相应措施，也不告诉家长，损害了小亮的合法权益。于是提出了赔偿要求。

请问：家长要求是否合理？幼儿园与保育员应承担什么法律责任？

附　　录

幼儿园管理条例

中华人民共和国国家教育委员会令第 4 号

1989 年 9 月 11 日发布

第一章　总则

第一条　为了加强幼儿园的管理,促进幼儿教育事业的发展,制定本条例。

第二条　本条例适用于招收三周岁以上学龄前幼儿,对其进行保育和教育的幼儿园。

第三条　幼儿园的保育和教育工作应当促进幼儿在体、智、德、美诸方面和谐发展。

第四条　地方各级人民政府应当根据本地区社会经济发展状况,制订幼儿园的发展规划。

幼儿园的设置应当与当地居民人口相适应。

乡、镇、市辖区和不设区的市的幼儿园的发展规划,应当包括幼儿园设置的布局方案。

第五条　地方各级人民政府可以依据本条例举办幼儿园,并鼓励和支持企业事业单位、社会团体、居民委员会、村民委员会和公民举办幼儿园或捐资助园。

第六条　幼儿园的管理实行地方负责、分级管理和各有关部门分工负责的原则。

国家教育委员会主管全国的幼儿园管理工作;地方各级人民政府的教育行政部门,主管本行政辖区内的幼儿园管理工作。

第二章　举办幼儿园的基本条件和审批程序

第七条　举办幼儿园必须将幼儿园设置在安全区域内。严禁在污染区和危险区内设置幼儿园。

第八条　举办幼儿园必须具有与保育、教育的要求相适应的园舍和设施。幼儿园的园舍和设施必须符合国家的卫生标准和安全标准。

第九条　举办幼儿园应当具有符合下列条件的保育、幼儿教育、医务和其他工作人员:

(一)幼儿园园长、教师应当具有幼儿师范学校(包括职业学校幼儿教育专业)毕业程度,或者经教育行政部门考核合格。

(二)医师应当具有医学院校毕业程度,医士和护士应当具有中等卫生学校毕业程度,或者取得卫生行政部门的资格认可。

(三)保健员应当具有高中毕业程度,并受过幼儿保健培训。

(四)保育员应当具有初中毕业程度,并受过幼儿保育职业培训。

慢性传染病、精神病患者,不得在幼儿园工作。

第十条 举办幼儿园的单位或者个人必须具有进行保育、教育以及维修或扩建、改建幼儿园的园舍与设施的经费来源。

第十一条 国家实行幼儿园登记注册制度,未经登记注册,任何单位和个人不得举办幼儿园。

第十二条 城市幼儿园的举办、停办,由所在区、不设区的市的人民政府教育行政部门登记注册。

农村幼儿园的举办、停办,由所在乡、镇人民政府登记注册,并报县人民政府教育行政部门备案。

第三章 幼儿园的保育和教育工作

第十三条 幼儿园应当贯彻保育与教育相结合的原则,创设与幼儿的教育和发展相适应的和谐环境,引导幼儿个性的健康发展。

幼儿园应当保障幼儿的身体健康,培养幼儿的良好生活、卫生习惯;促进幼儿的智力发展;培养幼儿热爱祖国的情感以及良好的品德行为。

第十四条 幼儿园的招生、编班应当符合教育行政部门的规定。

第十五条 幼儿园应当使用全国通用的普通话。招收少数民族为主的幼儿园,可以使用本民族通用的语言。

第十六条 幼儿园应当以游戏为基本活动形式。

幼儿园可以根据本园的实际,安排和选择教育内容与方法,但不得进行违背幼儿教育规律,有损于幼儿身心健康的活动。

第十七条 严禁体罚和变相体罚幼儿。

第十八条 幼儿园应当建立卫生保健制度,防止发生食物中毒和传染病的流行。

第十九条 幼儿园应当建立安全防护制度,严禁在幼儿园内设置威胁幼儿安全的危险建筑物和设施,严禁使用有毒、有害物质制作教具、玩具。

第二十条 幼儿园发生食物中毒、传染病流行时,举办幼儿园的单位或者个人应当立即采取紧急救护措施,并及时报告当地教育行政部门或卫生行政部门。

第二十一条 幼儿园的园舍和设施有可能发生危险时,举办幼儿园的单位或个人应当采取措施,排除险情,防止事故发生。

第四章 幼儿园的行政事务

第二十二条 各级教育行政部门应当负责监督、评估和指导幼儿园的保育、教育工作,组织培训幼儿园的师资,审定、考核幼儿园教师的资格,并协助卫生行政部门检查和指导幼儿园的卫生保健工作,会同建设行政部门制定幼儿园园舍、设施的标准。

第二十三条 幼儿园园长负责幼儿园的工作。

幼儿园园长由举办幼儿园的单位或个人聘任,并向幼儿园的登记注册机关备案。

幼儿园的教师、医师、保健员、保育员和其他工作人员,由幼儿园园长聘任,也可由举办幼儿园的单位或个人聘任。

第二十四条　幼儿园可以依据本省、自治区、直辖市人民政府制定的收费标准，向幼儿家长收取保育费、教育费。

幼儿园应当加强财务管理，合理使用各项经费，任何单位和个人不得克扣、挪用幼儿园经费。

第二十五条　任何单位和个人，不得侵占和破坏幼儿园园舍和设施，不得在幼儿园周围设置有危险、有污染或影响幼儿园采光的建筑和设施，不得干扰幼儿园正常的工作秩序。

第五章　奖励与处罚

第二十六条　凡具备下列条件之一的单位或者个人，由教育行政部门和有关部门予以奖励：

（一）改善幼儿园的办园条件成绩显著的；

（二）保育、教育工作成绩显著的；

（三）幼儿园管理工作成绩显著的。

第二十七条　违反本条例，具有下列情形之一的幼儿园，由教育行政部门视情节轻重，给予限期整顿、停止招生、停止办园的行政处罚：

（一）未经登记注册，擅自招收幼儿的；

（二）园舍、设施不符合国家卫生标准、安全标准，妨害幼儿身体健康或者威胁幼儿生命安全的；

（三）教育内容和方法违背幼儿教育规律，损害幼儿身心健康的。

第二十八条　违反本条例，具有下列情形之一的单位或者个人，由教育行政部门对直接责任人员给予警告、罚款的行政处罚，或者由教育行政部门建议有关部门对责任人员给予行政处分：

（一）体罚或变相体罚幼儿的；

（二）使用有毒、有害物质制作教具、玩具的；

（三）克扣、挪用幼儿园经费的；

（四）侵占、破坏幼儿园园舍、设备的；

（五）干扰幼儿园正常工作秩序的；

（六）在幼儿园周围设置有危险、有污染或者影响幼儿园采光的建筑和设施的。

前款所列情形，情节严重，构成犯罪的，由司法机关依法追究刑事责任。

第二十九条　当事人对行政处罚不服的，可以在接到处罚通知之日起十五日内，向作出处罚决定的机关的上一级机关申请复议，对复议决定不服的，可在接到复议决定之日起十五日内，向人民法院提起诉讼。当事人逾期不申请复议或者不向人民法院提起诉讼又不履行处罚决定的，由作出处罚决定的机关申请人民法院强制执行。

第六章　附则

第三十条　省、自治区、直辖市人民政府可根据本条例制定实施办法。

第三十一条　本条例由国家教育委员会解释。

第三十二条　本条例自1990年2月1日起施行。

幼儿园工作规程

中华人民共和国教育部令第 39 号
2016 年修订版

第一章　总则

第一条　为了加强幼儿园的科学管理,规范办园行为,提高保育和教育质量,促进幼儿身心健康,依据《中华人民共和国教育法》等法律法规,制定本规程。

第二条　幼儿园是对 3 周岁以上学龄前幼儿实施保育和教育的机构。幼儿园教育是基础教育的重要组成部分,是学校教育制度的基础阶段。

第三条　幼儿园的任务是:贯彻国家的教育方针,按照保育与教育相结合的原则,遵循幼儿身心发展特点和规律,实施德、智、体、美等方面全面发展的教育,促进幼儿身心和谐发展。

幼儿园同时面向幼儿家长提供科学育儿指导。

第四条　幼儿园适龄幼儿一般为 3 周岁至 6 周岁。

幼儿园一般为三年制。

第五条　幼儿园保育和教育的主要目标是:

(一)促进幼儿身体正常发育和机能的协调发展,增强体质,促进心理健康,培养良好的生活习惯、卫生习惯和参加体育活动的兴趣。

(二)发展幼儿智力,培养正确运用感官和运用语言交往的基本能力,增进对环境的认识,培养有益的兴趣和求知欲望,培养初步的动手探究能力。

(三)萌发幼儿爱祖国、爱家乡、爱集体、爱劳动、爱科学的情感,培养诚实、自信、友爱、勇敢、勤学、好问、爱护公物、克服困难、讲礼貌、守纪律等良好的品德行为和习惯,以及活泼开朗的性格。

(四)培养幼儿初步感受美和表现美的情趣和能力。

第六条　幼儿园教职工应当尊重、爱护幼儿,严禁虐待、歧视、体罚和变相体罚、侮辱幼儿人格等损害幼儿身心健康的行为。

第七条　幼儿园可分为全日制、半日制、定时制、季节制和寄宿制等。上述形式可分别设置,也可混合设置。

第二章　幼儿入园和编班

第八条　幼儿园每年秋季招生。平时如有缺额,可随时补招。

幼儿园对烈士子女、家中无人照顾的残疾人子女、孤儿、家庭经济困难幼儿、具有接受普通教育能力的残疾儿童等入园,按照国家和地方的有关规定予以照顾。

第九条　企业、事业单位和机关、团体、部队设置的幼儿园,除招收本单位工作人员的子女外,应当积极创造条件向社会开放,招收附近居民子女入园。

第十条　幼儿入园前,应当按照卫生部门制定的卫生保健制度进行健康检查,合格者方可入园。

幼儿入园除进行健康检查外,禁止任何形式的考试或测查。

第十一条　幼儿园规模应当有利于幼儿身心健康,便于管理,一般不超过360人。

幼儿园每班幼儿人数一般为:小班(3周岁至4周岁)25人,中班(4周岁至5周岁)30人,大班(5周岁至6周岁)35人,混合班30人。寄宿制幼儿园每班幼儿人数酌减。

幼儿园可以按年龄分别编班,也可以混合编班。

第三章　幼儿园的安全

第十二条　幼儿园应当严格执行国家和地方幼儿园安全管理的相关规定,建立健全门卫、房屋、设备、消防、交通、食品、药物、幼儿接送交接、活动组织和幼儿就寝值守等安全防护和检查制度,建立安全责任制和应急预案。

第十三条　幼儿园的园舍应当符合国家和地方的建设标准,以及相关安全、卫生等方面的规范,定期检查维护,保障安全。幼儿园不得设置在污染区和危险区,不得使用危房。

幼儿园的设备设施、装修装饰材料、用品用具和玩教具材料等,应当符合国家相关的安全质量标准和环保要求。

入园幼儿应当由监护人或者其委托的成年人接送。

第十四条　幼儿园应当严格执行国家有关食品药品安全的法律法规,保障饮食饮水卫生安全。

第十五条　幼儿园教职工必须具有安全意识,掌握基本急救常识和防范、避险、逃生、自救的基本方法,在紧急情况下应当优先保护幼儿的人身安全。

幼儿园应当把安全教育融入一日生活,并定期组织开展多种形式的安全教育和事故预防演练。

幼儿园应当结合幼儿年龄特点和接受能力开展反家庭暴力教育,发现幼儿遭受或者疑似遭受家庭暴力的,应当依法及时向公安机关报案。

第十六条　幼儿园应当投保校方责任险。

第四章　幼儿园的卫生保健

第十七条　幼儿园必须切实做好幼儿生理和心理卫生保健工作。

幼儿园应当严格执行《托儿所幼儿园卫生保健管理办法》以及其他有关卫生保健的法规、规章和制度。

第十八条　幼儿园应当制定合理的幼儿一日生活作息制度。正餐间隔时间为3.5—4小时。在正常情况下,幼儿户外活动时间(包括户外体育活动时间)每天不得少于2小时,寄宿制幼儿园不得少于3小时;高寒、高温地区可酌情增减。

第十九条　幼儿园应当建立幼儿健康检查制度和幼儿健康卡或档案。每年体检一次,每半年测身高、视力一次,每季度量体重一次;注意幼儿口腔卫生,保护幼儿视力。

幼儿园对幼儿健康发展状况定期进行分析、评价,及时向家长反馈结果。

幼儿园应当关注幼儿心理健康,注重满足幼儿的发展需要,保持幼儿积极的情绪状态,让幼儿感受到尊重和接纳。

第二十条 幼儿园应当建立卫生消毒、晨检、午检制度和病儿隔离制度,配合卫生部门做好计划免疫工作。

幼儿园应当建立传染病预防和管理制度,制订突发传染病应急预案,认真做好疾病防控工作。

幼儿园应当建立患病幼儿用药的委托交接制度,未经监护人委托或者同意,幼儿园不得给幼儿用药。幼儿园应当妥善管理药品,保证幼儿用药安全。

幼儿园内禁止吸烟、饮酒。

第二十一条 供给膳食的幼儿园应当为幼儿提供安全卫生的食品,编制营养平衡的幼儿食谱,定期计算和分析幼儿的进食量和营养素摄取量,保证幼儿合理膳食。

幼儿园应当每周向家长公示幼儿食谱,并按照相关规定进行食品留样。

第二十二条 幼儿园应当配备必要的设备设施,及时为幼儿提供安全卫生的饮用水。

幼儿园应当培养幼儿良好的大小便习惯,不得限制幼儿便溺的次数、时间等。

第二十三条 幼儿园应当积极开展适合幼儿的体育活动,充分利用日光、空气、水等自然因素以及本地自然环境,有计划地锻炼幼儿肌体,增强身体的适应和抵抗能力。正常情况下,每日户外体育活动不得少于1小时。

幼儿园在开展体育活动时,应当对体弱或有残疾的幼儿予以特殊照顾。

第二十四条 幼儿园夏季要做好防暑降温工作,冬季要做好防寒保暖工作,防止中暑和冻伤。

第五章 幼儿园的教育

第二十五条 幼儿园教育应当贯彻以下原则和要求:

(一)德、智、体、美等方面的教育应当互相渗透,有机结合。

(二)遵循幼儿身心发展规律,符合幼儿年龄特点,注重个体差异,因人施教,引导幼儿个性健康发展。

(三)面向全体幼儿,热爱幼儿,坚持积极鼓励、启发引导的正面教育。

(四)综合组织健康、语言、社会、科学、艺术各领域的教育内容,渗透于幼儿一日生活的各项活动中,充分发挥各种教育手段的交互作用。

(五)以游戏为基本活动,寓教育于各项活动之中。

(六)创设与教育相适应的良好环境,为幼儿提供活动和表现能力的机会与条件。

第二十六条 幼儿一日活动的组织应当动静交替,注重幼儿的直接感知、实际操作和亲身体验,保证幼儿愉快的、有益的自由活动。

第二十七条 幼儿园日常生活组织,应当从实际出发,建立必要、合理的常规,坚持一贯性和灵活性相结合,培养幼儿的良好习惯和初步的生活自理能力。

第二十八条 幼儿园应当为幼儿提供丰富多样的教育活动。

教育活动内容应当根据教育目标、幼儿的实际水平和兴趣确定,以循序渐进为原则,有计划地选择和组织。

教育活动的组织应当灵活地运用集体、小组和个别活动等形式,为每个幼儿提供充分参与的机会,满足幼儿多方面发展的需要,促进每个幼儿在不同水平上得到发展。

教育活动的过程应注重支持幼儿的主动探索、操作实践、合作交流和表达表现,不应片面追求活动结果。

第二十九条　幼儿园应当将游戏作为对幼儿进行全面发展教育的重要形式。

幼儿园应当因地制宜创设游戏条件,提供丰富、适宜的游戏材料,保证充足的游戏时间,开展多种游戏。

幼儿园应当根据幼儿的年龄特点指导游戏,鼓励和支持幼儿根据自身兴趣、需要和经验水平,自主选择游戏内容、游戏材料和伙伴,使幼儿在游戏过程中获得积极的情绪情感,促进幼儿能力和个性的全面发展。

第三十条　幼儿园应当将环境作为重要的教育资源,合理利用室内外环境,创设开放的、多样的区域活动空间,提供适合幼儿年龄特点的丰富的玩具、操作材料和幼儿读物,支持幼儿自主选择和主动学习,激发幼儿学习的兴趣与探究的愿望。

幼儿园应当营造尊重、接纳和关爱的氛围,建立良好的同伴和师生关系。

幼儿园应当充分利用家庭和社区的有利条件,丰富和拓展幼儿园的教育资源。

第三十一条　幼儿园的品德教育应当以情感教育和培养良好行为习惯为主,注重潜移默化的影响,并贯穿于幼儿生活以及各项活动之中。

第三十二条　幼儿园应当充分尊重幼儿的个体差异,根据幼儿不同的心理发展水平,研究有效的活动形式和方法,注重培养幼儿良好的个性心理品质。

幼儿园应当为在园残疾儿童提供更多的帮助和指导。

第三十三条　幼儿园和小学应当密切联系,互相配合,注意两个阶段教育的相互衔接。

幼儿园不得提前教授小学教育内容,不得开展任何违背幼儿身心发展规律的活动。

第六章　幼儿园的园舍、设备

第三十四条　幼儿园应当按照国家的相关规定设活动室、寝室、卫生间、保健室、综合活动室、厨房和办公用房等,并达到相应的建设标准。有条件的幼儿园应当优先扩大幼儿游戏和活动空间。

寄宿制幼儿园应当增设隔离室、浴室和教职工值班室等。

第三十五条　幼儿园应当有与其规模相适应的户外活动场地,配备必要的游戏和体育活动设施,创造条件开辟沙地、水池、种植园地等,并根据幼儿活动的需要绿化、美化园地。

第三十六条　幼儿园应当配备适合幼儿特点的桌椅、玩具架、盥洗卫生用具,以及必要的玩教具、图书和乐器等。

玩教具应当具有教育意义并符合安全、卫生要求。幼儿园应当因地制宜,就地取材,自制玩教具。

第三十七条　幼儿园的建筑规划面积、建筑设计和功能要求,以及设施设备、玩教具配备,按照国家和地方的相关规定执行。

第七章 幼儿园的教职工

第三十八条 幼儿园按照国家相关规定设园长、副园长、教师、保育员、卫生保健人员、炊事员和其他工作人员等岗位,配足配齐教职工。

第三十九条 幼儿园教职工应当贯彻国家教育方针,具有良好品德,热爱教育事业,尊重和爱护幼儿,具有专业知识和技能以及相应的文化和专业素养,为人师表,忠于职责,身心健康。

幼儿园教职工患传染病期间暂停在幼儿园的工作。有犯罪、吸毒记录和精神病史者不得在幼儿园工作。

第四十条 幼儿园园长应当符合本规程第三十九条规定,并应当具有《教师资格条例》规定的教师资格、具备大专以上学历、有三年以上幼儿园工作经历和一定的组织管理能力,并取得幼儿园园长岗位培训合格证书。

幼儿园园长由举办者任命或者聘任,并报当地主管的教育行政部门备案。

幼儿园园长负责幼儿园的全面工作,主要职责如下:

(一)贯彻执行国家的有关法律、法规、方针、政策和地方的相关规定,负责建立并组织执行幼儿园的各项规章制度;

(二)负责保育教育、卫生保健、安全保卫工作;

(三)负责按照有关规定聘任、调配教职工,指导、检查和评估教师以及其他工作人员的工作,并给予奖惩;

(四)负责教职工的思想工作,组织业务学习,并为他们的学习、进修、教育研究创造必要的条件;

(五)关心教职工的身心健康,维护他们的合法权益,改善他们的工作条件;

(六)组织管理园舍、设备和经费;

(七)组织和指导家长工作;

(八)负责与社区的联系和合作。

第四十一条 幼儿园教师必须具有《教师资格条例》规定的幼儿园教师资格,并符合本规程第三十九条规定。

幼儿园教师实行聘任制。

幼儿园教师对本班工作全面负责,其主要职责如下:

(一)观察了解幼儿,依据国家有关规定,结合本班幼儿的发展水平和兴趣需要,制订和执行教育工作计划,合理安排幼儿一日生活;

(二)创设良好的教育环境,合理组织教育内容,提供丰富的玩具和游戏材料,开展适宜的教育活动;

(三)严格执行幼儿园安全、卫生保健制度,指导并配合保育员管理本班幼儿生活,做好卫生保健工作;

(四)与家长保持经常联系,了解幼儿家庭的教育环境,商讨符合幼儿特点的教育措施,相互配合共同完成教育任务;

(五)参加业务学习和保育教育研究活动;

（六）定期总结评估保教工作实效,接受园长的指导和检查。

第四十二条　幼儿园保育员应当符合本规程第三十九条规定,并应当具备高中毕业以上学历,受过幼儿保育职业培训。

幼儿园保育员的主要职责如下：

（一）负责本班房舍、设备、环境的清洁卫生和消毒工作；

（二）在教师指导下,科学照料和管理幼儿生活,并配合本班教师组织教育活动；

（三）在卫生保健人员和本班教师指导下,严格执行幼儿园安全、卫生保健制度；

（四）妥善保管幼儿衣物和本班的设备、用具。

第四十三条　幼儿园卫生保健人员除符合本规程第三十九条规定外,医师应当取得卫生行政部门颁发的"医师执业证书"；护士应当取得"护士执业证书"；保健员应当具有高中毕业以上学历,并经过当地妇幼保健机构组织的卫生保健专业知识培训。

幼儿园卫生保健人员对全园幼儿身体健康负责,其主要职责如下：

（一）协助园长组织实施有关卫生保健方面的法规、规章和制度,并监督执行；

（二）负责指导调配幼儿膳食,检查食品、饮水和环境卫生；

（三）负责晨检、午检和健康观察,做好幼儿营养、生长发育的监测和评价；定期组织幼儿健康体检,做好幼儿健康档案管理；

（四）密切与当地卫生保健机构的联系,协助做好疾病防控和计划免疫工作；

（五）向幼儿园教职工和家长进行卫生保健宣传和指导；

（六）妥善管理医疗器械、消毒用具和药品。

第四十四条　幼儿园其他工作人员的资格和职责,按照国家和地方的有关规定执行。

第四十五条　对认真履行职责、成绩优良的幼儿园教职工,应当按照有关规定给予奖励。

对不履行职责的幼儿园教职工,应当视情节轻重,依法依规给予相应处分。

第八章　幼儿园的经费

第四十六条　幼儿园的经费由举办者依法筹措,保障有必备的办园资金和稳定的经费来源。

按照国家和地方相关规定接受财政扶持的提供普惠性服务的国有企事业单位办园、集体办园和民办园等幼儿园,应当接受财务、审计等有关部门的监督检查。

第四十七条　幼儿园收费按照国家和地方的有关规定执行。

幼儿园实行收费公示制度,收费项目和标准向家长公示,接受社会监督,不得以任何名义收取与新生入园相挂钩的赞助费。

幼儿园不得以培养幼儿某种专项技能、组织或参与竞赛等为由,另外收取费用；不得以营利为目的组织幼儿表演、竞赛等活动。

第四十八条　幼儿园的经费应当按照规定的使用范围合理开支,坚持专款专用,不得挪作他用。

第四十九条　幼儿园举办者筹措的经费,应当保证保育和教育的需要,有一定比例用于改善办园条件和开展教职工培训。

第五十条　幼儿膳食费应当实行民主管理制度,保证全部用于幼儿膳食,每月向家长公布账目。

第五十一条　幼儿园应当建立经费预算和决算审核制度,经费预算和决算应当提交园务委员会审议,并接受财务和审计部门的监督检查。

幼儿园应当依法建立资产配置、使用、处置、产权登记、信息管理等管理制度,严格执行有关财务制度。

第九章　幼儿园、家庭和社区

第五十二条　幼儿园应当主动与幼儿家庭沟通合作,为家长提供科学育儿宣传指导,帮助家长创设良好的家庭教育环境,共同担负教育幼儿的任务。

第五十三条　幼儿园应当建立幼儿园与家长联系的制度。幼儿园可采取多种形式,指导家长正确了解幼儿园保育和教育的内容、方法,定期召开家长会议,并接待家长的来访和咨询。

幼儿园应当认真分析、吸收家长对幼儿园教育与管理工作的意见与建议。

幼儿园应当建立家长开放日制度。

第五十四条　幼儿园应当成立家长委员会。

家长委员会的主要任务是:对幼儿园重要决策和事关幼儿切身利益的事项提出意见和建议;发挥家长的专业和资源优势,支持幼儿园保育教育工作;帮助家长了解幼儿园工作计划和要求,协助幼儿园开展家庭教育指导和交流。

家长委员会在幼儿园园长指导下工作。

第五十五条　幼儿园应当加强与社区的联系与合作,面向社区宣传科学育儿知识,开展灵活多样的公益性早期教育服务,争取社区对幼儿园的多方面支持。

第十章　幼儿园的管理

第五十六条　幼儿园实行园长负责制。

幼儿园应当建立园务委员会。园务委员会由园长、副园长、党组织负责人和保教、卫生保健、财会等方面工作人员的代表以及幼儿家长代表组成。园长任园务委员会主任。

园长定期召开园务委员会会议,遇重大问题可临时召集,对规章制度的建立、修改、废除,全园工作计划,工作总结,人员奖惩,财务预算和决算方案,以及其他涉及全园工作的重要问题进行审议。

第五十七条　幼儿园应当加强党组织建设,充分发挥党组织政治核心作用、战斗堡垒作用。幼儿园应当为工会、共青团等其他组织开展工作创造有利条件,充分发挥其在幼儿园工作中的作用。

第五十八条　幼儿园应当建立教职工大会制度或者教职工代表大会制度,依法加强民主管理和监督。

第五十九条　幼儿园应当建立教研制度,研究解决保教工作中的实际问题。

第六十条　幼儿园应当制订年度工作计划,定期部署、总结和报告工作。每学年年末应当向教育等行政主管部门报告工作,必要时随时报告。

第六十一条　幼儿园应当接受上级教育、卫生、公安、消防等部门的检查、监督和指导，如实报告工作和反映情况。

幼儿园应当依法接受教育督导部门的督导。

第六十二条　幼儿园应当建立业务档案、财务管理、园务会议、人员奖惩、安全管理以及与家庭、小学联系等制度。

幼儿园应当建立信息管理制度，按照规定采集、更新、报送幼儿园管理信息系统的相关信息，每年向主管教育行政部门报送统计信息。

第六十三条　幼儿园教师依法享受寒暑假期的带薪休假。幼儿园应当创造条件，在寒暑假期间，安排工作人员轮流休假。具体办法由举办者制定。

第十一章　附则

第六十四条　本规程适用于城乡各类幼儿园。

第六十五条　省、自治区、直辖市教育行政部门可根据本规程，制定具体实施办法。

第六十六条　本规程自 2016 年 3 月 1 日起施行。1996 年 3 月 9 日由原国家教育委员会令第 25 号发布的《幼儿园工作规程》同时废止。

托儿所幼儿园卫生保健管理办法

中华人民共和国卫生部
中华人民共和国教育部　第76号令
2010年9月6日发布

第一条　为提高托儿所、幼儿园卫生保健工作水平,预防和减少疾病发生,保障儿童身心健康,制定本办法。

第二条　本办法适用于招收0～6岁儿童的各级各类托儿所、幼儿园(以下简称托幼机构)。

第三条　托幼机构应当贯彻保教结合、预防为主的方针,认真做好卫生保健工作。

第四条　县级以上各级人民政府卫生行政部门应当将托幼机构的卫生保健工作作为公共卫生服务的重要内容,加强监督和指导。

县级以上各级人民政府教育行政部门协助卫生行政部门检查指导托幼机构的卫生保健工作。

第五条　县级以上妇幼保健机构负责对辖区内托幼机构卫生保健工作进行业务指导。业务指导的内容包括:膳食营养、体格锻炼、健康检查、卫生消毒、疾病预防等。

疾病预防控制机构应当定期为托幼机构提供疾病预防控制咨询服务和指导。

卫生监督执法机构应当依法对托幼机构的饮用水卫生、传染病预防和控制等工作进行监督检查。

第六条　托幼机构设有食堂提供餐饮服务的,应当按照《食品安全法》《食品安全法实施条例》以及有关规章的要求,认真落实各项食品安全要求。

食品药品监督管理部门等负责餐饮服务监督管理的部门应当依法加强对托幼机构食品安全的指导与监督检查。

第七条　托幼机构的建筑、设施、设备、环境及提供的食品、饮用水等应当符合国家有关卫生标准、规范的要求。

第八条　新设立的托幼机构,招生前应当取得县级以上地方人民政府卫生行政部门指定的医疗卫生机构出具的符合《托儿所幼儿园卫生保健工作规范》的卫生评价报告。

各级教育行政部门应当将卫生保健工作质量纳入托幼机构的分级定类管理。

第九条　托幼机构的法定代表人或者负责人是本机构卫生保健工作的第一责任人。

第十条　托幼机构应当根据规模、接收儿童数量等设立相应的卫生室或者保健室,具体负责卫生保健工作。

卫生室应当符合医疗机构基本标准,取得卫生行政部门颁发的《医疗机构执业许可证》。

保健室不得开展诊疗活动,其配置应当符合保健室设置基本要求。

第十一条　托幼机构应当聘用符合国家规定的卫生保健人员。卫生保健人员包括医师、护士和保健员。

在卫生室工作的医师应当取得卫生行政部门颁发的《医师执业证书》,护士应当取得《护士执业证书》。

在保健室工作的保健员应当具有高中以上学历,经过卫生保健专业知识培训,具有托幼机构卫生保健基础知识,掌握卫生消毒、传染病管理和营养膳食管理等技能。

第十二条　托幼机构聘用卫生保健人员应当按照收托 150 名儿童至少设 1 名专职卫生保健人员的比例配备卫生保健人员。收托 150 名以下儿童的,应当配备专职或者兼职卫生保健人员。

第十三条　托幼机构卫生保健人员应当定期接受当地妇幼保健机构组织的卫生保健专业知识培训。

托幼机构卫生保健人员应当对机构内的工作人员进行卫生知识宣传教育、疾病预防、卫生消毒、膳食营养、食品卫生、饮用水卫生等方面的具体指导。

第十四条　托幼机构工作人员上岗前必须经县级以上人民政府卫生行政部门指定的医疗卫生机构进行健康检查,取得《托幼机构工作人员健康合格证》后方可上岗。

托幼机构应当组织在岗工作人员每年进行 1 次健康检查;在岗人员患有传染性疾病的,应当立即离岗治疗,治愈后方可上岗工作。

精神病患者、有精神病史者不得在托幼机构工作。

第十五条　托幼机构应当严格按照《托儿所幼儿园卫生保健工作规范》开展卫生保健工作。

托幼机构卫生保健工作包括以下内容:

(一)根据儿童不同年龄特点,建立科学、合理的一日生活制度,培养儿童良好的卫生习惯;

(二)为儿童提供合理的营养膳食,科学制定食谱,保证膳食平衡;

(三)制订与儿童生理特点相适应的体格锻炼计划,根据儿童年龄特点开展游戏及体育活动,并保证儿童户外活动时间,增进儿童身心健康;

(四)建立健康检查制度,开展儿童定期健康检查工作,建立健康档案。坚持晨检及全日健康观察,做好常见病的预防,发现问题及时处理;

(五)严格执行卫生消毒制度,做好室内外环境及个人卫生。加强饮食卫生管理,保证食品安全;

(六)协助落实国家免疫规划,在儿童入托时应当查验其预防接种证,未按规定接种的儿童要告知其监护人,督促监护人带儿童到当地规定的接种单位补种;

(七)加强日常保育护理工作,对体弱儿进行专案管理。配合妇幼保健机构定期开展儿童眼、耳、口腔保健,开展儿童心理卫生保健;

(八)建立卫生安全管理制度,落实各项卫生安全防护工作,预防伤害事故的发生;

(九)制订健康教育计划,对儿童及其家长开展多种形式的健康教育活动;

(十)做好各项卫生保健工作信息的收集、汇总和报告工作。

第十六条　托幼机构应当在疾病预防控制机构指导下,做好传染病预防和控制管理工作。

托幼机构发现传染病患儿应当及时按照法律、法规和卫生部的规定进行报告,在疾病预防控制机构的指导下,对环境进行严格消毒处理。

在传染病流行期间,托幼机构应当加强预防控制措施。

第十七条 疾病预防控制机构应当收集、分析、调查、核实托幼机构的传染病疫情,发现问题及时通报托幼机构,并向卫生行政部门和教育行政部门报告。

第十八条 儿童入托幼机构前应当经医疗卫生机构进行健康检查,合格后方可进入托幼机构。

托幼机构发现在园(所)的儿童患疑似传染病时应当及时通知其监护人离园(所)诊治。患传染病的患儿治愈后,凭医疗卫生机构出具的健康证明方可入园(所)。

儿童离开托幼机构3个月以上应当进行健康检查后方可再次入托幼机构。

医疗卫生机构应当按照规定的体检项目开展健康检查,不得违反规定擅自改变。

第十九条 托幼机构有下列情形之一的,由卫生行政部门责令限期改正,通报批评;逾期不改的,给予警告;情节严重的,由教育行政部门依法给予行政处罚:

(一)未按要求设立保健室、卫生室或者配备卫生保健人员的;

(二)聘用未进行健康检查或者健康检查不合格的工作人员的;

(三)未定期组织工作人员健康检查的;

(四)招收未经健康检查或健康检查不合格的儿童入托幼机构的;

(五)未严格按照《托儿所幼儿园卫生保健工作规范》开展卫生保健工作的。

卫生行政部门应当及时将处理结果通报教育行政部门,教育行政部门将其作为托幼机构分级定类管理和质量评估的依据。

第二十条 托幼机构未取得《医疗机构执业许可证》擅自设立卫生室,进行诊疗活动的,按照《医疗机构管理条例》的有关规定进行处罚。

第二十一条 托幼机构未按照规定履行卫生保健工作职责,造成传染病流行、食物中毒等突发公共卫生事件的,卫生行政部门、教育行政部门依据相关法律法规给予处罚。

县级以上医疗卫生机构未按照本办法规定履行职责,导致托幼机构发生突发公共卫生事件的,卫生行政部门依据相关法律法规给予处罚。

第二十二条 小学附设学前班、单独设立的学前班参照本办法执行。

第二十三条 各省、自治区、直辖市可以结合当地实际,根据本办法制定实施细则。

第二十四条 对认真执行本办法,在托幼机构卫生保健工作中做出显著成绩的单位和个人,由各级人民政府卫生行政部门和教育行政部门给予表彰和奖励。

第二十五条 《托儿所幼儿园卫生保健工作规范》由卫生部负责制定。

第二十六条 本办法自2010年11月1日起施行。1994年12月1日由卫生部、原国家教委联合发布的《托儿所、幼儿园卫生保健管理办法》同时废止。

幼儿园教育指导纲要(试行)

2001年7月2日 教育部印发

第一部分 总 则

一、为贯彻《中华人民共和国教育法》《幼儿园管理条例》和《幼儿园工作规程》,指导幼儿园深入实施素质教育,特制定本纲要。

二、幼儿园教育是基础教育的重要组成部分,是我国学校教育和终身教育的奠基阶段。城乡各类幼儿园都应从实际出发,因地制宜地实施素质教育,为幼儿一生的发展打好基础。

三、幼儿园应与家庭、社区密切合作,与小学相互衔接,综合利用各种教育资源,共同为幼儿的发展创造良好的条件。

四、幼儿园应为幼儿提供健康、丰富的生活和活动环境,满足他们多方面发展的需要,使他们在快乐的童年生活中获得有益于身心发展的经验。

五、幼儿园教育应尊重幼儿的人格和权利,尊重幼儿身心发展的规律和学习特点,以游戏为基本活动,保教并重,关注个别差异,促进每个幼儿富有个性的发展。

第二部分 教育内容与要求

幼儿园的教育内容是全面的、启蒙性的,可以相对划分为健康、语言、社会、科学、艺术等五个领域,也可作其他不同的划分。各领域的内容相互渗透,从不同的角度促进幼儿情感、态度、能力、知识、技能等方面的发展。

一、健康

(一)目标

1. 身体健康,在集体生活中情绪安定、愉快。
2. 生活、卫生习惯良好,有基本的生活自理能力。
3. 知道必要的安全保健常识,学习保护自己。
4. 喜欢参加体育活动,动作协调、灵活。

(二)内容与要求

1. 建立良好的师生、同伴关系,让幼儿在集体生活中感到温暖,心情愉快,形成安全感、信赖感。

2. 与家长配合,根据幼儿的需要建立科学的生活常规。培养幼儿良好的饮食、睡眠、盥洗、排泄等生活习惯和生活自理能力。

3. 教育幼儿爱清洁、讲卫生,注意保持个人和生活场所的整洁和卫生。

4. 密切结合幼儿的生活进行安全、营养和保健教育,提高幼儿的自我保护意识和能力。

5. 开展丰富多彩的户外游戏和体育活动,培养幼儿参加体育活动的兴趣和习惯,增强体质,提高对环境的适应能力。

6. 用幼儿感兴趣的方式发展基本动作,提高动作的协调性、灵活性。

7. 在体育活动中,培养幼儿坚强、勇敢、不怕困难的意志品质和主动、乐观、合作的态度。

(三)指导要点

1. 幼儿园必须把保护幼儿的生命和促进幼儿的健康放在工作的首位。树立正确的健康观念,在重视幼儿身体健康的同时,要高度重视幼儿的心理健康。

2. 既要高度重视和满足幼儿受保护、受照顾的需要,又要尊重和满足他们不断增长的独立要求,避免过度保护和包办代替,鼓励并指导幼儿自理、自立的尝试。

3. 健康领域的活动要充分尊重幼儿生长发育的规律,严禁以任何名义进行有损幼儿健康的比赛、表演或训练等。

4. 培养幼儿对体育活动的兴趣是幼儿园体育的重要目标,要根据幼儿的特点组织生动有趣、形式多样的体育活动,吸引幼儿主动参与。

二、语言

(一)目标

1. 乐意与人交谈,讲话礼貌。

2. 注意倾听对方讲话,能理解日常用语。

3. 能清楚地说出自己想说的事。

4. 喜欢听故事、看图书。

5. 能听懂和会说普通话。

(二)内容与要求

1. 创造一个自由、宽松的语言交往环境,支持、鼓励、吸引幼儿与教师、同伴或其他人交谈,体验语言交流的乐趣,学习使用适当的、礼貌的语言交往。

2. 养成幼儿注意倾听的习惯,发展语言理解能力。

3. 鼓励幼儿大胆、清楚地表达自己的想法和感受,尝试说明、描述简单的事物或过程,发展语言表达能力和思维能力。

4. 引导幼儿接触优秀的儿童文学作品,使之感受语言的丰富和优美,并通过多种活动帮助幼儿加深对作品的体验和理解。

5. 培养幼儿对生活中常见的简单标记和文字符号的兴趣。

6. 利用图书、绘画和其他多种方式,引发幼儿对书籍、阅读和书写的兴趣,培养前阅读和前书写技能。

7. 提供普通话的语言环境,帮助幼儿熟悉、听懂并学说普通话。少数民族地区还应帮助幼儿学习本民族语言。

(三)指导要点

1. 语言能力是在运用的过程中发展起来的,发展幼儿语言的关键是创设一个能使他们想说、敢说、喜欢说、有机会说并能得到积极应答的环境。

2. 幼儿语言的发展与其情感、经验、思维、社会交往能力等其他方面的发展密切相关，因此，发展幼儿语言的重要途径是通过互相渗透的各领域的教育，在丰富多彩的活动中去扩展幼儿的经验，提供促进语言发展的条件。

3. 幼儿的语言学习具有个别化的特点，教师与幼儿的个别交流、幼儿之间的自由交谈等，对幼儿语言发展具有特殊意义。

4. 对有语言障碍的儿童要给予特别关注，要与家长和有关方面密切配合，积极地帮助他们提高语言能力。

三、社会

（一）目标

1. 能主动地参与各项活动，有自信心。
2. 乐意与人交往，学习互助、合作和分享，有同情心。
3. 理解并遵守日常生活中基本的社会行为规则。
4. 能努力做好力所能及的事，不怕困难，有初步的责任感。
5. 爱父母长辈、老师和同伴，爱集体、爱家乡、爱祖国。

（二）内容与要求

1. 引导幼儿参加各种集体活动，体验与教师、同伴等共同生活的乐趣，帮助他们正确认识自己和他人，养成对他人、社会亲近、合作的态度，学习初步的人际交往技能。

2. 为每个幼儿提供表现自己长处和获得成功的机会，增强其自尊心和自信心。

3. 提供自由活动的机会，支持幼儿自主地选择、计划活动，鼓励他们通过多方面的努力解决问题，不轻易放弃克服困难的尝试。

4. 在共同的生活和活动中，以多种方式引导幼儿认识、体验并理解基本的社会行为规则，学习自律和尊重他人。

5. 教育幼儿爱护玩具和其他物品，爱护公物和公共环境。

6. 与家庭、社区合作，引导幼儿了解自己的亲人以及与自己生活有关的各行各业人们的劳动，培养其对劳动者的热爱和对劳动成果的尊重。

7. 充分利用社会资源，引导幼儿实际感受祖国文化的丰富与优秀，感受家乡的变化和发展，激发幼儿爱家乡、爱祖国的情感。

8. 适当向幼儿介绍我国各民族和世界其他国家、民族的文化，使其感知人类文化的多样性和差异性，培养理解、尊重、平等的态度。

（三）指导要点

1. 社会领域的教育具有潜移默化的特点。幼儿社会态度和社会情感的培养尤应渗透在多种活动和一日生活的各个环节之中，要创设一个能使幼儿感受到接纳、关爱和支持的良好环境，避免单一呆板的言语说教。

2. 幼儿与成人、同伴之间的共同生活、交往、探索、游戏等，是其社会学习的重要途径。应为幼儿提供人际间相互交往和共同活动的机会和条件，并加以指导。

3. 社会学习是一个漫长的积累过程，需要幼儿园、家庭和社会密切合作，协调一致，共同促进幼儿良好社会性品质的形成。

四、科学

(一)目标

1. 对周围的事物、现象感兴趣,有好奇心和求知欲。

2. 能运用各种感官,动手动脑,探究问题。

3. 能用适当的方式表达、交流探索的过程和结果。

4. 能从生活和游戏中感受事物的数量关系并体验到数学的重要和有趣。

5. 爱护动植物,关心周围环境,亲近大自然,珍惜自然资源,有初步的环保意识。

(二)内容与要求

1. 引导幼儿对身边常见事物和现象的特点、变化规律产生兴趣和探究的欲望。

2. 为幼儿的探究活动创造宽松的环境,让每个幼儿都有机会参与尝试,支持、鼓励他们大胆提出问题,发表不同意见,学会尊重别人的观点和经验。

3. 提供丰富的可操作的材料,为每个幼儿都能运用多种感官、多种方式进行探索提供活动的条件。

4. 通过引导幼儿积极参加小组讨论、探索等方式,培养幼儿合作学习的意识和能力,学习用多种方式表现、交流、分享探索的过程和结果。

5. 引导幼儿对周围环境中的数、量、形、时间和空间等现象产生兴趣,建构初步的数概念,并学习用简单的数学方法解决生活和游戏中某些简单的问题。

6. 从生活或媒体中幼儿熟悉的科技成果入手,引导幼儿感受科学技术对生活的影响,培养他们对科学的兴趣和对科学家的崇敬。

7. 在幼儿生活经验的基础上,帮助幼儿了解自然、环境与人类生活的关系。从身边的小事入手,培养初步的环保意识和行为。

(三)指导要点

1. 幼儿的科学教育是科学启蒙教育,重在激发幼儿的认识兴趣和探究欲望。

2. 要尽量创造条件让幼儿实际参加探究活动,使他们感受科学探究的过程和方法,体验发现的乐趣。

3. 科学教育应密切联系幼儿的实际生活进行,利用身边的事物与现象作为科学探索的对象。

五、艺术

(一)目标

1. 能初步感受并喜爱环境、生活和艺术中的美。

2. 喜欢参加艺术活动,并能大胆地表现自己的情感和体验。

3. 能用自己喜欢的方式进行艺术表现活动。

(二)内容与要求

1. 引导幼儿接触周围环境和生活中美好的人、事、物,丰富他们的感性经验和审美情趣,激发他们表现美、创造美的情趣。

2. 在艺术活动中面向全体幼儿,要针对他们的不同特点和需要,让每个幼儿都得到美的熏陶和培养。对有艺术天赋的幼儿要注意发展他们的艺术潜能。

3. 提供自由表现的机会,鼓励幼儿用不同艺术形式大胆地表达自己的情感、理解和想象,尊重每个幼儿的想法和创造,肯定和接纳他们独特的审美感受和表现方式,分享他们创造的快乐。

4. 在支持、鼓励幼儿积极参加各种艺术活动并大胆表现的同时,帮助他们提高表现的技能和能力。

5. 指导幼儿利用身边的物品或废旧材料制作玩具、手工艺品等来美化自己的生活或开展其他活动。

6. 为幼儿创设展示自己作品的条件,引导幼儿相互交流、相互欣赏、共同提高。

(三)指导要点

1. 艺术是实施美育的主要途径,应充分发挥艺术的情感教育功能,促进幼儿健全人格的形成。要避免仅仅重视表现技能或艺术活动的结果,而忽视幼儿在活动过程中的情感体验和态度的倾向。

2. 幼儿的创作过程和作品是他们表达自己的认识和情感的重要方式,应支持幼儿富有个性和创造性的表达,克服过分强调技能技巧和标准化要求的偏向。

3. 幼儿艺术活动的能力是在大胆表现的过程中逐渐发展起来的,教师的作用应主要在于激发幼儿感受美、表现美的情趣,丰富他们的审美经验,使之体验自由表达和创造的快乐。在此基础上,根据幼儿的发展状况和需要,对表现方式和技能技巧给予适时、适当的指导。

第三部分　组织与实施

一、幼儿园的教育是为所有在园幼儿的健康成长服务的,要为每一个儿童,包括有特殊需要的儿童提供积极的支持和帮助。

二、幼儿园的教育活动,是教师以多种形式有目的、有计划地引导幼儿生动、活泼、主动活动的教育过程。

三、教育活动的组织与实施过程是教师创造性地开展工作的过程。教师要根据本《纲要》,从本地、本园的条件出发,结合本班幼儿的实际情况,制订切实可行的工作计划并灵活地执行。

四、教育活动目标要以《幼儿园工作规程》和本《纲要》所提出的各领域目标为指导,结合本班幼儿的发展水平、经验和需要来确定。

五、教育活动内容的选择应遵照本《纲要》第二部分的有关条款进行,同时体现以下原则:

(一)既适合幼儿的现有水平,又有一定的挑战性。

(二)既符合幼儿的现实需要,又有利于其长远发展。

(三)既贴近幼儿的生活来选择幼儿感兴趣的事物和问题,又有助于拓展幼儿的经验和视野。

六、教育活动内容的组织应充分考虑幼儿的学习特点和认识规律,各领域的内容要有机联系,相互渗透,注重综合性、趣味性、活动性,寓教育于生活、游戏之中。

七、教育活动的组织形式应根据需要合理安排,因时、因地、因内容、因材料灵活地运用。

八、环境是重要的教育资源,应通过环境的创设和利用,有效地促进幼儿的发展。

(一)幼儿园的空间、设施、活动材料和常规要求等应有利于引发、支持幼儿的游戏和各种探索活动,有利于引发、支持幼儿与周围环境之间积极的相互作用。

(二)幼儿同伴群体及幼儿园教师集体是宝贵的教育资源,应充分发挥这一资源的作用。

(三)教师的态度和管理方式应有助于形成安全、温馨的心理环境;言行举止应成为幼儿学习的良好榜样。

(四)家庭是幼儿园重要的合作伙伴。应本着尊重、平等、合作的原则,争取家长的理解、支持和主动参与,并积极支持、帮助家长提高教育能力。

(五)充分利用自然环境和社区的教育资源,扩展幼儿生活和学习的空间。幼儿园同时应为社区的早期教育提供服务。

九、科学、合理地安排和组织一日生活。

(一)时间安排应有相对的稳定性与灵活性,既有利于形成秩序,又能满足幼儿的合理需要,照顾到个体差异。

(二)教师直接指导的活动和间接指导的活动相结合,保证幼儿每天有适当的自主选择和自由活动时间。教师直接指导的集体活动要能保证幼儿的积极参与,避免时间的隐性浪费。

(三)尽量减少不必要的集体行动和过渡环节,减少和消除消极等待现象。

(四)建立良好的常规,避免不必要的管理行为,逐步引导幼儿学习自我管理。

十、教师应成为幼儿学习活动的支持者、合作者、引导者。

(一)以关怀、接纳、尊重的态度与幼儿交往。耐心倾听,努力理解幼儿的想法与感受,支持、鼓励他们大胆探索与表达。

(二)善于发现幼儿感兴趣的事物、游戏和偶发事件中所隐含的教育价值,把握时机,积极引导。

(三)关注幼儿在活动中的表现和反应,敏感地察觉他们的需要,及时以适当的方式应答,形成合作探究式的师生互动。

(四)尊重幼儿在发展水平、能力、经验、学习方式等方面的个体差异,因人施教,努力使每一个幼儿都能获得满足和成功。

(五)关注幼儿的特殊需要,包括各种发展潜能和不同发展障碍,与家庭密切配合,共同促进幼儿健康成长。

十一、幼儿园教育要与0~3岁儿童的保育教育以及小学教育相互衔接。

第四部分 教育评价

一、教育评价是幼儿园教育工作的重要组成部分,是了解教育的适宜性、有效性,调整和改进工作,促进每一个幼儿发展,提高教育质量的必要手段。

二、管理人员、教师、幼儿及其家长均是幼儿园教育评价工作的参与者。评价过程是各方共同参与、相互支持与合作的过程。

三、评价的过程,是教师运用专业知识审视教育实践,发现、分析、研究、解决问题的过程,也是其自我成长的重要途径。

四、幼儿园教育工作评价实行以教师自评为主,园长以及有关管理人员、其他教师和家长等参与评价的制度。

五、评价应自然地伴随着整个教育过程进行。综合采用观察、谈话、作品分析等多种方法。

六、幼儿的行为表现和发展变化具有重要的评价意义,教师应视之为重要的评价信息和改进工作的依据。

七、教育工作评价宜重点考察以下方面:

(一)教育计划和教育活动的目标是否建立在了解本班幼儿现状的基础上。

(二)教育的内容、方式、策略、环境条件是否能调动幼儿学习的积极性。

(三)教育过程是否能为幼儿提供有益的学习经验,并符合其发展需要。

(四)教育内容、要求能否兼顾群体需要和个体差异,使每个幼儿都能得到发展,都有成功感。

(五)教师的指导是否有利于幼儿主动、有效地学习。

八、对幼儿发展状况的评估,要注意:

(一)明确评价的目的是了解幼儿的发展需要,以便提供更加适宜的帮助和指导。

(二)全面了解幼儿的发展状况,防止片面性,尤其要避免只重知识和技能,忽略情感、社会性和实际能力的倾向。

(三)在日常活动与教育教学过程中采用自然的方法进行。平时观察所获的具有典型意义的幼儿行为表现和所积累的各种作品等,是评价的重要依据。

(四)承认和关注幼儿的个体差异,避免用划一的标准评价不同的幼儿,在幼儿面前慎用横向的比较。

(五)以发展的眼光看待幼儿,既要了解现有水平,更要关注其发展的速度、特点和倾向等。

中华人民共和国学前教育法

(2024年11月8日第十四届全国人民代表大会常务委员会第十二次会议通过)

目 录

第一章 总则
第二章 学前儿童
第三章 幼儿园
第四章 教职工
第五章 保育教育
第六章 投入保障
第七章 监督管理
第八章 法律责任
第九章 附则

第一章 总则

第一条 为了保障适龄儿童接受学前教育,规范学前教育实施,促进学前教育普及普惠安全优质发展,提高全民族素质,根据宪法,制定本法。

第二条 在中华人民共和国境内实施学前教育,适用本法。

本法所称学前教育,是指由幼儿园等学前教育机构对三周岁到入小学前的儿童(以下称学前儿童)实施的保育和教育。

第三条 国家实行学前教育制度。

学前教育是国民教育体系的组成部分,是重要的社会公益事业。

第四条 学前教育应当坚持中国共产党的领导,坚持社会主义办学方向,贯彻国家的教育方针。

学前教育应当落实立德树人根本任务,培育社会主义核心价值观,继承和弘扬中华优秀传统文化、革命文化、社会主义先进文化,培育中华民族共同体意识,为培养德智体美劳全面发展的社会主义建设者和接班人奠定基础。

第五条 国家建立健全学前教育保障机制。

发展学前教育坚持政府主导,以政府举办为主,大力发展普惠性学前教育,鼓励、引导和规范社会力量参与。

第六条 国家推进普及学前教育,构建覆盖城乡、布局合理、公益普惠、安全优质的学前教育公共服务体系。

各级人民政府应当依法履行职责,合理配置资源,缩小城乡之间、区域之间学前教育发展差距,为适龄儿童接受学前教育提供条件和支持。

国家采取措施,倾斜支持农村地区、革命老区、民族地区、边疆地区和欠发达地区发展学前教育事业;保障适龄的家庭经济困难儿童、孤儿、残疾儿童和农村留守儿童等接受普惠性学前教育。

第七条　全社会应当为适龄儿童接受学前教育、健康快乐成长创造良好环境。

第八条　国务院领导全国学前教育工作。

省级人民政府和设区的市级人民政府统筹本行政区域内学前教育工作,健全投入机制,明确分担责任,制定政策并组织实施。

县级人民政府对本行政区域内学前教育发展负主体责任,负责制定本地学前教育发展规划,统筹幼儿园建设、运行,加强公办幼儿园教师配备补充和工资待遇保障,对幼儿园进行监督管理。

乡镇人民政府、街道办事处应当支持本辖区内学前教育发展。

第九条　县级以上人民政府教育行政部门负责学前教育管理和业务指导工作,配备相应的管理和教研人员。县级以上人民政府卫生健康行政部门、疾病预防控制部门按照职责分工负责监督指导幼儿园卫生保健工作。

县级以上人民政府其他有关部门在各自职责范围内负责学前教育管理工作,履行规划制定、资源配置、经费投入、人员配备、待遇保障、幼儿园登记等方面的责任,依法加强对幼儿园举办、教职工配备、收费行为、经费使用、财务管理、安全保卫、食品安全等方面的监管。

第十条　国家鼓励和支持学前教育、儿童发展、特殊教育方面的科学研究,推广研究成果,宣传、普及科学的教育理念和方法。

第十一条　国家鼓励创作、出版、制作和传播有利于学前儿童健康成长的图书、玩具、音乐作品、音像制品等。

第十二条　对在学前教育工作中做出突出贡献的单位和个人,按照国家有关规定给予表彰、奖励。

第二章　学前儿童

第十三条　学前儿童享有生命安全和身心健康、得到尊重和保护照料、依法平等接受学前教育等权利。

学前教育应当坚持最有利于学前儿童的原则,给予学前儿童特殊、优先保护。

第十四条　实施学前教育应当从学前儿童身心发展特点和利益出发,尊重学前儿童人格尊严,倾听、了解学前儿童的意见,平等对待每一个学前儿童,鼓励、引导学前儿童参与家庭、社会和文化生活,促进学前儿童获得全面发展。

第十五条　地方各级人民政府应当采取措施,推动适龄儿童在其父母或者其他监护人的工作或者居住的地区方便就近接受学前教育。

学前儿童入幼儿园接受学前教育,除必要的身体健康检查外,幼儿园不得对其组织任何形式的考试或者测试。

学前儿童因特异体质、特定疾病等有特殊需求的,父母或者其他监护人应当及时告知幼儿园,幼儿园应当予以特殊照顾。

第十六条　父母或者其他监护人应当依法履行抚养与教育儿童的义务,为适龄儿童接受学前教育提供必要条件。

父母或者其他监护人应当尊重学前儿童身心发展规律和年龄特点,创造良好家庭环境,促进学前儿童健康成长。

第十七条　普惠性幼儿园应当接收能够适应幼儿园生活的残疾儿童入园,并为其提供帮助和便利。

父母或者其他监护人与幼儿园就残疾儿童入园发生争议的,县级人民政府教育行政部门应当会同卫生健康行政部门等单位组织对残疾儿童的身体状况、接受教育和适应幼儿园生活能力等进行全面评估,并妥善解决。

第十八条　青少年宫、儿童活动中心、图书馆、博物馆、文化馆、美术馆、科技馆、纪念馆、体育场馆等公共文化服务机构和爱国主义教育基地应当提供适合学前儿童身心发展的公益性教育服务,并按照有关规定对学前儿童免费开放。

第十九条　任何单位和个人不得组织学前儿童参与违背学前儿童身心发展规律或者与年龄特点不符的商业性活动、竞赛类活动和其他活动。

第二十条　面向学前儿童的图书、玩具、音像制品、电子产品、网络教育产品和服务等,应当符合学前儿童身心发展规律和年龄特点。

家庭和幼儿园应当教育学前儿童正确合理使用网络和电子产品,控制其使用时间。

第二十一条　学前儿童的名誉、隐私和其他合法权益受法律保护,任何单位和个人不得侵犯。

幼儿园及其教职工等单位和个人收集、使用、提供、公开或者以其他方式处理学前儿童个人信息,应当取得其父母或者其他监护人的同意,遵守有关法律法规的规定。

涉及学前儿童的新闻报道应当客观、审慎和适度。

第三章　幼儿园

第二十二条　县级以上地方人民政府应当统筹当前和长远,根据人口变化和城镇化发展趋势,科学规划和配置学前教育资源,有效满足需求,避免浪费资源。

第二十三条　各级人民政府应当采取措施,扩大普惠性学前教育资源供给,提高学前教育质量。

公办幼儿园和普惠性民办幼儿园为普惠性幼儿园,应当按照有关规定提供普惠性学前教育服务。

第二十四条　各级人民政府应当利用财政性经费或者国有资产等举办或者支持举办公办幼儿园。

各级人民政府依法积极扶持和规范社会力量举办普惠性民办幼儿园。

普惠性民办幼儿园接受政府扶持,收费实行政府指导价管理。非营利性民办幼儿园可以向县级人民政府教育行政部门申请认定为普惠性民办幼儿园,认定标准由省级人民政府或者其授权的设区的市级人民政府制定。

第二十五条　县级以上地方人民政府应当以县级行政区划为单位制定幼儿园布局规

划,将普惠性幼儿园建设纳入城乡公共管理和公共服务设施统一规划,并按照非营利性教育用地性质依法以划拨等方式供地,不得擅自改变用途。

县级以上地方人民政府应当按照国家有关规定,结合本地实际,在幼儿园布局规划中合理确定普惠性幼儿园覆盖率。

第二十六条　新建居住区等应当按照幼儿园布局规划等相关规划和标准配套建设幼儿园。配套幼儿园应当与首期建设的居住区同步规划、同步设计、同步建设、同步验收、同步交付使用。建设单位应当按照有关规定将配套幼儿园作为公共服务设施移交地方人民政府,用于举办普惠性幼儿园。

现有普惠性幼儿园不能满足本区域适龄儿童入园需求的,县级人民政府应当通过新建、扩建以及利用公共设施改建等方式统筹解决。

第二十七条　地方各级人民政府应当构建以公办幼儿园为主的农村学前教育公共服务体系,保障农村适龄儿童接受普惠性学前教育。

县级人民政府教育行政部门可以委托乡镇中心幼儿园对本乡镇其他幼儿园开展业务指导等工作。

第二十八条　县级以上地方人民政府应当根据本区域内残疾儿童的数量、分布状况和残疾类别,统筹实施多种形式的学前特殊教育,推进融合教育,推动特殊教育学校和有条件的儿童福利机构、残疾儿童康复机构增设学前部或者附设幼儿园。

第二十九条　设立幼儿园,应当具备下列基本条件:

(一)有组织机构和章程;

(二)有符合规定的幼儿园园长、教师、保育员、卫生保健人员、安全保卫人员和其他工作人员;

(三)符合规定的选址要求,设置在安全区域内;

(四)符合规定的规模和班额标准;

(五)有符合规定的园舍、卫生室或者保健室、安全设施设备及户外场地;

(六)有必备的办学资金和稳定的经费来源;

(七)卫生评价合格;

(八)法律法规规定的其他条件。

第三十条　设立幼儿园经县级人民政府教育行政部门依法审批、取得办学许可证后,依照有关法律、行政法规的规定进行相应法人登记。

第三十一条　幼儿园变更、终止的,应当按照有关规定提前向县级人民政府教育行政部门报告并向社会公告,依法办理相关手续,妥善安置在园儿童。

第三十二条　学前教育机构中的中国共产党基层组织,按照中国共产党章程开展党的活动,加强党的建设。

公办幼儿园的基层党组织统一领导幼儿园工作,支持园长依法行使职权。民办幼儿园的内部管理体制按照国家有关民办教育的规定确定。

第三十三条　幼儿园应当保障教职工依法参与民主管理和监督。

幼儿园应当设立家长委员会,家长委员会可以对幼儿园重大事项决策和关系学前儿童切身利益的事项提出意见和建议,对幼儿园保育教育工作和日常管理进行监督。

第三十四条 任何单位和个人不得利用财政性经费、国有资产、集体资产或者捐赠资产举办或者参与举办营利性民办幼儿园。

公办幼儿园不得转制为民办幼儿园。公办幼儿园不得举办或者参与举办营利性民办幼儿园和其他教育机构。

以中外合作方式设立幼儿园,应当符合外商投资和中外合作办学有关法律法规的规定。

第三十五条 社会资本不得通过兼并收购等方式控制公办幼儿园、非营利性民办幼儿园。

幼儿园不得直接或者间接作为企业资产在境内外上市。上市公司不得通过股票市场融资投资营利性民办幼儿园,不得通过发行股份或者支付现金等方式购买营利性民办幼儿园资产。

第四章 教职工

第三十六条 幼儿园教师应当爱护儿童,具备优良品德和专业能力,为人师表,忠诚于人民的教育事业。

全社会应当尊重幼儿园教师。

第三十七条 担任幼儿园教师应当取得幼儿园教师资格;已取得其他教师资格并经县级以上地方人民政府教育行政部门组织的学前教育专业培训合格的,可以在幼儿园任教。

第三十八条 幼儿园园长由其举办者或者决策机构依法任命或者聘任,并报县级人民政府教育行政部门备案。

幼儿园园长应当具有本法第三十七条规定的教师资格、大学专科以上学历、五年以上幼儿园教师或者幼儿园管理工作经历。

国家推行幼儿园园长职级制。幼儿园园长应当参加县级以上地方人民政府教育行政部门组织的园长岗位培训。

第三十九条 保育员应当具有国家规定的学历,并经过幼儿保育职业培训。

卫生保健人员包括医师、护士和保健员,医师、护士应当取得相应执业资格,保健员应当具有国家规定的学历,并经过卫生保健专业知识培训。

幼儿园其他工作人员的任职资格条件,按照有关规定执行。

第四十条 幼儿园教师职务(职称)分为初级、中级和高级。

幼儿园教师职务(职称)评审标准应当符合学前教育的专业特点和要求。

幼儿园卫生保健人员中的医师、护士纳入卫生专业技术人员职称系列,由人力资源社会保障、卫生健康行政部门组织评审。

第四十一条 国务院教育行政部门会同有关部门制定幼儿园教职工配备标准。地方各级人民政府及有关部门按照相关标准保障公办幼儿园及时补充教师,并应当优先满足农村地区、革命老区、民族地区、边疆地区和欠发达地区公办幼儿园的需要。幼儿园及其举办者应当按照相关标准配足配齐教师和其他工作人员。

第四十二条 幼儿园园长、教师、保育员、卫生保健人员、安全保卫人员和其他工作人员应当遵守法律法规和职业道德规范,尊重、爱护和平等对待学前儿童,不断提高专业素养。

第四十三条 幼儿园应当与教职工依法签订聘用合同或者劳动合同,并将合同信息报县级人民政府教育行政部门备案。

第四十四条　幼儿园聘任(聘用)园长、教师、保育员、卫生保健人员、安全保卫人员和其他工作人员时,应当向教育、公安等有关部门查询应聘者是否具有虐待、性侵害、性骚扰、拐卖、暴力伤害、吸毒、赌博等违法犯罪记录;发现其有前述行为记录,或者有酗酒、严重违反师德师风行为等其他可能危害儿童身心安全情形的,不得聘任(聘用)。

幼儿园发现在岗人员有前款规定可能危害儿童身心安全情形的,应当立即停止其工作,依法与其解除聘用合同或者劳动合同,并向县级人民政府教育行政部门进行报告;县级人民政府教育行政部门可以将其纳入从业禁止人员名单。

有本条第一款规定可能危害儿童身心安全情形的个人不得举办幼儿园;已经举办的,应当依法变更举办者。

第四十五条　幼儿园应当关注教职工的身体、心理状况。幼儿园园长、教师、保育员、卫生保健人员、安全保卫人员和其他工作人员,应当在入职前和入职后每年进行健康检查。

第四十六条　幼儿园及其举办者应当按照国家规定保障教师和其他工作人员的工资福利,依法缴纳社会保险费,改善工作和生活条件,实行同工同酬。

县级以上地方人民政府应当将公办幼儿园教师工资纳入财政保障范围,统筹工资收入政策和经费支出渠道,确保教师工资及时足额发放。民办幼儿园可以参考当地公办幼儿园同类教师工资收入水平合理确定教师薪酬标准,依法保障教师工资待遇。

第四十七条　幼儿园教师在职称评定、岗位聘任(聘用)等方面享有与中小学教师同等的待遇。

符合条件的幼儿园教师按照有关规定享受艰苦边远地区津贴、乡镇工作补贴等津贴、补贴。

承担特殊教育任务的幼儿园教师按照有关规定享受特殊教育津贴。

第四十八条　国务院教育行政部门应当制定高等学校学前教育专业设置标准、质量保证标准和课程教学标准体系,组织实施学前教育专业质量认证,建立培养质量保障机制。

省级人民政府应当根据普及学前教育的需要,制定学前教育师资培养规划,支持高等学校设立学前教育专业,合理确定培养规模,提高培养层次和培养质量。

制定公费师范生培养计划,应当根据学前教育发展需要专项安排学前教育专业培养计划。

第四十九条　县级以上人民政府教育、卫生健康等有关部门应当按照职责分工制定幼儿园园长、教师、保育员、卫生保健人员等工作人员培训规划,建立培训支持服务体系,开展多种形式的专业培训。

第五章　保育教育

第五十条　幼儿园应当坚持保育和教育相结合的原则,面向全体学前儿童,关注个体差异,注重良好习惯养成,创造适宜的生活和活动环境,有益于学前儿童身心健康发展。

第五十一条　幼儿园应当把保护学前儿童安全放在首位,对学前儿童在园期间的人身安全负有保护责任。

幼儿园应当落实安全责任制相关规定,建立健全安全管理制度和安全责任制度,完善安全措施和应急反应机制,按照标准配备安全保卫人员,及时排查和消除火灾等各类安全隐患。幼儿园使用校车的,应当符合校车安全管理相关规定,保护学前儿童安全。

幼儿园应当按照国家有关规定投保校方责任保险。

第五十二条　幼儿园发现学前儿童受到侵害、疑似受到侵害或者面临其他危险情形的,应当立即采取保护措施,并向公安、教育等有关部门报告。

幼儿园发生突发事件等紧急情况,应当优先保护学前儿童人身安全,立即采取紧急救助和避险措施,并及时向有关部门报告。

发生前两款情形的,幼儿园应当及时通知学前儿童父母或者其他监护人。

第五十三条　幼儿园应当建立科学合理的一日生活制度,保证户外活动时间,做好儿童营养膳食、体格锻炼、全日健康观察、食品安全、卫生与消毒、传染病预防与控制、常见病预防等卫生保健管理工作,加强健康教育。

第五十四条　招收残疾儿童的幼儿园应当配备必要的康复设施、设备和专业康复人员,或者与其他具有康复设施、设备和专业康复人员的特殊教育机构、康复机构合作,根据残疾儿童实际情况开展保育教育。

第五十五条　国务院教育行政部门制定幼儿园教育指导纲要和学前儿童学习与发展指南,地方各级人民政府教育行政部门依据职责组织实施,加强学前教育教学研究和业务指导。

幼儿园应当按照国家有关规定,科学实施符合学前儿童身心发展规律和年龄特点的保育和教育活动,不得组织学前儿童参与商业性活动。

第五十六条　幼儿园应当以学前儿童的生活为基础,以游戏为基本活动,发展素质教育,最大限度支持学前儿童通过亲近自然、实际操作、亲身体验等方式探索学习,促进学前儿童养成良好的品德、行为习惯、安全和劳动意识,健全人格、强健体魄,在健康、语言、社会、科学、艺术等各方面协调发展。

幼儿园应当以国家通用语言文字为基本保育教育语言文字,加强学前儿童普通话教育,提高学前儿童说普通话的能力。

第五十七条　幼儿园应当配备符合相关标准的玩教具和幼儿图书。

在幼儿园推行使用的课程教学类资源应当经依法审定,具体办法由国务院教育行政部门制定。

幼儿园应当充分利用家庭、社区的教育资源,拓展学前儿童生活和学习空间。

第五十八条　幼儿园应当主动与父母或者其他监护人交流学前儿童身心发展状况,指导家庭科学育儿。

父母或者其他监护人应当积极配合、支持幼儿园开展保育和教育活动。

第五十九条　幼儿园与小学应当互相衔接配合,共同帮助儿童做好入学准备和入学适应。

幼儿园不得采用小学化的教育方式,不得教授小学阶段的课程,防止保育和教育活动小学化。小学坚持按照课程标准零起点教学。

校外培训机构等其他任何机构不得对学前儿童开展半日制或者全日制培训,不得教授学前儿童小学阶段的课程。

第六章　投入保障

第六十条　学前教育实行政府投入为主、家庭合理负担保育教育成本、多渠道筹措经费的投入机制。

各级人民政府应当优化教育财政投入支出结构,加大学前教育财政投入,确保财政性学前教育经费在同级财政性教育经费中占合理比例,保障学前教育事业发展。

第六十一条　学前教育财政补助经费按照中央与地方财政事权和支出责任划分原则,分别列入中央和地方各级预算。中央财政通过转移支付对地方统筹给予支持。省级人民政府应当建立本行政区域内各级人民政府财政补助经费分担机制。

第六十二条　国务院和省级人民政府统筹安排学前教育资金,重点扶持农村地区、革命老区、民族地区、边疆地区和欠发达地区发展学前教育。

第六十三条　地方各级人民政府应当科学核定普惠性幼儿园办园成本,以提供普惠性学前教育服务为衡量标准,统筹制定财政补助和收费政策,合理确定分担比例。

省级人民政府制定并落实公办幼儿园生均财政拨款标准或者生均公用经费标准,以及普惠性民办幼儿园生均财政补助标准。其中,残疾学前儿童的相关标准应当考虑保育教育和康复需要适当提高。

有条件的地方逐步推进实施免费学前教育,降低家庭保育教育成本。

第六十四条　地方各级人民政府应当通过财政补助、购买服务、减免租金、培训教师、教研指导等多种方式,支持普惠性民办幼儿园发展。

第六十五条　国家建立学前教育资助制度,为家庭经济困难的适龄儿童等接受普惠性学前教育提供资助。

第六十六条　国家鼓励自然人、法人和非法人组织通过捐赠、志愿服务等方式支持学前教育事业。

第七章　监督管理

第六十七条　县级以上人民政府及其有关部门应当建立健全幼儿园安全风险防控体系,强化幼儿园周边治安管理和巡逻防控工作,加强对幼儿园安全保卫的监督指导,督促幼儿园加强安全防范建设,及时排查和消除安全隐患,依法保障学前儿童与幼儿园安全。

禁止在幼儿园内及周边区域建设或者设置有危险、有污染的建筑物和设施设备。

第六十八条　省级人民政府或者其授权的设区的市级人民政府根据办园成本、经济发展水平和群众承受能力等因素,合理确定公办幼儿园和非营利性民办幼儿园的收费标准,并建立定期调整机制。

县级以上地方人民政府及有关部门应当加强对幼儿园收费的监管,必要时可以对收费实行市场调节价的营利性民办幼儿园开展成本调查,引导合理收费,遏制过高收费。

第六十九条　幼儿园收取的费用应当主要用于保育和教育活动、保障教职工待遇、促进教职工发展和改善办园条件。学前儿童伙食费应当专款专用。

幼儿园应当执行收费公示制度,收费项目和标准、服务内容、退费规则等应当向家长公示,接受社会监督。

幼儿园不得违反有关规定收取费用,不得向学前儿童及其家长组织征订教学材料,推销或者变相推销商品、服务等。

第七十条　幼儿园应当依法建立健全财务、会计及资产管理制度,严格经费管理,合理使用经费,提高经费使用效益。

幼儿园应当按照有关规定实行财务公开,接受社会监督。县级以上人民政府教育等有关部门应当加强对公办幼儿园的审计。民办幼儿园每年应当依法进行审计,并向县级人民政府教育行政部门提交经审计的财务会计报告。

第七十一条　县级以上人民政府及其有关部门应当建立健全学前教育经费预算管理和审计监督制度。

任何单位和个人不得侵占、挪用学前教育经费,不得向幼儿园非法收取或者摊派费用。

第七十二条　县级人民政府教育行政部门应当建立健全各类幼儿园基本信息备案及公示制度,利用互联网等方式定期向社会公布并更新政府学前教育财政投入、幼儿园规划举办等方面信息,以及各类幼儿园的教师和其他工作人员的资质和配备、招生、经费收支、收费标准、保育教育质量等方面信息。

第七十三条　县级以上人民政府教育督导机构对学前教育工作执行法律法规情况、保育教育工作等进行督导。督导报告应当定期向社会公开。

第七十四条　国务院教育行政部门制定幼儿园保育教育质量评估指南。省级人民政府教育行政部门应当完善幼儿园质量评估标准,健全幼儿园质量评估监测体系,将各类幼儿园纳入质量评估范畴,并向社会公布评估结果。

第八章　法律责任

第七十五条　地方各级人民政府及有关部门有下列情形之一的,由上级机关或者有关部门按照职责分工责令限期改正;情节严重的,对负有责任的领导人员和直接责任人员依法给予处分:

(一)未按照规定制定、调整幼儿园布局规划,或者未按照规定提供普惠性幼儿园建设用地;

(二)未按照规定规划居住区配套幼儿园,或者未将新建居住区配套幼儿园举办为普惠性幼儿园;

(三)利用财政性经费、国有资产、集体资产或者捐赠资产举办或者参与举办营利性民办幼儿园,或者改变、变相改变公办幼儿园性质;

(四)未按照规定制定并落实公办幼儿园生均财政拨款标准或者生均公用经费标准、普惠性民办幼儿园生均财政补助标准;

(五)其他未依法履行学前教育管理和保障职责的情形。

第七十六条　地方各级人民政府及教育等有关部门的工作人员违反本法规定,滥用职权、玩忽职守、徇私舞弊的,依法给予处分。

第七十七条　居住区建设单位未按照规定建设、移交配套幼儿园,或者改变配套幼儿园土地用途的,由县级以上地方人民政府自然资源、住房和城乡建设、教育等有关部门按照职责分工责令限期改正,依法给予处罚。

第七十八条　擅自举办幼儿园或者招收学前儿童实施半日制、全日制培训的,由县级人民政府教育等有关部门依照《中华人民共和国教育法》、《中华人民共和国民办教育促进法》的规定予以处理;对非法举办幼儿园的单位和个人,根据情节轻重,五至十年内不受理其举办幼儿园或者其他教育机构的申请。

第七十九条　幼儿园有下列情形之一的,由县级以上地方人民政府教育等有关部门按照职责分工责令限期改正,并予以警告;有违法所得的,退还所收费用后没收违法所得;情节严重的,责令停止招生、吊销办学许可证:

（一）组织入园考试或者测试;

（二）因管理疏忽或者放任发生体罚或者变相体罚、歧视、侮辱、虐待、性侵害等危害学前儿童身心安全的行为;

（三）未依法加强安全防范建设、履行安全保障责任,或者未依法履行卫生保健责任;

（四）使用未经审定的课程教学类资源;

（五）采用小学化的教育方式或者教授小学阶段的课程;

（六）开展与学前儿童身心发展规律、年龄特点不符的活动,或者组织学前儿童参与商业性活动;

（七）未按照规定配备幼儿园教师或者其他工作人员;

（八）违反规定收取费用;

（九）克扣、挪用学前儿童伙食费。

依照前款规定被吊销办学许可证的幼儿园,应当妥善安置在园儿童。

第八十条　幼儿园教师或者其他工作人员有下列情形之一的,由所在幼儿园或者县级人民政府教育等有关部门根据情节轻重,依法给予当事人、幼儿园负责人处分,解除聘用合同或者劳动合同;由县级人民政府教育行政部门禁止其一定期限内直至终身从事学前教育工作或者举办幼儿园;情节严重的,吊销其资格证书:

（一）体罚或者变相体罚儿童;

（二）歧视、侮辱、虐待、性侵害儿童;

（三）违反职业道德规范或者危害儿童身心安全,造成不良后果。

第八十一条　在学前教育活动中违反本法规定的行为,本法未规定法律责任,《中华人民共和国教育法》《中华人民共和国未成年人保护法》《中华人民共和国劳动法》等法律、行政法规有规定的,依照其规定。

第八十二条　违反本法规定,侵害学前儿童、幼儿园、教职工合法权益,造成人身损害或者财产损失的,依法承担民事责任;构成违反治安管理行为的,依法给予治安管理处罚;构成犯罪的,依法追究刑事责任。

第九章　附则

第八十三条　小学、特殊教育学校、儿童福利机构、残疾儿童康复机构等附设的幼儿班等学前教育机构适用本法有关规定。

军队幼儿园的管理,依照本法和军队有关规定执行。

第八十四条　鼓励有条件的幼儿园开设托班,提供托育服务。

幼儿园提供托育服务的,依照有关法律法规和国家有关规定执行。

第八十五条　本法自2025年6月1日起施行。

北京大学出版社
教育出版中心 精品图书

21世纪高校广播电视专业系列教材

电视节目策划教程（第二版）	项仲平
电视导播教程（第二版）	程晋
电视文艺创作教程	王建辉
广播剧创作教程	王国臣
电视导论	李欣
电视纪录片教程	卢炜
电视导演教程	袁立本
电视摄像教程	刘荃
电视节目制作教程	张晓锋
视听语言	宋杰
影视剪辑实务教程	李琳
影视摄制导论	朱怡
新媒体短视频创作教程	姜荣文
电影视听语言——视听元素与场面调度案例分析	李骏
影视照明技术	张兴
影视音乐	陈斌
影视剪辑创作与技巧	张拓
纪录片创作教程	潘志琪
影视拍摄实务	翟臣

21世纪信息传播实验系列教材（徐福荫 黄慕雄 主编）

网络新闻实务	罗昕
多媒体软件设计与开发	张新华
播音与主持艺术（第三版）	黄碧云 睢凌
摄影基础（第二版）	张红 钟日辉 王首农

21世纪数字媒体专业系列教材

视听语言	赵慧英
数字影视剪辑艺术	曾祥民
数字摄像与表现	王以宁
数字摄影基础	王朋娇
数字媒体设计与创意	陈卫东
数字视频创意设计与实现（第二版）	王靖
大学摄影实用教程（第二版）	朱小阳
大学摄影实用教程	朱小阳

21世纪教育技术学精品教材（张景中 主编）

教育技术学导论（第二版）	李芒 金林
远程教育原理与技术	王继新 张屹
教学系统设计理论与实践	杨九民 梁林梅
信息技术教学论	雷体南 叶americ
信息技术与课程整合（第二版）	赵呈领 杨琳 刘清堂
教育技术学研究方法（第三版）	张屹 黄磊

21世纪高校网络与新媒体专业系列教材

文化产业概论	尹章池
网络文化教程	李文明
网络与新媒体评论	杨娟
新媒体概论（第二版）	尹章池
新媒体视听节目制作（第二版）	周建青
融合新闻学导论（第二版）	石长顺
新媒体网页设计与制作（第二版）	惠悲荷
网络新媒体实务	张合斌
突发新闻教程	李军
视听新媒体节目制作	邓秀军
视听评论	何志武
出镜记者案例分析	刘静 邓秀军
视听新媒体导论	郭小平
网络与新媒体广告（第二版）	尚恒志 张合斌
网络与新媒体文学	唐东堰 雷奕
全媒体新闻采访写作教程	李军
网络直播基础	周建青
大数据新闻传媒概论	尹章池

21世纪特殊教育创新教材·理论与基础系列

特殊教育的哲学基础	方俊明
特殊教育的医学基础	张婷
融合教育导论（第二版）	雷江华
特殊教育学（第二版）	雷江华 方俊明
特殊儿童心理学（第二版）	方俊明 雷江华
特殊教育史	朱宗顺
特殊教育研究方法（第二版）	杜晓新 宋永宁等
特殊教育发展模式	任颂羔

21世纪特殊教育创新教材·发展与教育系列

视觉障碍儿童的发展与教育	邓猛
听觉障碍儿童的发展与教育（第二版）	贺荟中
智力障碍儿童的发展与教育（第二版）	刘春玲 马红英
学习困难儿童的发展与教育（第二版）	赵微
自闭症谱系障碍儿童的发展与教育	周念丽
情绪与行为障碍儿童的发展与教育	李闻戈
超常儿童的发展与教育（第二版）	苏雪云 张旭

21世纪特殊教育创新教材·康复与训练系列

特殊儿童应用行为分析（第二版）	李芳 李丹

特殊儿童的游戏治疗	周念丽
特殊儿童的美术治疗	孙 霞
特殊儿童的音乐治疗	胡世红
特殊儿童的心理治疗（第三版）	杨广学
特殊教育的辅具与康复	蒋建荣
特殊儿童的感觉统合训练（第二版）	王和平
孤独症儿童课程与教学设计	王 梅

21世纪特殊教育创新教材·融合教育系列

融合教育本土化实践与发展	邓 猛 等
融合教育理论反思与本土化探索	邓 猛
融合教育实践指南	邓 猛
融合教育理论指南	邓 猛
融合教育导论（第二版）	雷江华
学前融合教育（第二版）	雷江华 刘慧丽
小学融合教育概论	雷江华 袁 维

21世纪特殊教育创新教材（第二辑）

特殊儿童心理与教育（第二版）	杨广学 张巧明 王 芳
教育康复学导论	杜晓新 黄昭明
特殊儿童病理学	王和平 杨长江
特殊学校教师教育技能	昝 飞 马红英

自闭谱系障碍儿童早期干预丛书

如何发展自闭谱系障碍儿童的沟通能力	朱晓晨 苏雪云
如何理解自闭谱系障碍和早期干预	苏雪云
如何发展自闭谱系障碍儿童的社会交往能力	吕 梦 杨广学
如何发展自闭谱系障碍儿童的自我照料能力	倪萍萍 周 波
如何在游戏中干预自闭谱系障碍儿童	朱 瑞 周念丽
如何发展自闭谱系障碍儿童的感知和运动能力	韩文娟 徐 芳 王和平
如何发展自闭谱系障碍儿童的认知能力	潘前前 杨福义
自闭症谱系障碍儿童的发展与教育	周念丽
如何通过音乐干预自闭谱系障碍儿童	张正琴
如何通过画画干预自闭谱系障碍儿童	张正琴
如何运用ACC促进自闭谱系障碍儿童的发展	苏雪云
孤独症儿童的关键性技能训练法	李 丹
自闭症儿童家长辅导手册	雷江华
孤独症儿童课程与教学设计	王 梅
融合教育理论反思与本土化探索	邓 猛
自闭症谱系障碍儿童家庭支持系统	孙玉梅
自闭症谱系障碍儿童团体社交游戏干预	李 芳
孤独症儿童的教育与发展	王 梅 梁松梅

特殊学校教育·康复·职业训练丛书（黄建行 雷江华 主编）

信息技术在特殊教育中的应用	
智障学生职业教育模式	
特殊教育学校学生康复与训练	
特殊教育学校校本课程开发	
特殊教育学校特奥运动项目建设	

21世纪学前教育专业规划教材

学前教育概论	李生兰
学前教育管理学（第二版）	王 雯
幼儿园课程新论	李生兰
幼儿园歌曲钢琴伴奏教程	果旭伟
幼儿园舞蹈教学活动设计与指导（第二版）	董 丽
实用乐理与视唱（第二版）	代 苗
学前儿童美术教育	冯婉贞
学前儿童科学教育	洪秀敏
学前儿童游戏	范明丽
学前教育研究方法	郑福明
学前教育史	郭法奇
外国学前教育史	郭法奇
学前教育政策与法规	魏 真
学前心理学	涂艳国 蔡 艳
学前教育理论与实践教程	王 维 王维娅 孙 岩
学前儿童数学教育与活动设计	赵振国
学前融合教育（第二版）	雷江华 刘慧丽
幼儿园教育质量评价导论	吴 钢
幼儿园绘本教学活动设计	赵 娟
幼儿学习与教育心理学	张 莉
学前教育管理	虞永平
国外学前教育学本文献讲读	姜 勇

大学之道丛书精装版

美国高等教育通史	[美]亚瑟·科恩
知识社会中的大学	[英]杰勒德·德兰迪
大学之用（第五版）	[美]克拉克·克尔
营利性大学的崛起	[美]理查德·鲁克
学术部落与学术领地：知识探索与学科文化	[英]托尼·比彻 保罗·特罗勒尔
美国现代大学的崛起	[美]劳伦斯·维赛
教育的终结——大学何以放弃了对人生意义的追求	[美]安东尼·T.克龙曼
世界一流大学的管理之道——大学管理研究导论	程 星
后现代大学来临？	[英]安东尼·史密斯 弗兰克·韦伯斯特

大学之道丛书

以学生为中心：当代本科教育改革之道	赵炬明
市场化的底限	[美]大卫·科伯
大学的理念	[英]亨利·纽曼
哈佛：谁说了算	[美]理查德·布瑞德利
麻省理工学院如何追求卓越	[美]查尔斯·维斯特

大学与市场的悖论	[美]罗杰·盖格
高等教育公司：营利性大学的崛起	[美]理查德·鲁克
公司文化中的大学：大学如何应对市场化压力	
	[美]埃里克·古尔德
美国高等教育质量认证与评估	
	[美]美国中部州高等教育委员会
现代大学及其图新	[美]谢尔顿·罗斯布莱特
美国文理学院的兴衰——凯尼恩学院纪实	[美]P.F.克鲁格
教育的终结：大学何以放弃了对人生意义的追求	
	[美]安东尼·T.克龙曼
大学的逻辑（第三版）	张维迎
我的科大十年（续集）	孔宪铎
高等教育理念	[英]罗纳德·巴尼特
美国现代大学的崛起	[美]劳伦斯·维赛
美国大学时代的学术自由	[美]沃特·梅兹格
美国高等教育通史	[美]亚瑟·科恩
美国高等教育史	[美]约翰·塞林
哈佛通识教育红皮书	哈佛委员会
高等教育何以为"高"——牛津导师制教学反思	
	[英]大卫·帕尔菲曼
印度理工学院的精英们	[印度]桑迪潘·德布
知识社会中的大学	[英]杰勒德·德兰迪
高等教育的未来：浮言、现实与市场风险	
	[美]弗兰克·纽曼等
后现代大学来临？	[英]安东尼·史密斯等
美国大学之魂	[美]乔治·M.马斯登
大学理念重审：与纽曼对话	[美]雅罗斯拉夫·帕利坎
学术部落及其领地——当代学术界生态揭秘（第二版）	
	[英]托尼·比彻 保罗·特罗勒尔
德国古典大学观及其对中国大学的影响（第二版）	陈洪捷
转变中的大学：传统、议题与前景	郭为藩
学术资本主义：政治、政策和创业型大学	
	[美]希拉·斯劳特 拉里·莱斯利
21世纪的大学	[美]詹姆斯·杜德斯达
美国公立大学的未来	
	[美]詹姆斯·杜德斯达 弗瑞斯·沃马克
东西象牙塔	孔宪铎
理性捍卫大学	眭依凡

学术规范与研究方法系列

如何为学术刊物撰稿（第三版）	[英]罗薇娜·莫瑞
如何查找文献（第二版）	[英]萨莉·拉姆齐
给研究生的学术建议（第二版）	[英]玛丽安·彼得等
社会科学研究的基本规则（第四版）	[英]朱迪斯·贝尔
做好社会研究的10个关键	[英]马丁·丹斯考姆
如何写好科研项目申请书	[美]安德鲁·弗里德兰德等
教育研究方法（第六版）	[美]梅瑞迪斯·高尔等
高等教育研究：进展与方法	[英]马尔科姆·泰特
如何成为学术论文写作高手	[美]华乐丝
参加国际学术会议必须要做的那些事	[美]华乐丝
如何成为优秀的研究生	[美]布卢姆
结构方程模型及其应用	易丹辉 李静萍
学位论文写作与学术规范（第二版）	李武 毛远逸 肖东发
生命科学论文写作指南	[加]白青云
法律实证研究方法（第二版）	白建军
传播学定性研究方法（第二版）	李琨

21世纪高校教师职业发展读本

如何成为卓越的大学教师	[美]肯·贝恩
给大学新教员的建议	[美]罗伯特·博伊斯
如何提高学生学习质量	[英]迈克尔·普洛瑟等
学术界的生存智慧	[美]约翰·达利等
给研究生导师的建议（第2版）	[英]萨拉·德拉蒙特等
高校课程理论——大学教师必修课	黄福涛

21世纪教师教育系列教材·物理教育系列

中学物理教学设计	王霞
中学物理微格教学教程（第三版）	张军朋 詹伟琴 王恬
中学物理科学探究学习评价与案例	张军朋 许桂清
物理教学论	邢红军
中学物理教学法	邢红军
中学物理教学评价与案例分析	王建中 孟红娟
中学物理课程与教学论	张军朋 许桂清
物理学习心理学	张军朋
中学物理课程与教学设计	王霞

21世纪教育科学系列教材·学科学习心理学系列

数学学习心理学（第三版）	孔凡哲
语文学习心理学	董蓓菲

21世纪教师教育系列教材

青少年心理发展与教育	林洪新 郑淑杰
教育心理学（第二版）	李晓东
教育学基础	庞守兴
教育学	余文森 王晞
教育研究方法	刘淑杰
教育心理学	王晓明
心理学导论	杨凤云
教育心理学概论	连榕 罗丽芳
课程与教学论	李允
教师专业发展导论	于胜刚
学校教育概论	李清雁
现代教育评价教程（第二版）	吴钢
教师礼仪实务	刘霄
家庭教育新论	闫旭蕾 杨萍
中学班级管理	张宝书
教育职业道德	刘亭亭
教师心理健康	张怀春

现代教育技术	冯玲玉
青少年发展与教育心理学	张清
课程与教学论	李允
课堂与教学艺术（第二版）	孙菊如 陈春荣
教育学原理	靳淑梅 许红花
教育心理学（融媒体版）	徐凯
高中思想政治课程标准与教材分析	胡田庚 高鑫

21世纪教师教育系列教材·初等教育系列

小学教育学	田友谊
小学教育学基础	张永明 曾碧
小学班级管理	张永明 宋彩琴
初等教育课程与教学论	罗祖兵
小学教育研究方法	王红艳
新理念小学数学教学论	刘京莉
新理念小学音乐教学论（第二版）	吴跃跃
初中历史跨学科主题学习案例集	杜芳 陆优君
青少年心理发展与教育	林洪新 郑淑杰
名著导读12讲——初中语文整本书阅读指导手册	文贵良
小学融合教育概论	雷江华 袁维

教师资格认定及师范类毕业生上岗考试辅导教材

教育学	余文森 王晞
教育心理学概论	连榕 罗丽芳

21世纪教师教育系列教材·学科教育心理学系列

语文教育心理学	董蓓菲
生物教育心理学	胡继飞

21世纪教师教育系列教材·学科教学论系列

新理念化学教学论（第二版）	王后雄
新理念科学教学论（第二版）	崔鸿 张海珠
新理念生物教学论（第二版）	崔鸿 郑晓慧
新理念地理教学论（第三版）	李家清
新理念历史教学论（第二版）	杜芳
新理念思想政治.(品德)教学论（第三版）	胡田庚
新理念信息技术教学论（第二版）	吴军其
新理念数学教学论	冯虹
新理念小学音乐教学论（第二版）	吴跃跃

21世纪教师教育系列教材·语文教育系列

语文文本解读实用教程	荣维东
语文课程教师专业技能训练	张学凯 刘丽丽
语文课程与教学发展简史	武玉鹏 王从华 黄修志
语文课程学与教的心理学基础	韩雪屏 王朝霞
语文课程名师名课案例分析	武玉鹏 郭治锋 等
语用性质的语文课程与教学论	王元华
语文课堂教学技能训练教程（第二版）	周小蓬
中外母语教学策略	周小蓬
中学各类作文评价指引	周小蓬
中学语文名篇新讲	杨朴 杨旸
语文教师职业技能训练教程	韩世姣

21世纪教师教育系列教材·学科教学技能训练系列

新理念生物教学技能训练（第二版）	崔鸿
新理念思想政治（品德）教学技能训练（第三版）	胡田庚 赵海山
新理念地理教学技能训练（第二版）	李家清
新理念化学教学技能训练（第二版）	王后雄
新理念数学教学技能训练	王光明

王后雄教师教育系列教材

教育考试的理论与方法	王后雄
化学教育测量与评价	王后雄
中学化学实验教学研究	王后雄
新理念化学教学诊断学	王后雄

西方心理学名著译丛

儿童的人格形成及其培养	［奥地利］阿德勒
活出生命的意义	［奥地利］阿德勒
生活的科学	［奥地利］阿德勒
理解人生	［奥地利］阿德勒
荣格心理学七讲	［美］卡尔文·霍尔
系统心理学：绪论	［美］爱德华·铁钦纳
社会心理学导论	［美］威廉·麦独孤
思维与语言	［俄］列夫·维果茨基
人类的学习	［美］爱德华·桑代克
基础与应用心理学	［德］雨果·闵斯特伯格
记忆	［德］赫尔曼·艾宾浩斯
实验心理学（上下册）	［美］伍德沃斯 施洛斯贝格
格式塔心理学原理	［美］库尔特·考夫卡

21世纪教师教育系列教材·专业养成系列（赵国栋 主编）

微课与慕课设计初级教程	
微课与慕课设计高级教程	
微课、翻转课堂和慕课设计实操教程	
网络调查研究方法概论（第二版）	
PPT云课堂教学法	
快课教学法	

其他

三笔字楷书书法教程（第二版）	刘慧龙
植物科学绘画——从入门到精通	孙英宝
艺术批评原理与写作（第二版）	王洪义
学习科学导论	尚俊杰
艺术素养通识课	王洪义